（之二）

量线捉涨停

全新彩印版

股市天经

黑马王子◎著

四川人民出版社

图书在版编目（CIP）数据

股市天经：全新彩印版. 2，量线捉涨停/黑马王子著.
—3版. —成都：四川人民出版社，2016.4（2016.4重印）
ISBN 978-7-220-09760-7

Ⅰ.①股… Ⅱ.①黑… Ⅲ.①股票投资-基本知识
Ⅳ.①F830.91

中国版本图书馆 CIP 数据核字（2016）第 029245 号

GUSHI TIANJING

股市天经（之二）
——量线捉涨停（全新彩印版）

黑马王子　著

责任编辑	何朝霞
装帧设计	四川胜翔
责任校对	蓝　海
责任印制	王　俊
出版发行	四川人民出版社（成都槐树街2号）
网　　址	http：//www.scpph.com
E-mail	scrmcbs@sina.com
新浪微博	@四川人民出版社
微信公众号	四川人民出版社
发行部业务电话	（028）86259624　86259453
防盗版举报电话	（028）86259624
照　　排	四川胜翔数码印务设计有限公司
印　　刷	四川华龙印务有限公司
成品尺寸	185mm×260mm
印　　张	22
字　　数	330千字
版　　次	2016年4月第1版
印　　次	2016年4月第2次印刷
印　　数	6001-11000册
书　　号	ISBN 978-7-220-09760-7
定　　价	88.00元

全新彩印版前言

实在没有想到，《股市天经（之一）量线捉涨停》出版 7 年来，深受读者喜爱，至今畅销不衰，一直名列当当网同类图书畅销榜前列，多次荣获"中国出版行业畅销书"称号。

实在没有料到，许多读者将此书作为礼品赠送给亲朋好友，有位读者竟然每年购买几十本送人，得到的反馈几乎完全一样："你送给我的不是书，而是宝！要是用彩色印刷，那就更完美了！"他的这个想法在股海明灯论坛发表后，引发成千上万的读者来信来电要求改用彩色印刷。

大家认为彩印版有三利：一利阅读，二利馈赠，三利收藏。当我们决定推出彩印版后，许多读者喜出望外，他们于猴年春节期间，在股海明灯论坛发表了数以万计的诗词楹联表达心愿。特摘录部分诗词如下，难免遗珠之憾，权且作为《全新彩印版前言》，因为作者和编者的任何言辞，也无法与读者的心声媲美。

4 楼：股市学妹
上联：股海茫茫有灯塔指引方向
下联：钱海涛涛驾量舟收获勤劳
横批：量学无价

74 楼：古意今志
上联：古孔子儒教代代相承厚德泽华夏儿女
下联：今王子量学人人称奇妙理度股海沉浮
横批：量学大吉

143 楼：独股一箭

上联：羊岁去矣应记取高量不逃亡羊教训

下联：猴年来兮当发扬低量抄底金猴精神

横批：猴年大发

193 楼：探秘者

上联：去岁吉羊量柱神机不惧起伏

下联：来年祥猴量线法眼笑看涨跌

横批：知行合一

221 楼：四十而立

上联：股海无涯量学作舟

下联：投资有道王子指路

横批：明灯耀猴年

241 楼：jcfs156

上联：寒冬低温熔断保险丝

下联：量柱量线王子黄金柱

横批：股市有天经

247 楼：cfmyq

上联：绿草郊外暮见群羊沿量线归圈

下联：花果林中晨现金猴持量柱出山

横批：绿尽红来

257 楼：水儿晓明屋

上联：量柱价柱忽阴忽阳高低难测

下联：涨停密码见招拆招又有何难

横批：见庄捉庄

327 楼：老黄药师

上联：忆昔羊惊涛骇浪战股海

下联：看今猴重整旗鼓上天山

横批：量学亮剑

352 楼：拈花惹草

上联：羊年牛市无端遇熊，

下联：猴年猴市有灯骑牛。

横批：猴年有灯

411 楼：象象耳

上联：黄金柱像大圣手中金箍棒

下联：精准线似那吒脚下风火轮

横批：擒拿妖股

459 楼：老兵帅克

上联：跌声骂声割肉声声声入耳量柱识假

下联：斜线衡线太极线线线生财量线系真

横批：守跌擒涨

464 楼：金铑铂

上联：乘白马心潮澎湃攀高峰

下联：骑黑马春风得意永向前

横批：猴年骑马

568 楼：左右为中

上联：涨涨落落追追割割对对错错

下联：紧紧张张人人我我笑笑呵呵

横批：浪浪波波

636 楼：左右为中

上联：一股一票一世界

下联：十心十诚十功夫

横批：九九归赢

1516 楼：cocoa962

上联：量学英才千千万

下联：擒牛捉马样样行

横批：量学擒牛

1562 楼：飞絮濛濛

上联：涨停跌停曾见千股涨跌奇观

下联：上蹿下跳今逢猴年振荡之市

横批：踏准节奏

1577 楼：momo2013

上联：倍量柱平量柱梯量柱高量柱柱柱入钱

下联：平衡线峰谷线精准线灯塔线线线进财

横批：看准柱线

黑马王子

2016 年 2 月 16 日

《股市天经（之二）——量线捉涨停》是我继《股市天经（之一）——量柱擒涨停》之后的又一部股票投资图书，它采用"盘前预报与盘后验证相结合"的方式写成，与《量柱擒涨停》相得益彰，称得上是我国第一部揭示"涨停基因"之基础理论和涨停规律的原创作品。

此书自 2010 年 6 月初版发行始，便受到读者的追捧和喜爱，与《量柱擒涨停》一样，它也长时间处于当当网、卓越网和京东网这三大网站"个人投资"类图书畅销排行榜的前十名，并连年重印。更为重要的是，此书的理论经受住了时间和读者实战的检验，使投资者们从中获利匪浅。对此我深感欣慰，也备受鼓舞。

此书初版迄今已过去了四年，在这四年之间，我一直没有停止思考和检验此书体系的科学性、理论的严密性、章节设置的合理性和案例选择的适用性。此次，趁着《量柱擒涨停》全面修订之际，我同时对此书也进行了全面修订，我认为，这才是对读者负责的态度。本书的修订，秉持我在修订《量柱擒涨停》时提出的"完善基本理论，优化重点内容，简化入门渠道，更新实战案例，精化图片效果，强化辩证思维"之同一原则，力图强化"量学术语"的定义和规范，防以止其被滥用和滥解。具体说来，本书主要做了如下修订：

（1）完善基本理论。如，新增了对量线理论进行概述的第 1 章，删去了第一版中属于量柱理论的内容；又如在第二章中增加"斜横线"一讲的内容，使量线理论更加完善。

（2）优化重点内容。系统地讲述了量线的相关概念，简明地介绍了量线系统，对量线的八大基本元素——峰顶线、谷底线、平衡线、斜横线、峰谷线、精准线、灯塔线、通道线进行了更准确的定义。这样，量线的基础理论和基本原理部分的内容得以加强。

（3）简化入门渠道。对首版的篇章结构进行了适当调整、充实和完善；删去首版中属于量柱范畴的内容，体系结构更科学更系统。这样易让初入股市的读者读懂，让资深股民读者有更深刻的认识和理解。

（4）更新实战案例。新增了作者在中国人民大学、清华大学实战操盘特训班的部分最新案例以及2014年的个股案例。

（5）精化图片效果。根据读者普遍反映图片较小的问题，选择了比首版更大的成品尺寸，特将原图作了放大精化处理。

（6）强化辩证思维。增强了"辩证求实"的内容，希望大家结合实际，认真搞好学习实践活动。

此书的修订工作得到了四川人民出版社和清华大学出版社的大力支持，得到了人民大学和清华大学特训班全体学员的大力支持，得到了《证券市场红周刊》和"股海明灯论坛（www.178448.com）"的大力支持。特此一并感谢。

作者唯一工作邮箱：hmwz448@163.com

作者唯一工作论坛：www.178448.com

作者唯一工作博客：http://weibo.com/hmwz/78

作者唯一微信平台：ghmd448

黑马王子

2014 年 6 月 18 日于北京清华大学六号院

目　录

序　言　探索"涨停基因"的人 ………………………………………… 001
前　言　涨停无定式　涨停有规律 ………………………………… 004

第一章
量线捉涨停的基本原理

第1讲　量线与量线系统 …………………………………………… 003
　第一节　量线的基本原理 ………………………………………… 003
　第二节　量线的核心价值 ………………………………………… 005
　第三节　量线的生根穴位 ………………………………………… 008
第2讲　量线的"三大特点" ……………………………………… 012
　第一节　以点定线的"前瞻性" ………………………………… 012
　第二节　以线测点的"度量性" ………………………………… 015
　第三节　以线量线的"互证性" ………………………………… 018
第3讲　量线的"三向规律" ……………………………………… 022
　第一节　极点测向律 ……………………………………………… 022
　第二节　焦点定向律 ……………………………………………… 024
　第三节　拐点转向律 ……………………………………………… 026
第4讲　量线的"生成机制" ……………………………………… 030
　第一节　量线的生成原则 ………………………………………… 030
　第二节　量线的七大元素 ………………………………………… 034
　第三节　量线的"动态调整" …………………………………… 038
第5讲　量线的"攻防体系" ……………………………………… 041
　第一节　量线的"双向异化" …………………………………… 041

第二节　量线的"三级飞跃" ·· 043

第三节　量线的"四步攻防" ·· 045

第二章
量线捉涨停的基本元素

第6讲　峰顶线：测顶攻顶的预警线 ··· 053

　　第一节　"峰顶线"的取点原则 ··· 053

　　第二节　"峰顶线"的战略意义 ··· 055

　　第三节　"峰顶线"的战术意义 ··· 057

　　第四节　"峰顶线"的攻防策略 ··· 059

　　第五节　"峰顶线"的涨停机遇 ··· 061

第7讲　谷底线：探底与回升的生命线 ·· 065

　　第一节　"谷底线"的基本画法 ··· 065

　　第二节　"谷底线"的三个功能 ··· 067

　　第三节　"谷底线"的升势预测 ··· 069

　　第四节　"谷底线"的跌势预测 ··· 072

　　第五节　"谷底线"的横势预测 ··· 074

　　第六节　"谷底线"涨停预测的四个要点 ··································· 076

第8讲　平衡线：多空共享的警戒线 ··· 078

　　第一节　"平衡线"的取点原则 ··· 078

　　第二节　"平衡线"的双重性格 ··· 080

　　第三节　"平衡线"的倾向暗示 ··· 083

　　第四节　"平衡线"的战术原则 ··· 085

第9讲　斜衡线：量价与时空的坐标线 ·· 088

　　第一节　普通斜衡线 ·· 088

　　第二节　高级斜衡线 ·· 091

　　第三节　阴阳太极线 ·· 094

第10讲　峰谷线：顶底互换的进攻线 ··· 099

　　第一节　"峰谷线"的隐蔽性 ·· 099

　　第二节　"峰谷线"的攻击性 ·· 101

　　第三节　"峰谷线"的战略性 ·· 103

第 11 讲　精准线：稀有且金贵的"擒庄绳" ·················· 106
　第一节　"精准线"的稀有性 ···························· 106
　第二节　"精准线"的计划性 ···························· 109
　第三节　"精准线"的爆发性 ···························· 111
　第四节　"精准线"的方向性 ···························· 113
　第五节　"精准线"的复合性 ···························· 115
　第六节　"精准线"的规律性 ···························· 117
第 12 讲　灯塔线：趋势与趋幅的导航线 ···················· 120
　第一节　"灯塔线"的基本原理 ························· 120
　第二节　"灯塔线"的精准预测 ························· 122
　第三节　"灯塔线"的长效机制 ························· 124
　第四节　"灯塔线"的有效射程 ························· 126
　第五节　"灯塔线"的取点与画线 ······················ 128
第 13 讲　通道线：趋向与趋幅的回归线 ···················· 133
　第一节　"通道线"与"无形之手" ···················· 133
　第二节　"通道线"与"量价时空" ···················· 137
　第三节　"通道线"与"太极通道" ···················· 139

第三章
量线捉涨停的战术探讨

第 14 讲　找准一根线，涨停在眼前 ······················ 149
第 15 讲　密集成交区，找出平衡线 ······················ 152
第 16 讲　抓住启动点，短线好赚钱 ······················ 157
第 17 讲　大江有异常，必然要异动 ······················ 162
第 18 讲　凹口抓涨停，关键在平衡 ······················ 166
第 19 讲　凹口有横斜，尽量抓斜勺 ······················ 169
第 20 讲　缩图看大势，放图找量柱 ······················ 176
第 21 讲　守住黄金线，打劫是良机 ······················ 181
第 22 讲　量柱用线量，活捉涨停王 ······················ 185
第 23 讲　大师小游戏，越想越有趣 ······················ 189
第 24 讲　回踩黄金线，起跳在眼前 ······················ 199

第 25 讲　若现鹰嘴镐，可能创新高 ················· 202
第 26 讲　预定黄金柱，提前测涨幅 ················· 207
第 27 讲　介入宜提前，测幅宜保守 ················· 210
第 28 讲　靠线蓄势股，逆势飞天虎 ················· 213
第 29 讲　领悟灯塔线，奥秘在心间 ················· 217
第 30 讲　找准平衡线，惊盘也悠闲 ················· 224
第 31 讲　回踩精准线，起飞在眼前 ················· 229
第 32 讲　看准大方向，破解回马枪 ················· 233
第 33 讲　势变我亦变，一步一重天 ················· 238
第 34 讲　触底欲起飞，看准第三位 ················· 248

第四章

量线捉涨停的心术修养

第 35 讲　欲擒涨停板，重塑涨停观 ················· 255
第 36 讲　从"1234567"到"夺来米发梭拉西" ········· 259
第 37 讲　"炒股的特点"与"QQ 群的弱点" ········· 266
第 38 讲　知行合一，方显英雄本色 ················· 269
第 39 讲　伏击涨停，意在取法乎上 ················· 272

第五章

量线捉涨停的读者体会

第 1 则　一根线用活了就是绝活
　　伏击科冕木业涨停有感（至阴至柔 2010 年 3 月 28 日） ········· 279
第 2 则　一根线用熟了方显精妙
　　伏击西藏发展涨停有感（至阴至柔 2010 年 3 月 29 日） ········· 283
第 3 则　凹口淘金，一抓就灵
　　伏击七喜控股涨停体会（阿黑 2009 年 9 月 17 日） ········· 287
第 4 则　倍量过左峰，涨停入囊中
　　伏击华峰氨纶涨停体会（格子猪猪 2009 年 11 月 4 日） ········· 289

第 5 则　凹口平量柱，确实猛如虎

　　伏击白云山涨停体会（新节奏 2009 年 11 月 7 日） ……………… 291

第 6 则　劫止黄金线，涨停任我捡

　　伏击宁波银行涨停体会（邢思嘉 2010 年 1 月 22 日） ………… 293

第 7 则　百日低量处，确实有卧虎

　　预报三只全部涨停的体会（杰杰米 2010 年 1 月 29 日） ……… 295

第 8 则　倍量过左峰，涨停三连中

　　伏击罗牛山涨停有感（金戈铁马 2010 年 2 月 1 日） …………… 297

第 9 则　凹口来淘金，报四三涨停

　　伏击北矿磁材等涨停有悟（为了明天 2010 年 3 月 3 日） ……… 300

第 10 则　第二红波起，必然有好戏

　　伏击重庆港九等涨停有悟（清泉石上流 2010 年 3 月 3 日） …… 302

第 11 则　凹口去淘金，真的有点神

　　伏击新五丰涨停的体会（王紫薇 2010 年 3 月 6 日） …………… 305

第 12 则　"凹底起柱"涨停法

　　伏击旭飞投资涨停小结（短线炒股 2010 年 2 月 27 日） ……… 307

第 13 则　"金谷起柱"涨停法

　　伏击远望谷涨停体会（短线炒股 2010 年 3 月 28 日） ………… 310

第 14 则　巧用峰顶线，伏击赚大钱

　　伏击漳州发展涨停体会（至阴至柔 2010 年 3 月 26 日） ……… 313

第 15 则　三位涨停银谷沿，金坑飙升在眼前

　　"第三阻力位"涨停与凹口淘金综合运用体会（珊瑚虫 2010 年 3 月 26 日）

　　…………………………………………………………………… 315

第 16 则　关键位置的关键精准线

　　伏击南宁百货涨停有悟（股懂股动 2010 年 4 月 14 日） ……… 318

第 17 则　"精准量线"涨停法

　　伏击合加资源涨停体会（短线炒股 2010 年 4 月 4 日） ………… 322

第 18 则　"顶底互换"涨停法

　　伏击"德赛电池"涨停体会（短线炒股 2010 年 3 月 28 日） …… 325

后　记 …………………………………………………………………… 328

探索"涨停基因"的人

《人民日报》经济快讯记者 方 正

京城四月芳菲尽，神州五月莺燕来。

去年七月，我给黑马王子的《量柱擒涨停》作序，没有想到，该书出版六个月来竟再版七次，创造了我国出版史上的奇迹。序者居然接到了无数的咨询电话，忙得我不亦乐乎。

今年四月，黑马王子又让我给他的《量线捉涨停》作序，我想这是对我莫大的信任。思来想去，没有什么值得我说的了，因为王子的新作革故鼎新、继往开来，已将我要说的意思表达无遗，我就说说题外话。

著名诗人陆游在《示子遹》诗中向他的儿子传授"写诗诀窍"时说："汝果欲学诗，工夫在诗外"。翻译成现代话就是："你若真的想学会写诗，就要把工夫下在写诗之外"。

这话充满辩证思维，是古今中外少有的至理名言。把这话套用到现代股市上就是："汝欲学炒股，功夫在股外"。

《量线捉涨停》一书，就是从"股外"入手，探索"股内"奥秘的好书。它和《量柱擒涨停》一样，从实实在在的量柱入手，以"量线脉搏仪"来探寻庄家或主力的意图和动向，寻找庄家或主力的计划和预谋，总结出"跟着庄家走，人人是高手"的股市心法。

更令人高兴的是，作者从实实在在的量柱入手，以"量线脉搏仪"来探寻股票的"涨停基因"。对于"涨停基因"的研讨，黑马王子应该是股市第一人。我曾经看过许多股票书，这个"技"那个"法"，这个"金"那个"银"，看起来林林总总，无所不有；用起来糊糊涂涂，南辕北辙。而《量线捉涨停》没有任何"技"，也没有任何"法"，它处处体现出一种"律"，体现出一种循律而生的"因"，凡是

具备一种或几种"涨停基因"的股票，常常在同一时段、同一空间、同一样式、同一批次齐刷刷地列队涨停。

就在《量线捉涨停》完稿的前两天，即 2010 年 4 月 13 日，王子发布盘前预报："关注咬住峰顶线的股票"。预报后两市涨停板上的股票，都是清一色的"咬住峰顶线，蓄势薄云天"。请看 4 月 16 日，大盘大跌，两市只有 4 只股票涨停，它们是"万好万家、轴研科技、鼎龙股份、海宁皮城"，齐刷刷都是"咬住峰顶线，涨停在眼前"的股票。这样的规律性涨停，天天都在创造着奇迹。许多接触"王子理论"仅仅一两周甚至一两天时间的读者，也能连续预报并擒拿好几个涨停板。例如：

"杨阳阳"同学，第一个月即预报了 10 个涨停板；

"其瓦额"同学，第二个月即预报了 11 个涨停板；

"珊瑚虫"同学，第三个月即预报了 12 个涨停板；

"至阴至柔"同学，第四个月预报了 13 个涨停板；

"短线炒股"同学，第五个月预报了 14 个涨停板……

值得称道的是，作者强调"预报不等于捉到，知道不一定能做到，只有知行合一，方显英雄本色"。作者认为：涨停无定式，涨停有规律。"定式"只是一种"偶遇"，对某只股票有效，对其他股票无效；"规律"则是一种"复遇"，它不仅对某只股票有效，而且对一批股票有效。这些批量涨停的股票有哪些"涨停基因"呢？今年 4 月 25 日，作者在全国图书博览会上的演讲，揭示了部分奥秘：

涨停基因之一：百日低量群，倍量就涨停；

涨停基因之二：倍量过左峰，涨停急先锋；

涨停基因之四：回踩黄金线，腾飞不眨眼；

涨停基因之五：长阴压短柱，攻势猛如虎；

涨停基因之六：复合精准线，涨停在眼前；

……

本书的重点就是探索这些"涨停基因"，书中的案例全部来自作者和战友们的实战总结，全部都是最新的、最近的、最简单的案例。

"简单"就是"科学"。"科学的入口，与地狱相似。"这是马克思的名言。本书正在实践马克思的这句名言。离经叛道的《量柱擒涨停》和《量线捉涨停》，就是在地狱的入口处捡回来的东西。它没有什么技法，也没有什么定式，完全是赤赤裸裸的规律探索，完全是简简单单的理念探究。本书颠覆了许多被人们称为"经典"的东西，正在改写着认识真理、发现真理、接近真理的历史。

王子的路还很长。

祝《量柱擒涨停》造福世人！

祝《量线捉涨停》一路走好！

祝《量波抓涨停》再创辉煌！

方　正

2010 年 5 月 1 日于清华园

涨停无定式　涨停有规律

　　《股市天经（之一）——量柱擒涨停》（以下简称《量柱擒涨停》）的姊妹著《股市天经（之二）——量线捉涨停》（以下简称《量线捉涨停》）终于出版了！它本来应该和《量柱擒涨停》相继问世的，可就在《量线捉涨停》即将交稿时，有位知名人士来了一封信，他说《量柱擒涨停》是当代股市书籍的登峰造极之作，后人乃至作者本人将无法逾越。

　　看到此信，王子诚惶诚恐，不得不重新审订已经截稿的《量线捉涨停》一书。这一"审订"就"审订"了十个月。王子崇尚"语不惊人死不休"的作风，如果《量线捉涨停》不能逾越《量柱擒涨停》，宁可不出版，也不能敷衍。十个月来，王子真的尝到了"十月怀胎"的滋味，感受到了胎儿在腹中的蠕动，感受到了《量线捉涨停》超越《量柱擒涨停》的冲动。

　　十个月过去了，在出版社的再三催促下，王子交出了书稿，可又忽然心生惶恐，读者心中的《量线捉涨停》会是什么样的呢？它能超越《量柱擒涨停》吗？细心的读者可能已经发现，这两本书的书名有"一字之差"：

　　《量柱擒涨停》是"擒"，有武术格斗的"擒拿"之意，得花点气力；

　　《量线捉涨停》是"捉"，有游戏迷藏的"捕捉"之意，得动点脑力。

　　"擒"者，是"生擒"，扑扑打打，拳脚相加，格物斗勇也；

　　"捉"者，是"活捉"，挑挑拣拣，信手拈来，戏物斗智也。

　　但是，"擒"是臂功，"捉"是手功，"臂之不存，手将焉附"，没有"擒"的功夫，"捉"起来也不是那么容易的事。当你学会了"擒"，"捉"也就信手拈来了。

　　由此可见，《量柱擒涨停》是基础，《量线捉涨停》是发展。《量线捉涨停》是量柱理论的拓展和升华，它们和第三部《量波抓涨停》是一个完整的系统。一个重在"选股"，一个重在"选价"，一个重在"选时"。三者融合才能进入那自由自在的天地。

本书的价值就在于"对规律的追求"。我们坚信：涨停无定式，涨停有规律，涨停有基因。因为"定式"只是一种"偶遇"，对某只股票有效，对其他股票无效；"规律"则是一种"复遇"，它不仅对某只股票有效，而且对一批股票有效，只要具备了一种或几种涨停基因的股票，甚至可以在同一时段、同一空间、同一批次齐刷刷地列队涨停。

本书的案例，多是这种"批量涨停"的实例，全部来自我和股友们的实战总结，全部都是最新的、最近的案例。正如马克思所言："科学的入口处，与地狱的入口处相似。"本书正在实践这句名言，它颠覆了许多被人们称为"经典"的东西，正在改写认识真理、发现真理、接近真理的历史。

本书的第一章，重在介绍"量线捉涨停的基本原理"，帮助读者从量线的"极点测向律、焦点定向律、拐点转向律"这三大规律中，去发现或发掘其独特的"攻击系统"。其中，"量线的三向定律"和"量线的攻击系统"是我们的独创。事实告诉我们，凡是遵循"三向定律"的股票才是"活股"，否则就是"死股"；具有"攻击系统"的庄家才是"牛庄"，否则就是"熊庄"。所以，第一章是我们"找活股、捉牛股"的基本功。

本书的第二章，重在介绍"量线捉涨停的基本元素"，帮助读者从量线的个性特点和组合规律中，去发现或发掘适合自己的"捉庄系统"。其中的"擒庄绳"和"灯塔线"又是我们的首创，全球独一无二。目前广播电视上开始流行的"看准一条线，飙升在眼前"就是出自我们的"精准线"。所以，第二章是我们"找牛庄、跟牛庄"的路线图。

本书的第三章，重在介绍"伏击涨停的战术探讨"。过去人们对"股战技术"趋之若鹜，捧"定式"为"法宝"，结果在"彼时彼股"可以个别有效，在"此时此股"却背道而驰；而我们则强调"涨停无定式，涨停有规律"，我们追求的规律是：具备某种或某几种涨停基因的股票，可以在同一时段、同一空间、同一样式、同一批次的齐刷刷地涨停。"战术"只是"心术"的个别体现，而"规律"才是"战术"的灵魂。所以第三章是我们的"涨停战术探讨"。

本书的第四章，重在介绍"伏击涨停的心术修养"。股市的涨涨跌跌、起起伏伏都是用"心"操纵的，过去的股市书籍多在"战术"上纠缠，没有从"心术"上研判，这就从根本上忽视了"心术"的作用。本书首次专章讲述"心术"，目的是拨乱反正，还原"心术"操纵股市的本质。"心术"有庄家的，也有我们的，我们不能改变庄家的"心术"，只有改变自己的"心术"，去适应庄家的"心术"，这

就是"心术修养"，这是我们首创的"股市新词"，也是股市心理学的发端。我们认为，这是超越"战术"的"上战之术"。所以，第三章是我们的"股市心法"。当然，本章的论述只是草创，有待日后专著阐述。

本书的第五章，重在介绍"伏击涨停的切身体会"。这是在"股海明灯论坛"参与"伏击涨停人民战争"的战友们，自主自发总结出来的经验教训，他们在验证量柱理论的同时，发扬光大着量柱理论，他们每天有小结、每战有总结、每股有验证、每例有感悟。这些体会，言简意赅，发人深省，毫不矫揉造作，绝无遮掩藏巧，处处闪耀着理性与睿智的光芒。说实话，我根本不认识这些战友，可他们以其坦诚和卓识感动着我激励着我，也感动着激励着"股海明灯论坛"的每一位战友。可以毫不夸张地说，这些战友的切身体会，丰富和发展了量柱理论的内核，形成了量柱理论的精华，其实战性和实效性毫不逊色于笔者，甚至超过笔者。从这种意义上讲，《量线捉涨停》不是王子的专著，而是股海明灯论坛全体战友集体智慧的结晶，它对于后来人无疑具有震聋发聩的意义。

读者朋友，本书是我国第一本系统阐述"量线理论"的原创性兼实战性教程，其理论观点和技术观点难免有疏漏和遗憾，我们热诚欢迎您的坦诚质疑和批评，我们期待着各路高手献计献策，帮助我们把量柱理论推向至臻至美的境界。

交流邮箱是hm448@163.com

交流论坛是www.178448.com

黑马王子

2010 年 4 月 26 日于峨眉山

股市天经（之二）

量线捉涨停（全新彩印版）

第一章

量线捉涨停的基本原理

LIANGXIAN ZHUO ZHANGTING DE JIBEN YUANLI

量线与量线系统

《量线捉涨停》于2010年6月首版以来，得到社会各界人士的广泛好评。但是，有些读者浮光掠影地浏览了一下，即错误地认为"量线"就是"画线"，只是"画线理论"的翻版，这就大错而特错了。客观地说，这是对"量线"的极大误解。

因为"量线"是完全不同于传统"画线理论"的全新技术。它是"量柱"和"价柱"双向合一的"量的价位线"。

第一节　量线的基本原理

"量线"是以"量柱"为基础的"画线"。简单地讲，就是在有特殊意义的量柱的关键点位（或价位）上生长出来的有特殊意义的攻防线。也就是说，它是以量柱为基础的对应价柱之间有特殊意义的"量的价位线"。

请看图1－1"万向钱潮（000559）2014年2月11日留影"：

图1－1中有A～J九条水平线，一条GH斜行线，这10条线全部都能精准刻画主力的每一步攻防。笔者在G柱（2014年1月21日周二）踩精准线发布涨停预报，两日后获得一个涨停板；随后在I柱（2014年1月29日周三）过左峰线发布涨停预报，两天后连续获得两个涨停板。从第一次预报至今天（2014年2月11日周二）收盘，11个交易日共计涨幅高达52.71%。

为什么"量线"具有如此神奇的功能？这几条"量线"是根据什么规则和原则画出来的？其实，"量线"的规则非常简单，非常直观，一眼就能看出：

第一，以"当时最大的阴线实顶"画水平线，即得出图中的A、B、C、E这四条线。

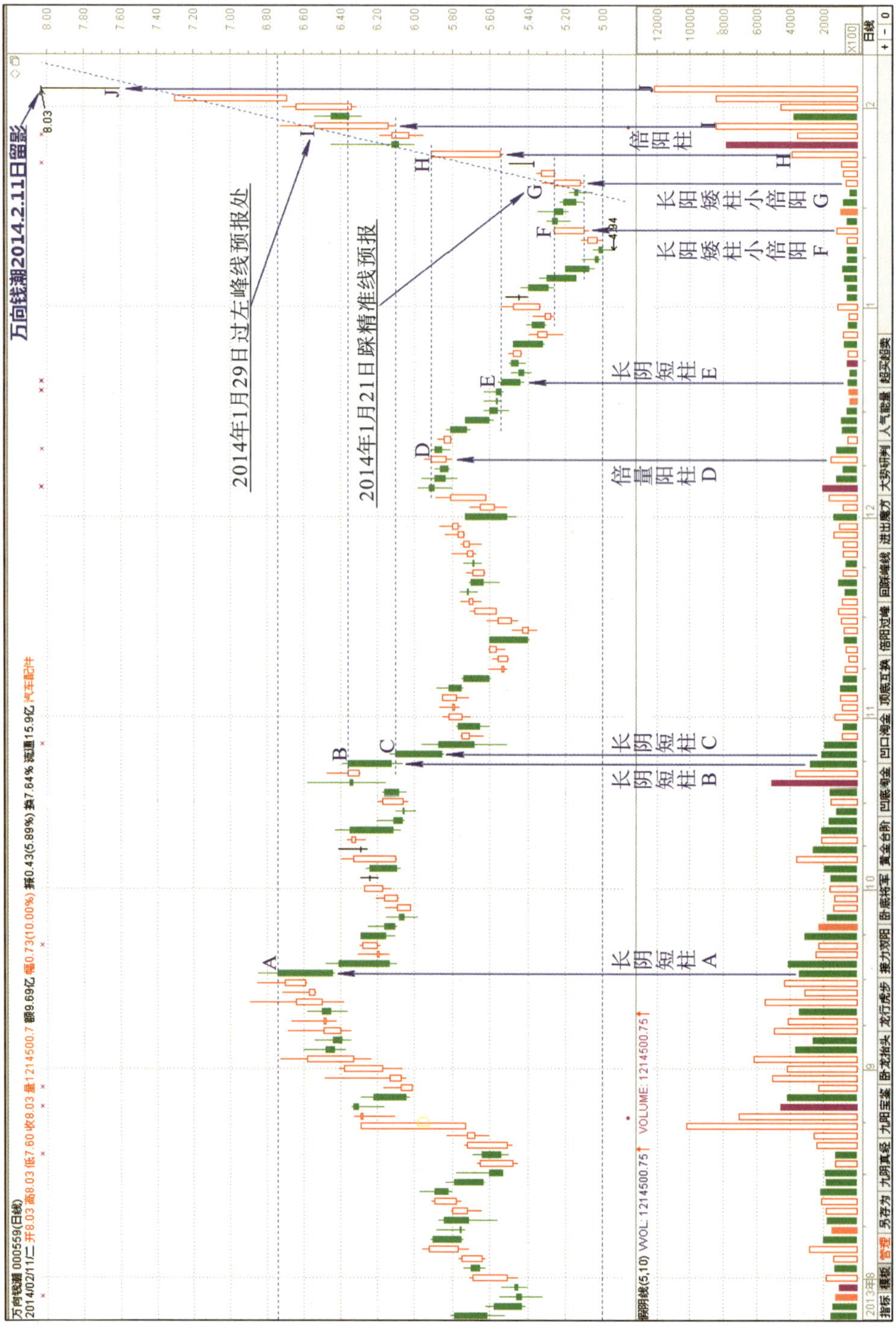

图 1—1

第二，以"当时最大的阳线实顶"画水平线，即得出图中的 D、F、G、H 这四条线。

第三，以"当时上升途中最近的两根倍阳柱的实顶"画斜线，即得出图中的 G～H 斜线。

只要掌握了上述这三个最简单的"量线"规则，任何人都能在这只股票上画出这些相应的线条，而且大家画出的线条基本一致。也就是说，任何人都能提前预测到这只股票即将出现强悍的飙升。

如果你是一位性急的读者，你现在就可以用上面的三个规则对任何股票进行"量线处理"了，当你画出的线条让你大吃一惊的时候，别忘了回到这里来继续深造。因为下面的讲述，将带你进入一个前所未有的新天地。

由上述画线规则和画线方法可知，"量线"的画线规则和画线方法，是传统的"画线理论"从未涉及的一种全新的"量线技术"，它是以"量柱"为基础、以"价柱"为参照的重要价位（或点位）的连线。

科学地讲，"量线"就是"在有特殊意义的量柱的关键点位（或价位）上生长出来的有特殊意义的攻防线"，也就是说，它是以量柱为基础的对应价柱之间有特殊意义的资本市场线即"量的价位线"。

从形式上看，"量线"是相关量柱所对应价位（或点位）的"点的连线"。

从本质上看，"量线"是相关量柱与其对应价位（或点位）双向结合的产物，因此，它反映了特定时段特定量价的特定平衡关系。

从学术上讲，"量线"是揭示和预测股价运行规律的一种工具。

从效果上看，它是"量价合一"的产物，它比单纯的量柱所表达的含义更具体、更丰富、更直接，因此它比单纯的量柱具有更高的参考价值和使用价值。

第二节　量线的核心价值

第一节的内容是对"量线"的科学定义。马克思主义的活的灵魂，就是具体问题具体分析。所以"量线"二字，还有"衡量线条"的含义，即"分析量线、选择量线"的含义。因为，量学的活的灵魂就在于具体问题具体分析。

大家知道，"价柱"有开盘价、收盘价、最高价、最低价四个价位（或点位），"量线"则是取其当前最有代表性的、最关键的价位（或点位）的连线，那么，在可能生成的这些量线之中到底应该取哪个价位（或点位），就是人的主观能动性的反映，甚至可以说是人的量学素质的综合体现。

有人画的量线，一看就有价值；有人画的量线，一看就没有价值。这就是综合素养的集中体现。甚至可以说：一条量线怎样取点、怎样画线，就体现了怎样的水平。所以，"量线"作为名词（量的价位线）的同时又是动词（即衡量和选择量价平衡线）。

这就是说，画出"量线"只是表面文章，找出"量线"、分析"量线"、判断"量线"所代表的意义和方向，才是"量线"的核心价值。

请看图1－2"国星光电（002449）2014年2月12日留影"：

前面图1－1中所使用的量线规则是："以当时最大的阴线实顶"画线。按照此规则，图1－2里可以画出A1、A2、A3、A4这四条量线。这里所说的"当时最大的阴线实顶"，简称"大阴实顶"，它们往往是"长阴短柱"，即长长的阴价柱对应着短短的阴量柱基本常识参见《量柱擒涨停》一书。

前面讲过，画好量线只是表面文章，研判其后面的走势和方向才是量线的核心价值。那么，如何来研判这四条量线后面的走势和方向呢？

假设现在处于A柱的位置，我们只能看到左侧的行情，右侧的行情我们一概不知。但借助量线，我们却可以提前作出如下预测：

第一，我们可以判断这只股票从A4开始的下跌是假跌，因为A4是"长阴短柱"缩量三分之一的下跌，显然庄家或主力没有出货，他们利用长阴吓唬对手和散户出货，结果就是量柱群长期凹陷，并有百日低量柱夹杂其间。根据A4到A1点这一段走势的量价关系，可以初步判断该股至少要反弹到A4线上。

第二，根据A4到A的量柱、价柱现状，该股只要突破A4平衡线，后面将有较好的行情。因为任何主力都不是解放军，他从A4开始的假跌是为了收集筹码，而其收集筹码的目的就是要在更高的位置卖到更好的价位。所以，该股的主升行情必然要在A4平衡线上方才能展开。

第三，在突破A4之前，A2和A3的突破比较麻烦，因为A2和A3所对应的量柱阴气较重，这两条线上多空双方将有激烈争夺。所以，我们可以设计两套方案来对付它：一套方案是坐山观虎斗，等待突破A4线的时机；另一方案是以"量线"为参照，做一两段小行情。对于第二套方案将在后面叙述，现在假设我们采用第一套方案。

当我们采用第一套方案时，观察到C、D两个倍量柱出现的时候，我们就可以预测突破A4线的大致时间窗口。方法就是以C、D这两个倍量柱的实底连线，然后观察行情在CD斜线上的争夺。只要价柱能沿着这条斜线向上运行，其走势必然向上；否则，必然向下。以上预测能否兑现呢？让我们从A柱开始来检验：

先看A1：是"长阴短柱"，此后第三个交易日即轻松突破。

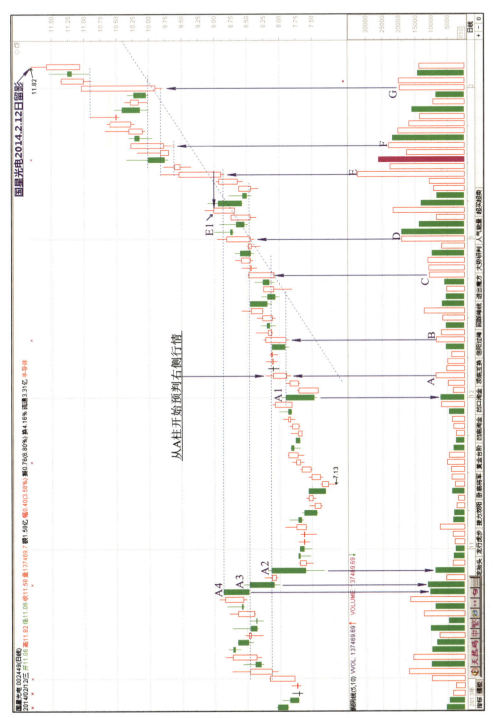

图1-2

再看 A2：是"长阴长柱"，因为 A2 比其左侧的阳量柱高出一倍，显然阴气浓重，所以从 A 柱开始，用了六个交易日才勉强突破。

再看 A3：量柱和价柱旗鼓相当，并且其量柱略高于左侧阴柱，阴气相对来说较重，所以从 C 柱开始，也用了六个交易日才勉强突破。

再看 A4：是"长阴短柱"，D 柱当天一启动就突破了 A4。但是，这个主力非常狡猾，前面每次攻击量线时都有回踩的习惯动作，所以这次也不会例外，在攻破 A4 的当天即主动回撤，第四天才成功突破 A4 线，这时，我们该如何研判其后势呢？这时就要关注价柱在 CD 斜线附近的动作。

请看 E 柱：倍量过 E1 平衡线就是突破的临界点，这个临界点正好与 CD 斜线交叉。当时是 2014 年 1 月 15 日（周三），笔者发布了盘中预报，预报后至今天（2014 年 2 月 12 日周三）15 个交易日，该股上涨了 33.19%，其中有一个涨停板。

事实说明，用量线预测走势，不仅可以比较准确地预测其上升或下降的"唯一方向"，还可以比较准确地预测其上升或下降的"基本幅度"，甚至可以比较准确地预测其上升或下降的"合一时机"。当你实践一段时间之后，你将发现你的多数预测竟然精准无误，这就是量线的核心价值。

第三节　量线的生根穴位

上述案例告诉我们，量线对盘势的研判，必须建立在量柱的基础之上，量学称之为"量线生根"。这就是说，"量线"必须从"量柱"上生长出来，否则它就是无源之水、无本之木。你的线条画得再好看，它也只能是花拳绣腿，中看不中用。顺便说一句，如果你对"量柱"不太熟悉的话，建议你读读《量柱擒涨停》，因为"量柱"是"量线"的基础，打好了"量柱"这个基础，"量线"就是你擒牛捉马的缰绳。

作为一种科学，"量线"的取点和画线是有严格规定的。"取点"好比取人体的"穴位"，只要找准了人体的"穴位"，不仅能治病健身，还能刮骨疗伤。同样，只要找准了股票的"穴位"，不仅能辨庄识庄，还能擒牛捉马。

股票的"穴位"很多，其中最重要、最常用的"穴位"就是"大阴、大阳、真底、真顶、王牌、倍阳、左峰"这七个"穴位"。

这"七个穴位"是量学中非常重要的七个概念，也是看盘预测时非常重要的七个关节。作为绪论的本章不可能面面俱到地详细讲解它们，具体内容只能放到相关章节中去详细剖析，为了帮助大家找准这"七个穴位"，现在扼要说明如下：

一、"王牌"特指"王牌柱"

它包括"将军柱""黄金柱"和"元帅柱"三种量柱，详见《量柱擒涨停》和《伏击涨停》中的讲解，这里不赘述。

二、"倍阳"特指"倍阳柱"

凡是比昨日量柱高出一倍左右的阳柱，就是倍阳柱，它包括"小倍阳""三倍阳""四倍阳"等等倍量柱，其形态很好分辨，一眼就能识别，所以此处也不作详解。

三、"左峰"特指"左峰柱"

它是距当下左侧最近的、水平方向的、最高的那根量柱。许多初学者在这个问题上常常弄错，所以特截图说明之。

请看图1-3"金瑞科技（600390）2014年2月11日留影"：

假设我们今天处于B柱这个"当下"的位置，那么距B柱左侧最近的、水平方向的、最高的量柱就是B1柱。有人常常误以为C5是左峰，这就大错而特错了。在B柱这个位置的"当下"，只有B1柱是其"左峰"。

再假设我们今天处于C柱这个"当下"的位置，那么B2柱就是C柱的第一左峰，依次向左侧水平方向看，C1就是C的第二左峰，C2就是C的第三左峰。C柱精准开盘于左峰线B2，精准上摸第二左峰C1而回撤，说明这个庄家或主力非常精明，即将有惊人之举。所以王子在C柱即1月16日将它列为牛股预报。

再假设我们现在处于E1柱的位置，那么"左峰"应该是谁？显然就是B5。有些初学者往往把E1柱的"左峰"看成C5柱，这就容易产生错误的预报或错误的操作。

所以再次强调："左峰"就是距当下左侧最近的水平的第一个高峰。望初学者认真看懂图1-3的标示和讲解。因为本书所有量线的"攻守冲防"，都遵循这个概念和这个概念所隐含的规律。

四、"大阴"和"大阳"

这两个概念最好理解，就是在某一阶段的价柱群中"个头相对最大的阴柱或阳柱"。这里的"相对最大"，是与其附近的价柱相比较而言的。

如图1-3中的B柱、B2柱、B3柱、B4柱、B5柱都是"大阳"；

如图1-3中的C1、C2、C3、C4、C5就是"大阴"。

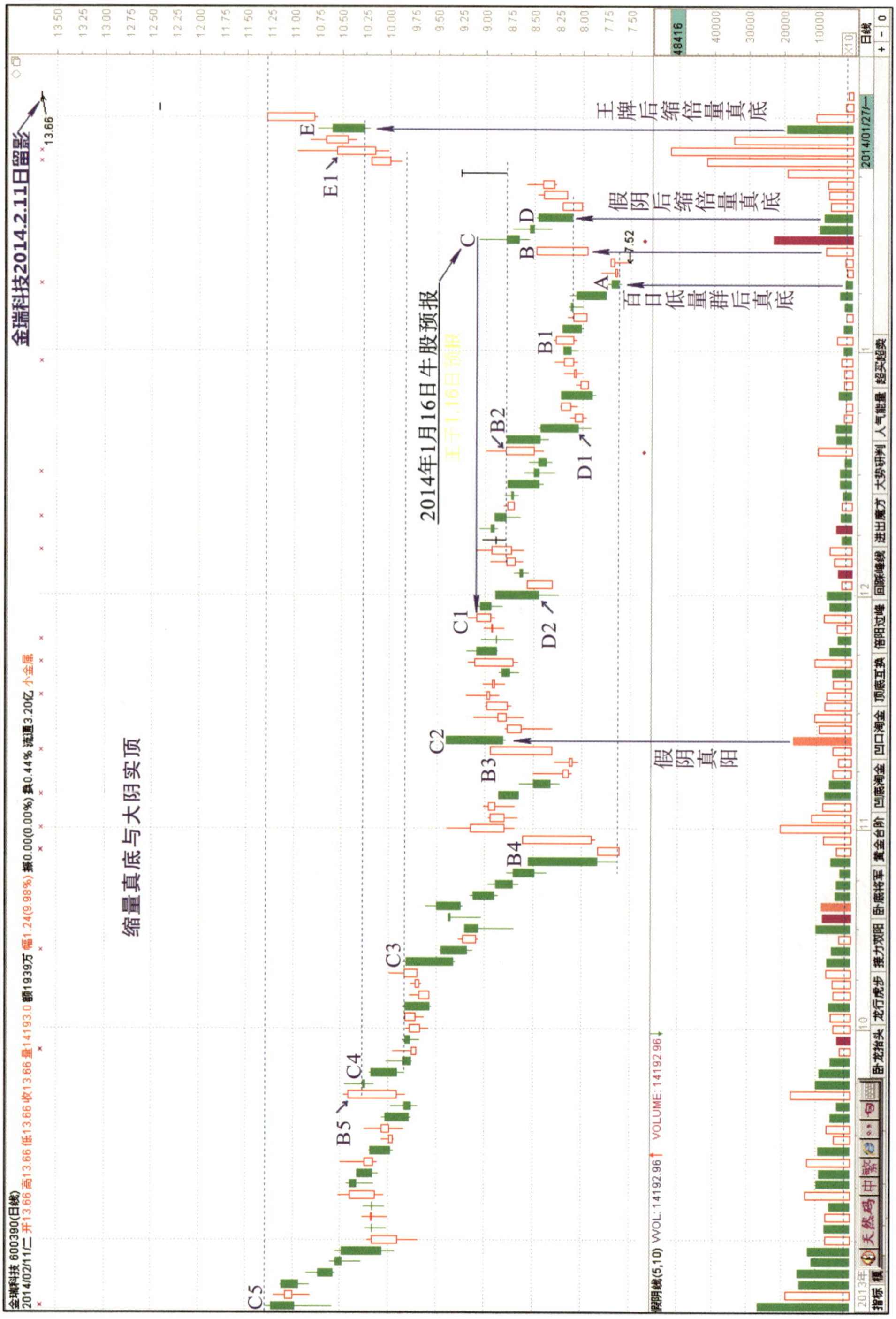

图1-3

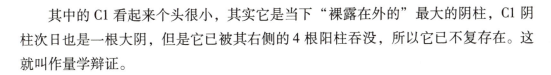

其中的 C1 看起来个头很小，其实它是当下"裸露在外的"最大的阴柱，C1 阴柱次日也是一根大阴，但是它已被其右侧的 4 根阳柱吞没，所以它已不复存在。这就叫作量学辩证。

五、"真底"和"真顶"

这是和传统观念完全不同的两个重要概念，务必重点掌握。

所谓"真底"，就是某一阶段最低的"过夜价"。所谓"过夜价"非常重要，它是从某天下午 3 点收盘到第二天早上 9：30 开盘，经历了一个下午、一个晚上长达近 19 个小时全球政治、经济、军事、周边股市影响等等各种因素的考验后，依然保持的那个没有被跌破的价位，且次日被阳价柱盖过三分之一左右，所以它是"真底"。"真底"一般是"阴柱"。找到了"真底"就找到了波段的拐点。

如图 1-3 中的 A 柱、D 柱、E 柱。其特征是阴柱，且日后被阳柱盖过三分之一左右（超过二分之一的最好）；与之相反，"真顶"就是阳柱，日后被阴柱吃掉三分之一以上或二分之一左右。

如图 1-3 中的 C 柱、C1 柱、C2 柱、B5 柱。其中的 C 柱和 C2 柱看起来是阴柱，其实它是"假阴真阳柱"，以假乱真，必有图谋，所以该股日后的反弹能够轻松突破 C 柱和 C2 柱。

王子是在图 1-3 的 C 柱（2014 年 1 月 16 日）发布涨停预报的，次日缩量一倍，这是牛股爆发的重要基因，就在 D 柱后第二天又出现了"极阴次阳胜阴"的助涨基因，所以股海明灯论坛的许多网友都看出该股即将爆发，从 D 柱后第二天开始，几乎每天都有读者发布这只股票的"涨停预报"，至 2014 年 2 月 11 日周二，不少网友收获了金瑞科技的五个涨停板。目前该股过左峰缩量拉出两个一字板，按照量学原理，此后还有涨停板，大家可以持续验证。

量线的"三大特点"

第一节　以点定线的"前瞻性"

　　"量线"是"量的价位线"即"量价合一"的参照系，它能反映出特定时段特定量价的特定关系，这些量价关系的连续反映，就构成了股市或股票的走势脉络。为此，我们将"量线系统"比喻为"股市脉搏仪"。为了直观简明，在个股分析时也可称之为"股票脉搏线"。

　　请看图2-1"江苏阳光（600220）2010年3月12日的留影"。这张图上高高低低的价柱，红红绿绿的均线，可谓密密麻麻、丰富多彩，但是，它根本不能回答如下两个问题：

　　第一，为什么股价一到C1点、A点、H点就跌不下去了？

　　第二，为什么股价一到G1点、H1点、F点就升不上去了？

　　显然，用K线理论和均线理论均无法回答这两个问题，即使用量柱理论也无法回答这两个问题。

　　那么，有什么办法来回答这个问题呢？用"量线理论"可以轻易解答这个问题。我们把图2-1中的均线去掉，只留下价柱，然后给这几个自然的高点和低点画出水平线，这个问题就一目了然了。

　　再看图2-2"江苏阳光（600220）2010年3月12日量线图"。

　　图中的五条水平线，可以轻松解答前述的两个问题：

　　第一，为什么A点跌不下去？因为A点的水平线与A1谷底相切，形成了一条稳固的谷底线，其左侧还有一个谷底A2，三重谷底线托底，股价到了阶段性的底部，当然跌不下去了。再看C点和H点，道理完全一样。

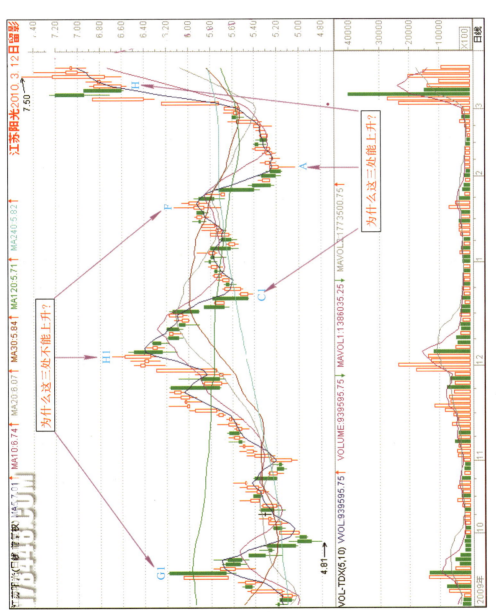

图2-1

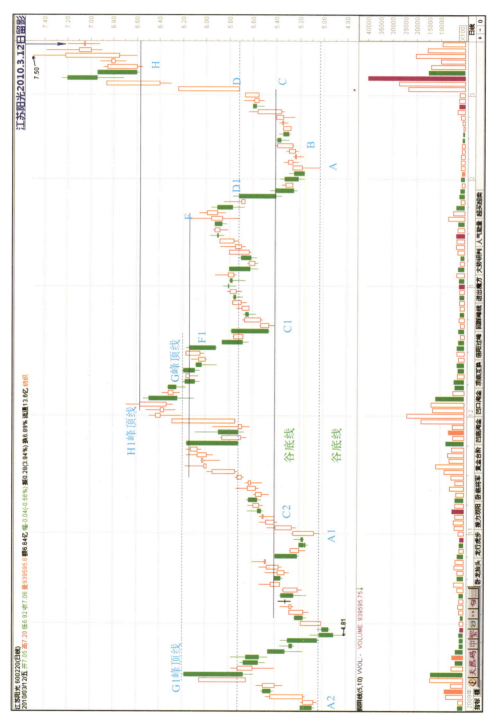

图2-2

第二，为什么 F 点升不上去？因为 F 点的水平线与 F1 柱的大阴实顶相切，形成了一条稳固的峰顶线，其左侧上方还压着一条 G 峰顶线，双重峰顶线压顶，股价到了阶段性的顶部，当然升不上去了。再看 G1 点和 H1 点，道理不言而喻。上图中，我们只用了"谷底线"和"峰顶线"这两种量线工具，就把这只股票的涨跌规律揭示出来了。就是这么简单：以"点"定"线"，趋势前瞻。面对这样简单的量线图，普普通通的投资人也应知道 A2、A1、A 点都是介入点，G1、G、F 点都是出货点。

由此可见，量线比单纯的量柱所表达的含义更具体、更丰富、更直接，因此，它比单纯的量柱具有更高的参考价值和使用价值。

这里还有一个秘密：均线理论、K 线理论对趋势的研判具有"滞后性"和"经验性"，因为它们都是用此前的相关数据和相关经验来研判股价的发展和变化，所以它们只能解决"怎么办"的问题，却不能解决"为什么"的问题，其操作难免带有"被动性"和"滞后性"。

而量线则不同，它是用"此前股价所处的位置"来衡量"此后股价所应有的位置"，也就是从平衡中发现失衡的可能及其即将运动的方向。它是从"为什么"入手来解决"怎么办"的问题，所以它能使我们的操作具有"前瞻性"和"主动性"。

凭借量线的"前瞻性"，我们在 C 点出现虚拟倍量柱时（2010 年 3 月 2 日周二即 D 柱）发出盘中预报，该股当天涨停，次日再度涨停。

这就是量线的第一个特点给我们带来的预报成果。

第二节　以线测点的"度量性"

凡是学过数学的读者都知道，数学结果是可以"反证"的，即乘法的结果可以用除法反证，平方的结果可以用开方验证。能够得到验证的结果才是科学的。同样，量线也可以反证，即用"点"可以连"线"，反过来，用"线"也可以测"点"。而且这个"点"一旦测准了，奇迹也就发生了。

2010 年 3 月 17 日周三，两市共有 14 只股票涨停，"股海明灯论坛"的学员们擒拿了其中的 13 只，唯有长电科技漏网。当晚我请学员们找找漏网的原因，许多同学谈得非常好。下面谈谈我个人对长电科技（600584）的看法。

说心里话，这是一只令人望而生畏的股票。王子在 2009 年 11 月 17 日盘中交流时，曾经点评过它，当时给它的评语是："这是一只类似江钻股份的牛股"。请看它从 2009 年 6 月 26 日至 2010 年 3 月 18 日的走势图（见图 2－3）。

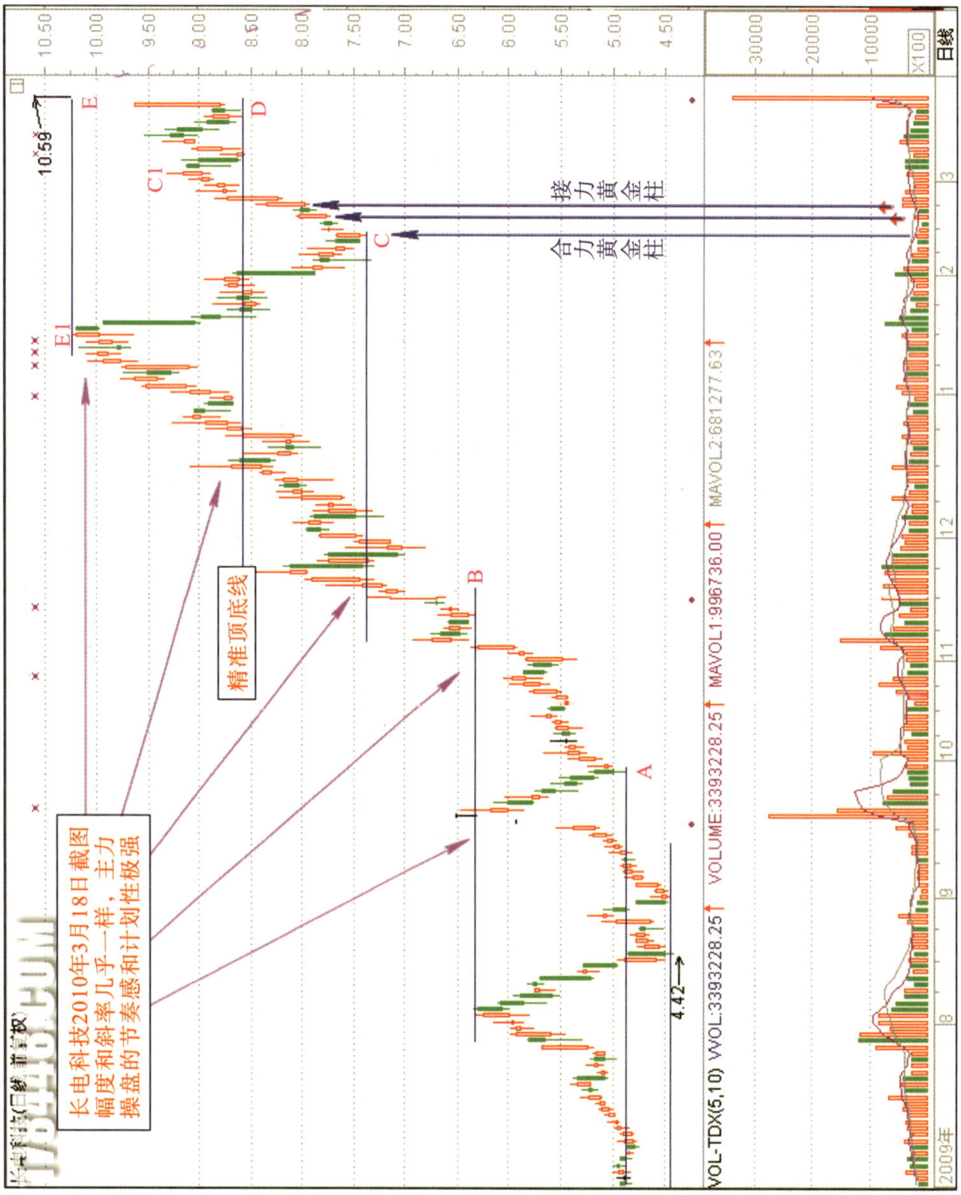

图2-3

长电科技2010年3月18日截图，主力幅度和斜率几乎一样，主力操盘的节奏感和计划性极强

精准顶底线

接力黄金柱

合力黄金柱

VOL-TDX(5,10) VVOL:3393228.25↑ VVOL:3393228.25↑ VOLUME:3393228.25↑ MAVOL1:996736.00↑ MAVOL2:681277.63↑

图2-3中有A、B、C、D、E五条顶底线。从顶底线来看，每个阶段的幅度几乎一模一样，每个阶段的斜率几乎一模一样，可见该股主力的操盘节奏非常强劲，拉升幅度非常鲜明，是个做牛的主。请看图2-3所示：

第一波，从A点（2009年9月29日）的4.88元一路飙升至E1点（2010年1月18日）的10.22元，涨幅翻了一倍多。

第二波，从E1点的次日（2010年1月19日）直线回落，直到C点（2月9日）企稳，跌幅超过30%。

第三波，C点的第二日（2月11日）主力采用休克疗法测底，呈现百日低量柱，次日（2月12日）即倍量拉升，然后又休克一日（2月22日），第三日（2月23日）再度倍量拉升，三天内两根倍量柱夹一根低量柱，呈现出典型的"合力接力黄金柱"。

按照《量柱擒涨停》中"接力黄金柱"的走法，该股应该从这里直冲E点，但是，它却在C1点拐头向下，虽有再度向上的动作，却在D点做了个M头，给人上攻乏力、势必向下的感觉，即制造错觉。

如果单纯从量柱的角度看，长电科技能在3月17日涨停显得比较牵强，因为它当前的位置离其"接力黄金柱"（0212量柱和0223量柱）较远，且最近还有一个M头，下降压力较大，其走势非常像强弩之末，有大江东去之感。

但是，如果我们从量线的角度看，在D点3月16日的最低点8.60元画水平线D，D线的左侧竟然有三个最低点8.60元与之重合，这四个"点"重合在一条"线"上，是典型的少有的精准线，说明庄家的计划性非常明确，攻击性非常强烈，一旦爆发，应该有两到三个涨停的幅度。

以"线"测"点"，大吃一惊：该股D点（3月16日）既是M头对应的最低量柱，也是黄金柱右侧的最低量柱，近乎休克状的缩量，就是主力拉升的先兆。加上精准线的计划明确，必然出现腾飞。该股3月17日顺大势拉至涨停，次日（3月18日）逆大势再度涨停至10.59元，再次验证了量柱量线的双重威力。

这个例子告诉我们，单纯从量柱出发很难发现的涨停先兆，用量线来考量一下，就能发现涨停契机了。要想提前发现这样的涨停牛股，有三个要点：

第一，要找出近期走势的精准线，将精准线的当值记录在案，以备急用。

第二，要提前研判近期底部是否有黄金柱支撑，若有黄金柱支撑的谷底，就是黄金底（图2-3中D线就是）。如果主力在黄金底上做出强弩之末的态势，我们就能发现他们"持强示弱"的意图。

第三，要注意将精准线的股价运用到盘中分时线上，一旦触线即拉升，就是对精准线的确认，也就是介入的良机。

只有知道了"为什么"，才好准备"怎么办"。以"线"测"点"，反证了"点"的重要性，度量之准，叹为观止。

这就是量线的第二个特点给我们带来的收获。

第三节　以线量线的"互证性"

科学是可以互证的。以"点"可以定"线"，以"线"可以测"点"，同样，以"线"可以量"线"。二者能够互证的，才是可信的。"量线"的互证性往往令人拍案叫绝。

请看图2－4，这是我们2010年3月8日预报的宝光股份（600379）2009年6月15日至2010年3月8日的走势图。

图中从下往上依次有F、G、A、B、C、D六条水平线，分别代表六条顶底线。

该股从F点的7.25元上攻至E点的15.50元，涨幅超过一倍。然后从E点的15.50元下跌至B1点的10.75元，降幅高达30%；随后向上，在D线做了个M头，然后直接下探至A点。

该股走势的核心就在ACB三角区。A点的回升非常温和，并且隐藏着一根很难被人发现的黄金柱A。当股价冲至C点时，次日便垂直向下直指B线却悬而未及，第三天的B点很有意思，最低价为10.95元，与我们画定的B线无缝重合。

请注意B线附近，短短的七天却有三个最低点都是10.95元，而B线的最左侧还有一个B2点是10.93元，仅差0.02元，可见这是一条不可多得的精准线。ACB三角区这里的情形与前面讲的长电科技非常相似，回踩精准线，腾飞在眼前。

再看ED线，这是一条斜顶线，又叫斜衡线，斜衡线与精准线C线即将交会处的附近，往往要出现中到大阳，我们称之为"斜顶起柱，奔若脱兔"。有了精准线和斜衡线的双线互证，我们大胆地发出了盘中预报，当天一个涨停板，其后在C线上下缓涨四日后连拉三个涨停板。

请看图2－5"宝光股份2010年3月19日午盘截图"。

以"线"量"线"，互证互验，这就是量线的第三个特点带给我们的成果。

量线的前瞻性、度量性、互证性特点，互为照应，互相补充，使之具有常人难以想象的预测效果。

如果说"量柱"是温度计，它只能探测这个人的体温，却不能探测这个人的体质；而"量线"却是脉搏仪，它既能探测这个人的体质，还能找到这个人的病症。

注：以上图中的实线为"确认线"，虚线为"参考线"。

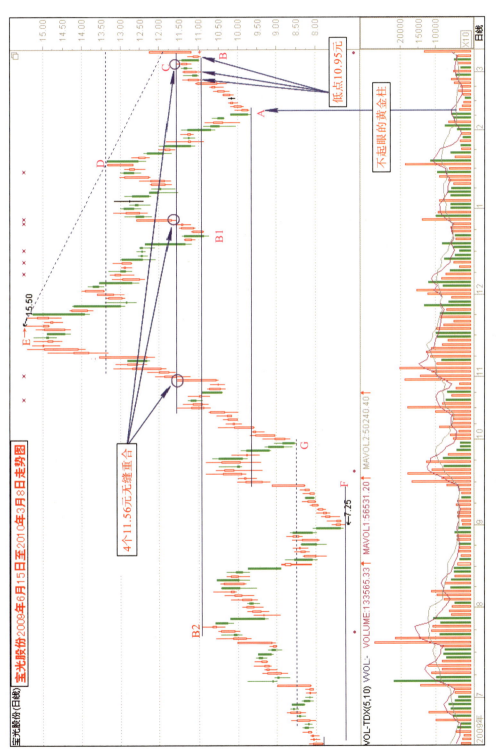

图2-4

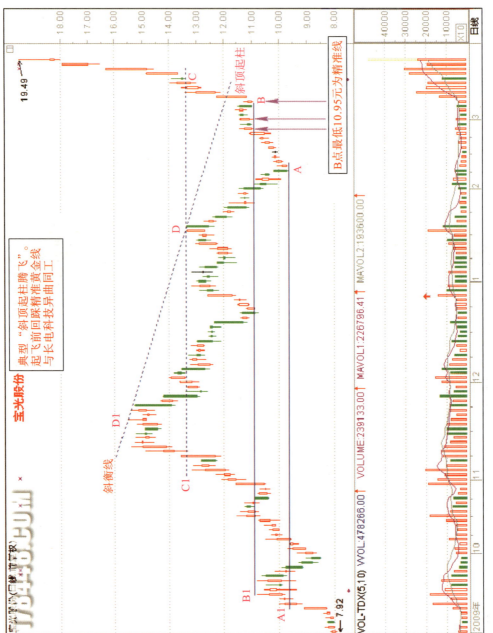

宝光股份　典型"斜顶起柱腾飞"。斜飞前回踩精准黄金线与长电科技异曲同工

图2-5

以"点"定"线"，量价合一，给我们一个参照系；

以"线"测"点"，审时度势，给我们一个方向盘；

以"线"量"线"，与庄共舞，给我们一个路线图。

如果将"量线"和"量柱"结合起来研判，其准确性将大大提高。

这就是本书即将揭示的奥秘。

量线的"三向规律"

"量线"是"量价合一"的产物。没有"点"就没有"线"，"点"的选取，必然决定"线"的质量。如果选择了错误的"点"，必然生成错误的"线"，必然导致错误的"操作"。所以，正确选点，是量线的第一基础，当然也是第一个基本功。

要想正确选点，必须懂得"点"的意义和它形成的规律。根据我们的研究，"点"与"线"的关系，有如下三个规律：

第一节　极点测向律

所谓"极点"，从广义上讲，某个阶段的"最高点"或"最低点"就是"极点"；从狭义上讲，每根价柱的"最高点"或"最低点"就是"极点"。

先请看图 3-1，这是"联美控股（600167）2009 年 6 月 24 日至 2010 年 3 月 12 日截图"。

首先请大家看图并思考一个问题：任何一根价柱的最高点和最低点都是谁弄出来的？

答案非常明显：没有哪个散户或普通投资人能够弄成这样，肯定是庄家或主力弄出来的。

那么，又一个问题出来了：任何一个庄家或主力都不是吃素的，他们做出这些最高点和最低点是干什么的？

答案只有一个：这是庄家或主力在测试市场阻力或撑力，为其下一步的运作方向进行"火力侦察"。所以，有些长长的上引线往往就是"侦察兵"。

由此可见：无论最高点或最低点，都是主力所为，都是为了测试方向，这就是

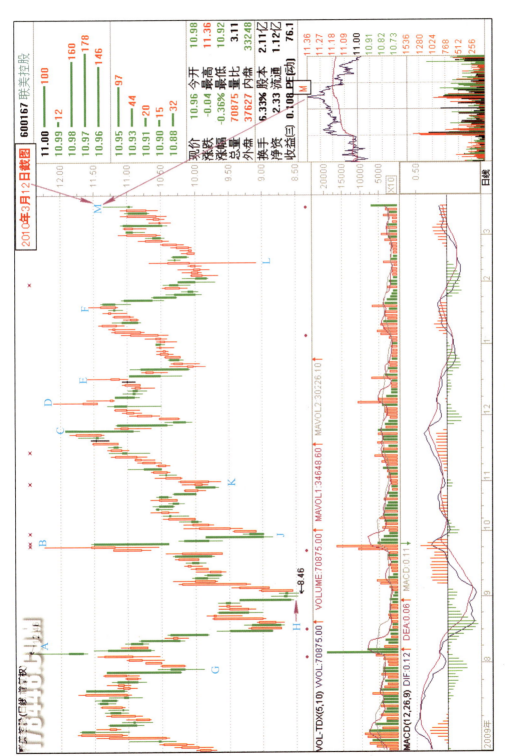

图3-1

"极点测向律"。

"极点测向律"告诉我们，物极必反，请看图3-1中：凡是上探受阻时，很容易向下，因为庄家或主力都不是解放军；凡是下探遇撑时，很容易向上，因为庄家或主力都应是精明人；凡是"长臂短腿的价柱"（即长长的上引线，短短的下引线），其后走势一般是向下（如A、B、D、E、F、M）；凡是"长腿短臂的价柱"（即长长的下引线，短短的上引线），其后走势一般是向上（如G、H、J、K、L）。这就是"极点测向律"给我们指明的股价运行方向。

下面请读者自己做个小试验：以图中"两个相邻的极点连线"。先将B、D连线，然后与F点画平行线；再将H、J连线，然后与K点画平行线。你会发现一个惊人的事实：这两组平行线压制着M点，M价柱呈长臂短腿状，后市必然要下跌。

第二节 焦点定向律

什么是"焦点"？这里的"焦点"特指"焦点连线"，亦称"焦点线"，就是两个或两个以上的重要价位（或点位）聚集在一条线上，大家共享一条线，合成一种力道，暗示一种方向。这样的线条就是"焦点线"，如果这样的线条呈水平状，就叫"水平精准线"，如果这样的线条呈倾斜状，就叫"倾斜精准线"（详待后述）。

我们回头看看在第2讲里曾经讲过的江苏阳光的走势图，现在给它加上了几条虚线，见图3-2"江苏阳光（600220）2010年3月12日截图"。

首先，我们以左下方的极点A4和极点A3连线，该线刚好与A1和C1两个极点相切，这样，A4、A3、A1、C1四个极点共享一条线，这就是一条焦点线，我们以左侧起点的第一标志A4取名，称之为A4焦点线（即斜衡线）。

然后，我们以H1和F这两个极点连线，此线在D点与A4焦点线交叉，这是另外一种"焦点"，即两条倾斜的焦点线交叉，哈哈，这个交叉处出现了一个涨停板。如果你有心观察一下，许多焦点线交叉的附近会出现涨停板（参见第2讲的图2-5）。为什么在焦点线交叉处会出现涨停板呢？这是另文介绍的内容，此处不作详解。

现在，请大家用"焦点线"的定义来看图3-2，图中A线、B线、C线、D线、F线、G线、H线，几乎都是"焦点线"。

现在请大家回答一个问题：如此精准的焦点线是谁制造的？

答案非常明确：散户或一般投资者肯定没有能力也不可能制造，只有庄家和主力才能制造。

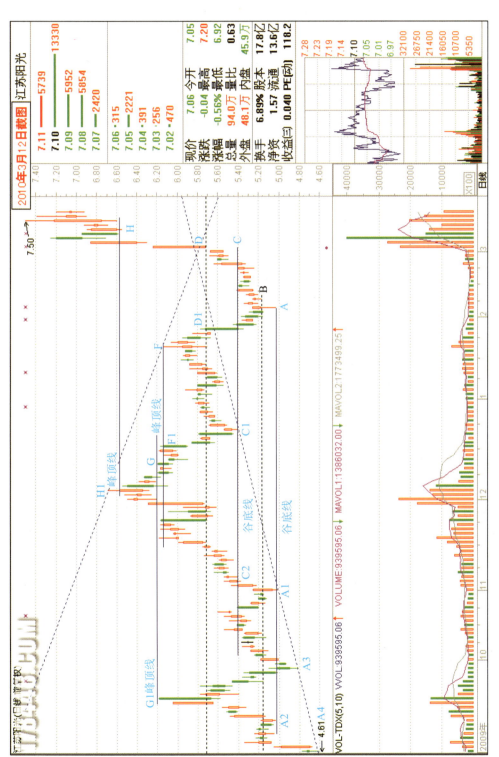

图3-2

那么，又一个问题出来了：庄家或主力为什么要制造这样的焦点线？

答案非常清楚：若干个相同的价位聚集在焦点线上，说明庄家或主力对多空双方的力量平衡掌握得非常准确，其操盘的计划性和方向性相当明确，只要出现了焦点线，其方向就明朗了，这就是"焦点定向律。"用刘谦的话来说，见证奇迹的时候就要到了：

凡是"焦点线"为谷底线的时候，其后股价一般向上看涨（如 A、C、D 线）；

凡是"焦点线"为峰顶线的时候，其后股价一般向下看跌（如 G、F 线）；

凡是"焦点线"形成交叉的时候，其后股价一般又上看涨（如 D 点），又下看跌（如 D1）。

这就是"焦点定向律"给我们的方向启示。这里所说的"一般"，是因为还有例外。例外的情形另有例外的奥秘，本节不做详述，留待后面探讨。

第三节　拐点转向律

所谓"拐点"，是指突破或改变原有趋势的一个节点，它往往处在原有趋势的尽头，要么扭转原有趋势，要么加速原有趋势。

"拐点"可以分为"反向拐点"和"加速拐点"两种。

图 3-3 "金岭矿业（000655）2010 年 3 月 12 日截图"，是一幅比较典型的"拐点转向"走势图。

图中共有 B、C、D、E、F、G、H、J 八个反向拐点（为了减少叙述的麻烦，将 F 和 H 右侧的两个拐点省略），其共同特点是"极点即拐点"，"遇拐即转向"；图中标明的 B1、C1、E1、F1、H1、J1 六个点是"顺向加速拐点"，其特点是加大速率和斜率，所以其幅度大于其他拐点。

值得注意的是：凡是加速拐点都出现在平衡线一带。本例中 BD 线和 GH1 线就是两道平衡线，上方为阻力线，下方为支撑线。E1 处加速向上，扩大了 EF 的上升幅度；F1 加速向下，扩大了 FG 的下降幅度。

现在请大家思考一个问题：这些"拐点"是谁制造的？

答案非常明确：肯定是主力或庄家制造的。因为散户或一般投资者没有这么大的能耐去扭转趋势。

那么，庄家或主力制造这样的拐点是为了什么？这个问题的解答相对要复杂一点，从纯技术角度看，至少有两个答案：

第一，凡是"反向拐点"，要么是回避阻力，触顶回落（如 B、D、H 处的回

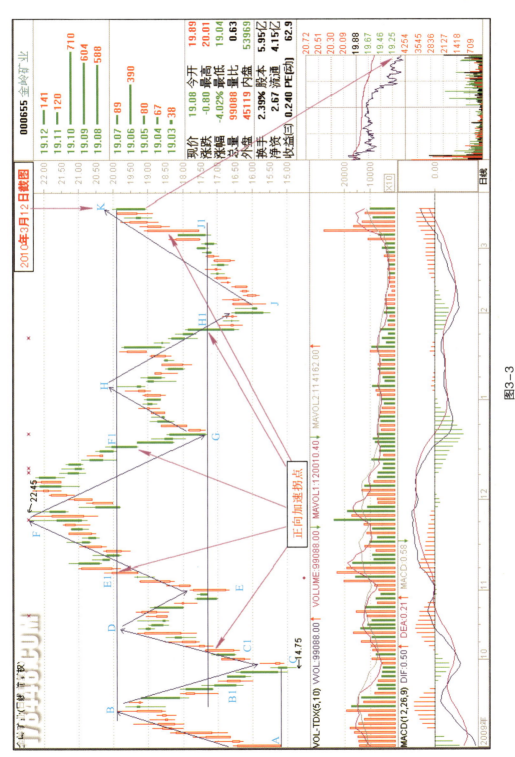

图3-3

落），要么是借助撑力，触底回升（如 C、E、G、J 处的回升）。只要弄懂了这一点，可以在技术上看势做势，顺势而为。图中的 K 点已到达拐点处，如果不能加速向上，必然会拐头向下，然后在适当的位置再拐头向上。这就是"拐点转向律"给我们的转向预测启示。

第二，凡是"加速拐点"，主要是为了甩掉技术派人士的跟风进出，在行情发展的关键处（阻力位或撑力位）反惯性思维而为之。这里暗藏着一个非常重要的盈利机会，"该跌不跌，必然上涨；该涨不涨，必然下跌"，我们就要反向操作，跟上主力的步伐。

"拐点转向律"就是"该×不×"战术的量学原理。这里的"×"由市场确定，如果"该上不上，必下"，如果"该下不下，必上"。量线的预测能力在此处表现得格外牛气。

有些学员曾经认为："加速拐点"不是"转向拐点"，因为其方向没有改变。

其实，这些学员误会了"转向"的本质。请看图 3 - 3 中的 F1 点，它处在 BD 平衡线的位置，按照其正常的运行规律，在 F1 点应该向上而它却加速向下，其实质是"拐点转向"。同理，H1 点也是这个原理。

下面来看图 3 - 4 "老凤祥（600612）2010 年 3 月 12 日截图"。

图中有两个长方框，按照 A 方框内的走势，在 A 柱应该触顶回落，但是这个主力却反技术而行，顺着原有的方向加速（跳空）拉升，连续三个涨停板，显然，甩掉了在 A 点出货或等待回调的许多技术派人士，这里明显是拐点转向。

同样，B 框里有三个峰顶，可是该股主力却在 B 柱触顶处加速向上，连续两个涨停板，仅休整一日又拉一个涨停，从 B 柱开始实际是三个涨停，让那些在 B 柱出货或等待回调的技术派人士后悔不迭。

由此可见，掌握了"拐点转向律"，有利于我们紧跟主力方向，踏准主力节奏。

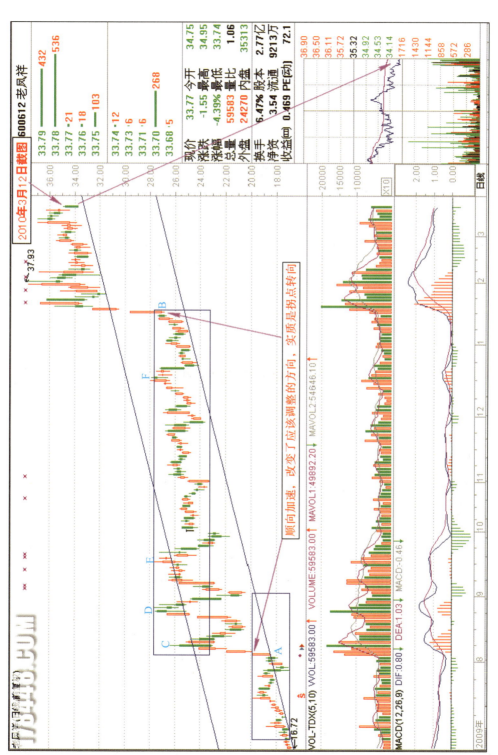

图3-4

量线的"生成机制"

"量线"的生成不是随意的，不是为了画线而画线，而是为了寻找庄家或主力的意图而画线，是为了跟踪庄家或主力的节奏而画线。一根优秀的量线，有时候可能就是擒拿庄家的"捆妖绳"。有了这样的绳子在手，即使狐狸般狡猾的庄家或主力，也会成为你手中的猎物。

第一节　量线的生成原则

"量线"的生成非常简单，就是"自然而然，以点连线"，有顶画顶，有底画底，摒弃任何主观臆断。

"量线"生成的第一要求是"选点"，并且是遵循"三向规律"的"选点"，"三向规律"的核心是六个字："极点、焦点、拐点"。请注意：有些"重要点位"（或"重要价位"）简称为"要点"，也属于"焦点"的范畴。

"量线"生成的步骤是：先找极点、再找焦点（或要点）、再找拐点。

"量线的生成"用语言来描述比较抽象，用图形来表示则比较具体。下面用上海九百（600838）2010年3月15日留影来解说"量线生成示意图"，详见图4-1"上海九百量线生存示意图1"。

这个走势粗看起来比较复杂，不好画线，只要我们根据"极点测向律"，就可以轻轻松松地画出线来。

第一步，先找极点。我们可以找到A、B、C三个阶段顶和D、E、F三个阶段底，以这六个点画水平线，就分别形成A、B、C三条"峰顶线"和D、E、F三条"谷底线"。你看，就是这么简单。"峰顶线"和"谷底线"是所有量线中最好识别的，也是经常用到的两条量线。只要把它们画出来了，一只股票的走势节奏也就基

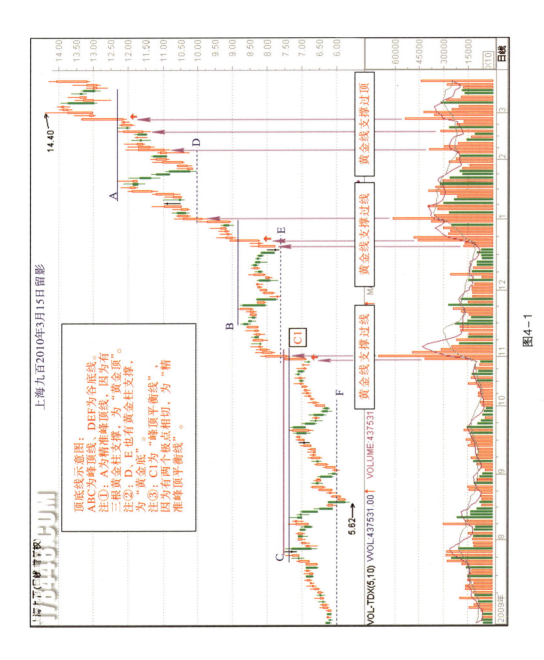

图4-1

本出来了。

第二步，再找焦点。我们从现有的线条中可以发现，A 线上有两个高点是 12.30 元，还有一个次高点是 12.29 元，三点基本持平，可以断定 A 是一条精准线；另外，C 线的下方有三个 7.35 元，三点无缝重合，可以在 7.35 元加一条水平线，是为另一条精准线。精准线是研判行情的重要参照系，本例中的两条精准线构成了两条稳固的峰顶线，因为其下方有黄金线支撑，就是黄金底。黄金底在本轮行情中一般是不会破的，除非经过相当长一段时间后，黄金柱的作用消失了，才会跌破它（另文自有讲解）。

第三步，再找拐点。拐点是趋势的起点，也是我们画趋势线的基点。趋势线的选点非常重要，我们将专门讲述，这里只是就"量线生成"的方法顺便说说趋势线的画法。请看图 4-2"上海九百量线生成示意图 2"。

首先，我们选择两个相邻的拐点 F 点和 F1 点连线，是为基准线，然后选择离二者最近的高点 C 画平行线，这就形成了"下轨为 F1F 线"和"上轨为 CB 线"组成的"上升通道"。这个"通道"被 D1 突破，说明后来的趋势发生了改变，现有的通道不能满足其后趋势的形态，所以，我们必须再找一个新的通道，来预测行情的发展变化。

然后，我们选择离 B 点最近的拐点 E 点，和离 E 点最近的拐点 D 点连线，再找到与这两个拐点最近的高点 A 画平行线，这就形成了"下轨为 ED 线"和"上轨为 AA1 线"组成的"新的上升通道"。

至此，上海九百的"量线体系"已基本完成。

任何一只股票都有自己独特的"量线体系"，而"量线体系"的构成方式和结构质量，将直接决定该股票的发展方向。

优秀的量线体系，是怎样构成的呢？

下面，请跟随我们的讲述，去看看构筑量线体系的必备元素。

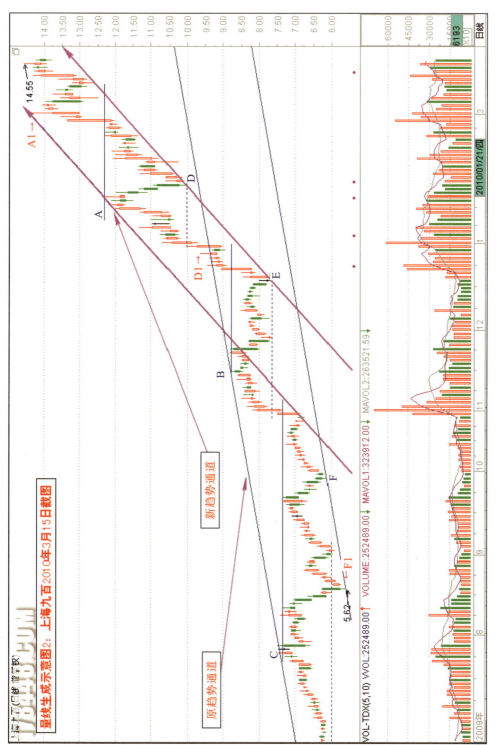

图4-2

量线生成示意图2：上海九百2010年3月15日截图

新趋势通道

原趋势通道

第二节　量线的七大元素

"量线"是一个完整的科学系统，这个系统由"七大元素"组成。请看图 4-3 "江苏阳光（600220）2010 年 3 月 12 日留影图"。

第一元素：峰顶线。它是阶段性最高点的一道水平线（如图中 H1、G1、F 线所示），它可以充当阻力线，有时也可以与谷底线重合，形成特殊的"峰谷线"（如 H1H 线），"峰谷线"一旦形成，即转变为支撑线（如图中 H1H 线）。

第二元素：谷底线。它是阶段性最低点的一道水平线（如图中 A、C 线所示），它可以充当支撑线，有时又可以成为阻力线（如图中 C 线的第二阻力位），有时可以与峰顶线重合，形成特殊的"峰谷线"（如图中 H1H 线）。

第三元素：平衡线。特指多空力量在某个阶段均衡对峙的水平线。它是量价阴阳（盈亏）交换转移的均衡线，也是多空双方较量暂时平衡的标识线。由于其所处的位置不同，性质也不同。如图中的 E 线，处于凹口，所以称之为"凹口平衡线"；如图中的 C 线，处于大阴实顶，所以称之为"大阴实顶平衡线"；它有时是阻力线，有时是支撑线，更多情况是另一轮行情的起跑线。因此，平衡线是量线的精灵。我们应该重点关注之。

第四元素：斜衡线。量学的诸多元素都是对立的统一体。有平衡线就有斜衡线，斜衡线是量学在全世界的首创。斜衡线就是倾斜的平衡线。它是某阶段最近的两个重要价位（或点位）的连线所形成的斜线（如图中的 A3A1 斜线、FE 斜线）。如果说平衡线是空间平衡线，斜衡线则是时间平衡线。

因为斜衡线所表示的行情走向带有一定的趋势（即上升趋势、下降趋势），所以又可称之为趋势线。量学的趋势线与传统的趋势线大不相同，所以我们不能简单地以传统的趋势线来看待量学的趋势线。

若以斜衡线为基线画出与之平行的线，就是"通道线"。通道线的上轨往往是阻力线，通道线的下轨往往是支撑线。

本书将要介绍的"太极线"和"灯塔线"就是斜衡线的精华。它们是以量学的"七个穴位"为基础生成的斜衡线，因此它们具有神奇的预测魅力。

第五元素：峰谷线。峰谷线是一种特殊的复合量线，它是阶段性的"峰顶线"与"谷底线"自然重合而成的，所以称之为"峰谷线"，也可称之为"顶底线"，其独特的"顶底互换"功能，是许多股票牛气冲天的基础。在所有的量线中，只有它的力道是单向的，即向上支撑股价或指数（如图中 H1H 线），峰谷线的"单向

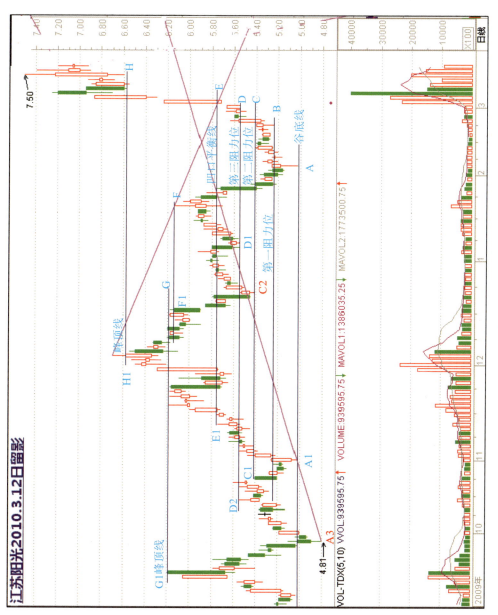

图4-3

性"，使之具备"坚挺"的"风骨"，所以又叫"风骨线"。

第六元素：**精准线**。它有两种情况。

第一种情况是水平精准线：即某阶段内两个或两个以上的同等价位（或点位）完全重合在一条水平线上，如图中 C 线有两个 5.40 元最高点同向相切，两个 5.41 元最低点同向相切，D 线左侧有 9 个 5.72 元双向相切，最近处有三个 5.72 元最低点同向相切，这是非常难得的精准线。若是最低点形成精准线，预示将要上涨；若是最高点形成精准线，预示将要下跌。

第二种情况是倾斜精准线：即某阶段内三个或三个以上的不等价位（或点位）无缝切合在一条倾斜线上，如图中的 A3～A1 斜衡线，该线竟然精准切合了 9 个价位。与水平精准线不同的是，倾斜精准线不要求"同价同线"，只要求"多价同线"。倾斜精准线不一定是"太极线"，但"太极线"一定是精准斜衡线。

第七元素：**灯塔线**。灯塔线是以黄金柱的实顶为中心，由平衡线与斜衡线相交于黄金柱实顶这个中心而形成的光芒四射的一组量线。它是西山大师应用周易八卦原理和本人共同研发出来的"股市佛光线"，隐喻为"股市福光线"。为了回避"迷信"和"玄学"的色彩，王子去掉其深奥的名字，将它易名为"灯塔线"，意在与"股海明灯"的宗旨切合，即"导航明灯"。

请看图 4-4"上证指数 2009 年 9 月 4 日灯塔线示意图"。

图 4-4 是王子于 2009 年 7 月 16 日制作的灯塔线，截至 2009 年 9 月 4 日上午上证指数收盘前的走势图。由 O 点（7 月 9 日）形成的"灯塔线"，指示着图中所有的高点和低点，直到 2010 年 4 月 4 日本书第一版截稿时，历时 9 个月，该灯塔线指示的高点和低点无一失误，其光芒四射的效果，若佛光普照；其博大精深的境界，如佛象万千，看到此图者无不击掌叫绝。

这个图是怎么画成的？应该怎么制作和运用灯塔线？后面的章节将带领您走进通透明亮的灯塔之中，去领略神奇的量线世界。

本书所涉及的崭新的名词术语很多，因为"量学"本身就是一个崭新的科学体系，本章不可能解答所有的名词术语，你可以记录下所有暂时不懂的名词术语，然后在阅读本书的过程中逐步找到答案。当你看完本书，你将由衷地体会到：

"量线"就是"亮线"，是让人心明眼亮之线。

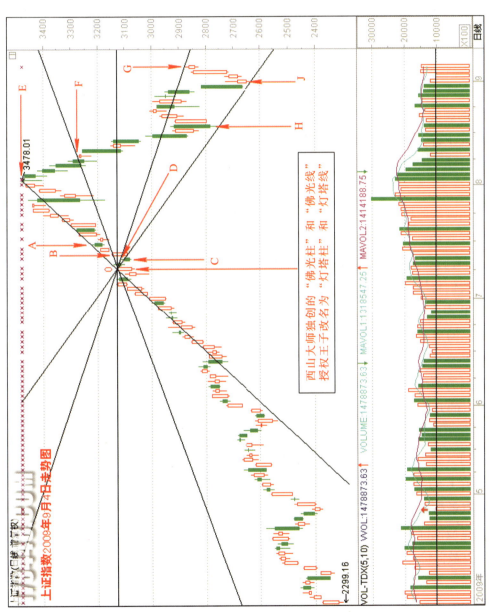

图4-4

第三节　量线的"动态调整"

大家知道，"量线的生成"要遵循"极点、焦点、拐点"三原则，但是，因为有些股票有些时段的"极点、焦点、拐点"并不能帮助我们生成可靠的量线，或者不能满足特殊时空特殊行情（如除权）的要求，这就要求我们对"量线"进行适当的动态调整。"动态调整"不是"随心所欲"的，而是暂时回避"极点、焦点、拐点"的制约，向"要点"寻找"价值"。"要点"就是"重要点位或重要价位"，它一般处于价柱实体的点位即开盘价、收盘价。

请看图4－5"西藏雅砻（600773）2009年6月22日至2010年3月22日的走势图"。

量线画法的核心不是为了画出量线，而是为了研判主力或庄家的动机。按照通常的量线画法，A为峰顶线，但是A点是"极点"，也就是"虚点"，不是"实点"，而且它和E点时间和空间距离较大，显然不利于观察和研判该股最近的走势，于是，我们将峰顶线进行"动态调整"，选择了时间和空间离E点最近的B点，当我们以B点画出水平线时，奇迹发生了：

B点的最高价是9.99元；

C点的开盘价是9.99元；

D点的开盘价是9.99元；

F点的开盘价是9.99元。

一条四点合一的精准线诞生了！庄家或主力的操盘计划和预期目标赫然展现在我们眼前（参见清华大学出版社《涨停密码》之"凹峰战法"）。

再看E～F线，奇迹再次演绎着：

E点最高价是9.82元；

D点最低价是9.83元；

F点最低价是9.83元。

一条三点合一的精准线诞生了！庄家或主力在这么短的时间内制造两条精准线为了什么？显然他们已迫不及待地要拉升了！事实说明：移动一条线，奇迹在眼前。动态调整量线，等于动态跟踪庄家。由于B线的生成，我们于E点推荐了这只股票，推荐理由是"百日低量加倍量过左峰"。推荐后连续两日缓涨，第三日、第四日连续两个涨停。这两个涨停是怎么得来的？理由非常简单，看准一条精准线就够了。

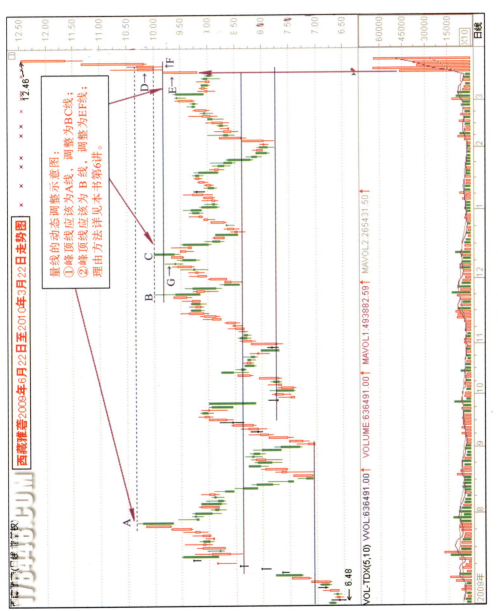

西藏雅鲁（日线、前权）

西藏雅鲁2009年6月22日至2010年3月22日走势图

量线的动态调整示意图：
①峰顶线应该为A线、调整为BC线；
②峰顶线应该为B线，调整为EF线；
理由方法详见本书第6讲。

图4-5

第一，该股于 3 月 16 日涨停，最高价 9.82 元（E 点），次日最低价 9.83 元（D 点），第三日最低价 9.83 元（F 点），仅差一分钱，三点成一线，精准峰谷线，涨停无悬念！

第二，3 月 16 日的倍量柱在 9.82 元形成黄金线，"回踩黄金线，涨停在眼前"，又是一个原因。

第三，3 月 16 日倍量柱由于 9.82 元黄金线的支持，该倍量柱演变为黄金柱，有黄金柱支撑的峰谷线，自然成了"黄金顶"，黄金顶三日不破，必然大涨。

科学是可以互证的，以上三个理由反映了同一个中心思想："确认精准线，涨停顺手拣。"

西藏雅砻的连续涨停实践同时也告诉我们一个真理："量柱量线双结合，伏击涨停如观火"。

现在请再回顾一下我们的开篇语，相信大家会有新的滋味涌上心头。

量线的生成不是随意的，不是为了画线而画线，而是为了寻找庄家或主力的意图而画线，是为了跟踪庄家或主力的节奏而画线。一根优秀的量线，有时候可能就是擒拿庄家的"捆妖绳"，有了这样的绳子在手，即使狐狸般狡猾的庄家或主力，也会成为你手中的猎物。

让我们睁开双眼，用这"捆妖绳"，去捕捉更多的涨停乐趣吧。

量线的"攻防体系"

任何一只股票都有自身特殊的"量线体系"。有的体系弱，有的体系强，有的体系重在防御，有的体系重在进攻。我们掌握了这些体系的特点，就能从自身的需要出发选择适合自己的量线体系，从而构建适合自己的交易体系。

本讲重点介绍"量线的攻防体系"。所谓"攻防体系"，就是重在创造新高，在别人忽视或者犹豫的时候，制造出令人瞠目结舌的走势。

第一节　量线的"双向异化"

"量线"一旦生成，其功能和性能是固有的但不是永久的，它将随着行情的发展变化而逐步转化，甚至发生质的异化，"异化"就是朝相反的方向转化。如压力线变为支撑线，或支撑线变为压力线，就是"异化"。

请看图5-1"汉钟精机（002158）2009年9月4日周五至2010年3月19日周五的走势图"。

图中有A、B、C、D、E、F、G七道峰顶线，奇怪的是，当这些峰顶线延伸到右侧时，都"不知不觉"地变成了谷底线。

A线的下方有一道虚线，股价在A线下方仅作三天逗留即过了A线，这个谷底不是太明显，但在A峰顶线的右侧已异化为谷底线。

B线的右侧终端已明显筑底，B峰顶线异化为谷底线。

再看C线，C点最高价18.38元，右侧C1点连续两个最低价18.40元，显然C峰顶线异化为精准谷底线。

再看D线，D点连续两个最高价是15.50元，D1最低价15.51元，由峰顶线异化为谷底线，而且又是精准谷底线。

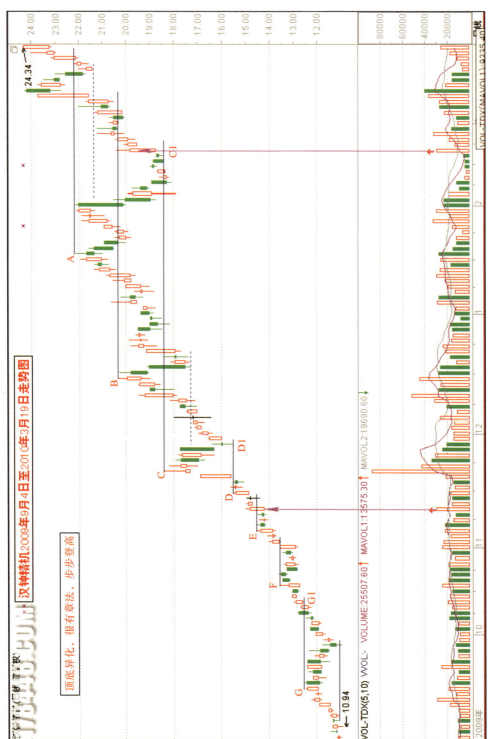

图5-1

再看 E、F、G，每道峰顶线压力重重，多次迫使股价下跌，但是到了右侧的尽头就异化了，原来的压力线变成了支撑线，这种异化后的峰顶线，左侧是"峰顶"，右侧是"谷底"，所以我们称之为"峰谷线"。

"峰谷线"可以看作"风骨线"，"风骨"者"风格骨气"也。李白诗曰："蓬莱文章建安骨，中间小谢又清发。俱怀逸兴壮思飞，欲上青天揽明月。"看人要看其风骨，看股也要看其风骨。有风骨的股票，"俱怀逸兴壮思飞，欲上青天揽明月"；没有风骨的股票，"抽刀断水水更流，举杯销愁愁更愁"。

买了没有风骨的股票，犹如人生在世不称意，不如明朝散发弄扁舟。买了有风骨的股票，那就祝贺你了。

第二节 量线的"三级飞跃"

"量线的异化"可以俗称为"顶底互换"或"撑压互换"，即支撑和压力的互相转换。如果在转换中逐步实现三级异化，那就是另一番景致了。

请看图 5-2 "东华科技（002140）2009 年 6 月 30 日至 2010 年 3 月 19 日的走势图"。

图中有 A～H 八条峰顶线。

请看 A 峰顶线，在 A2 处形成高压，压制股价从 44 元一线回落到 34 元，之后上升到 A3 处再次遇阻下跌，说明 A 峰顶线的压力一直存在，但是在 A4 处一根倍量柱突兀而起，冲破了 A 线的阻力，当股价再次回落时，在 A1 处却得到了 A 线的支撑，这时的 A 峰顶线异化了，异化为谷底线，支撑着股价反身向上。这时的 A 线已发生了三层转换。

第一层转换：是 A 处的峰顶线转换为 A1 处的谷底线，是为"风骨线"；

第二层转换：是 A 处最高价 43.98 元，A1 处的最低价是 44 元，高价股相差 2 分钱，是为"精准风骨线"；

第三层转换：是 A4 倍量黄金柱经 A1 得到确认，A 线便成了黄金柱支撑的"黄金顶"，是为"精准黄金顶"。

这样的三级飞跃，关键在于 A4 黄金柱和 A1 黄金底的作用，使之转瞬间"官升三级"。

这只股票能走到目前这个样子，并非这一处"三级飞跃"，请看 D、E、F、G，每道峰顶线压力重重，多次迫使股价下跌，但是一碰到黄金柱就异化了，原来的压力线变成了支撑线。而且一旦异化，股价再也不会跌破异化线。它们的"三级飞

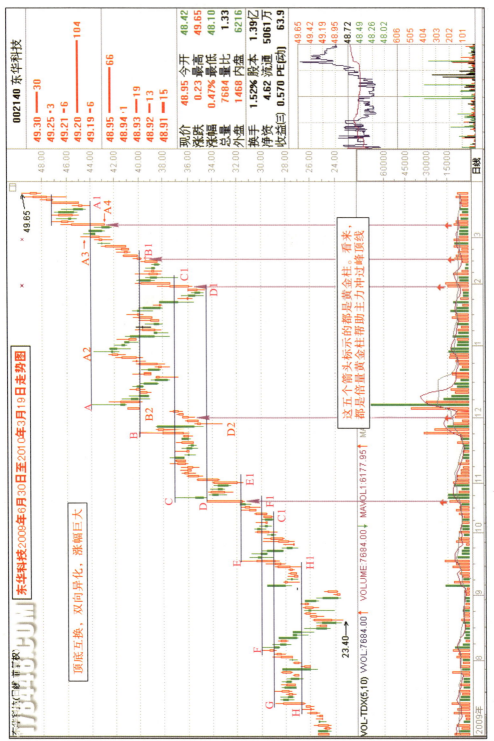

东华科技2009年6月30日至2010年3月19日走势图

顶底互换，双向异化，涨幅巨大

这五个箭头标示的都是黄金柱。看来，都是倍量黄金柱帮助主力冲过峰顶线

图5-2

跃"有一个共性,这就是:

第一层,直接将"峰顶线"异化为"峰谷线",其谷底可以稍稍跌穿峰顶,"峰谷线"越多,上涨的幅度越大,反之越小。

第二层,通过"精准线"武装的"峰谷线",它就成了"精准峰谷线"(如图中 E 线、C 线),其上升力度大于单纯的"峰谷线"。

第三层,通过"黄金柱"支撑的"峰谷线",它就演化成"黄金顶",第一道"黄金顶"的出现往往预示着新一轮上涨周期的开始,我们常说的"顶底互换,涨幅翻番",就是特指"精准线武装的第一道峰谷线"(如图中 G 线、D 线)。

综上所述,量线的异化处就是介入点,当"峰顶线"异化为"峰谷线"时,是介入机会;当"峰谷线"异化为"精准峰谷线"时,也是很好的介入机会;当"黄金柱"支撑的"峰谷线"异化为"黄金顶"时,更是介入的良机。相反,如果股价跌破了这些"峰谷线",就是出货的时机。

第三节　量线的"四步攻防"

任何一只股票都不可能直上直下,它都是沿着一定的路线攻击前进的。"四步攻防",就是一种特别有效的攻击方式,它将"攻守冲防"融为一体,往往可以在敌人不注意或者敌人自以为牢不可破的地方以少胜多地突然得手。在解放战争中,四野创造的这种战法取得了战无不胜的奇效,后来被毛泽东推广到全军,促成了淮海战役以少胜多的奇迹,创造了二十几个小时攻克天津的奇迹。这种战法被有些能人志士用在股票操作上,同样取得了战无不胜的效果。

这种战法的核心是:"似攻实守,似守实攻,似冲实防,似防实冲。"这里的"似"就是"好像的样子",让对手分不清你的"攻守冲防"到底在哪个时段,在哪个方位,糊里糊涂地当了俘虏。我的许多朋友常常谈论的一个话题是,"这只股票我买了,看它就要上攻了,可它就是不攻,可我刚一卖出它就涨停了"。但当你弄懂了"攻守冲防四步曲",可能就会少犯这样的"傻"了。

图 5 - 3 "西安饮食(000721)2010 年 3 月 22 日的截图"就是一幅四步攻防图。

先看图中 A、B、C、D 四处:

A 处探到谷底线,次日即倍量拉升,A 是"攻";

B 处遇峰顶线即回守,明显缩量微调,B 是"守";

C 处倍量过左峰,连续拉升直到 D 点,C 是"冲";

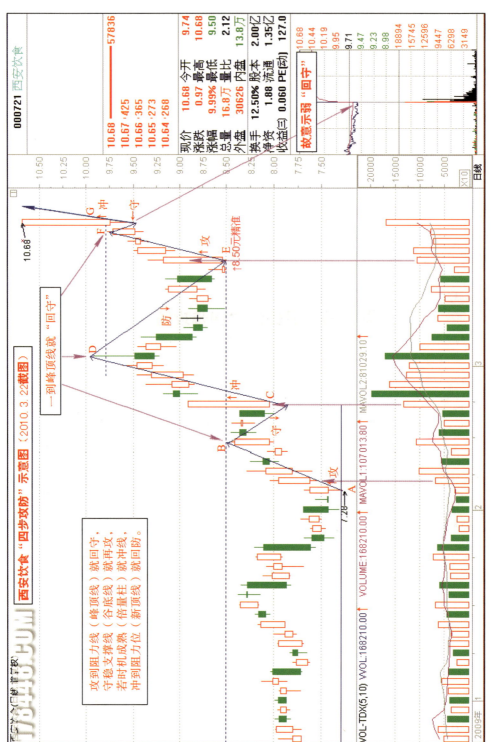

图5-3

D 处遇阻力回落，在 E 谷与 B 峰重合，D 是"防"。

至此，这一轮"攻守冲防"结束，"防位"是 E 点，而 E 点连续两个 8.50 元，构成精准峰谷线，加上 E 处倍量黄金柱的助力，精准黄金峰谷线成立，展开了新一轮"攻守冲防"。

下一轮"攻守冲防"从 E 处开始"攻"，两天后在 F 处缩头缩量，故作乏力状，次日上午（即 3 月 22 日）一路走低，给人疲弱不堪、即将回落的样子，然而午后开盘即发起"冲锋"，一口气"冲"至涨停。这种出人意料的"反冲"，犹如回马枪，将许多聪明人挑下马来。

以上是两轮典型的、完美的"攻守冲防体系"，它是"攻→守→冲→防"单一体系，其实，还有许多股票是"攻守→攻守→攻守……冲防"的组合体系。

请看图 5-4"中恒集团（600252）2009 年 9 月 8 日至 2010 年 3 月 22 日的走势图"。

图中有 A、B、C、D、E、F 六道峰顶线即六道阻力线，在每道阻力线的下方都有"攻守→冲防"的过程，其节奏非常鲜明。

请看 AB 段：从 15.68 元触底反"攻"，到 A 线即回"守"，然后"冲"到 B 线回"防"，主力对市场阻力和撑力的把握非常到位，该攻即攻，该守即守，该冲即冲，该防即防。

再看 BC 段：主力的"攻守"幅度明显比前期缩小，底部相应抬高，然后突然"冲"过 C 线，在 D 点迅速回"防"。

再看 CD 段：由于 BC 段的上攻幅度比较大，CD 段的"攻守"用了两个节奏，即用了两次"攻守"，将底部逐步抬高，在离 D 线较近的位置，突然"冲"刺，一举"冲"向 E 点，并迅速回"防"。

再看 DE 段：和前面的三轮"攻守冲防"几乎一样。

这里值得注意的有三点：

第一，每一轮的"攻守"，都把底部抬高，逐步接近峰顶线，利于冲线；

第二，每一轮的"冲刺"，都由倍量将军柱充当急先锋，一"冲"即过关；

第三，每一轮的"幅度"，都在逐步缩小，整体价升量缩，越走越顺。

这样的"攻击系统"，步步为赢，势不可当。

由此可见，股票若处于"攻"时可适量参与；处于"守"时宜出货观望；处于"冲"时可大胆介入；处于"防"时宜坚决出货。这就是"攻守冲防"四个节奏给我们的操盘提示。小的节奏固然如此，大的节奏更应如此。

"攻守冲防"这四个步骤，一般人认为"冲"是核心，精明人认为"守"是核心。只有"守"好了，才有"攻"的阵地。从这种意义上讲，"攻"是最好的

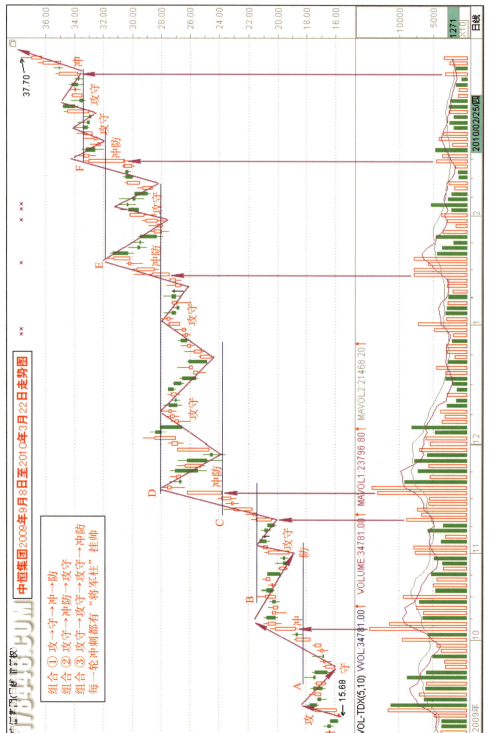

图5-4

组合①攻→守→冲→防
组合②攻守→冲防→攻守
组合③攻守→攻守→冲防
每一轮冲刺都有"将军柱"挂帅

中恒集团2009年9月8日至2010年3月22日走势图

"守"，"守"是为了下一步的"冲"；而"冲"是"攻"的高级表现形式，一旦"冲"到理想的位置，"防"就是"守"的高级形式了。

李小龙的"截拳道"，总是一只手防护，一只手进攻，先防护自己，后攻击对方，永远是在一只拳头护胸的同时，另一只拳头打人。毛泽东战略战术的核心是"先保存自己，再消灭敌人"，"打得赢就打，打不赢就走"。我们要务必领会这些高人的战术思想，在擒拿涨停的战斗中，贯彻"攻守冲防"的机动原则，切切不可为了擒拿涨停而自毁防线。

关于"防守技法"，详见清华大学出版社《涨停密码》之"九阴真经"。

股市天经（之二）

量线捉涨停（全新彩印版）

第二章

量线捉涨停的基本元素

LIANGXIAN ZHUO ZHANGTING DE JIBEN YUANSU

峰顶线：测顶攻顶的预警线

每当我走进股市，耳旁就响起了《青藏高原》的旋律，那苍凉、那恢宏、那豪放、那高亢……令人心旷神怡、热血澎湃……

是谁带来投资的呼唤，
是谁留下赚钱的祈盼，
难道说还有散户的歌，
还是那久久不能忘怀的眷恋，
我看见一座座山一座座山川，
一座座山川相连，呀啦嗦……那就是股市山峦？

哦……任何一只股票的走势图，仿佛就是在演唱着《青藏高原》，那一座座山川，重峦叠嶂，绵延不绝，有谁知道这里留下了多少感叹，镌刻着多少梦幻，保留着多少遗憾，缠绕着多少庄严……

也许，下面就是你想知道的答案。

第一节 "峰顶线"的取点原则

许多人认为，"峰顶线"是最好画的，就是以阶段最高点画出水平线即可。其实这是对"峰顶线"的误解。请看图 6-1 "冠豪高新（600433）2009 年 7 月 30 日至 2010 年 3 月 11 日走势图"。

图中有 A、B、C、D、E、F、G、H 八条水平线，其中 A、C、E、G 四条实线是根据当前最高点画的水平线，其他四条虚线却不是取最高点画的。取最高点画线

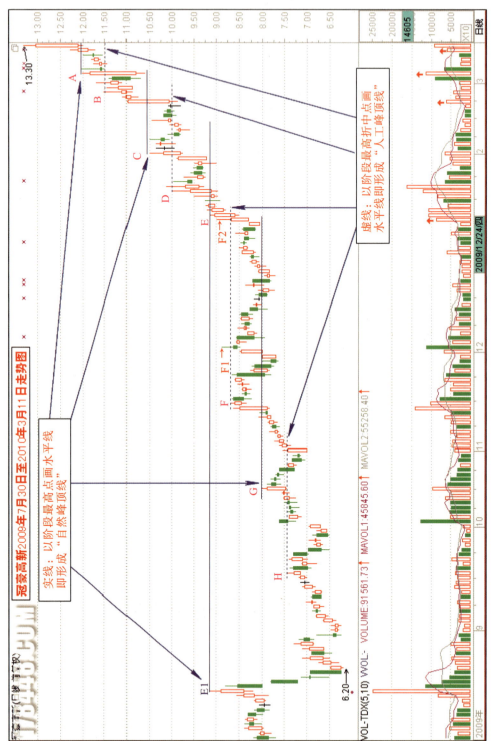

图6-1

是你运气好，可以生成"自然峰顶线"，而 BDFH 四条虚线是根据当时所处位置人工折中处理的，这是"人工峰顶线"。

真正有价值的"峰顶线"，是通过人工研判后画出的，所以，"峰顶线"的取点，不能"见峰画线"，而应该根据当前位置的"平衡原理"，予以综合平衡取点画线。也就是综合"极点测向、焦点定向、拐点转向"三原理，取其最优位置画线（详见平衡线的讲解）。

例如 F 段的画线，如果取在 F1 柱的极点画线，这条峰顶线将自然抬高，则 F2 的倍量柱不能过左峰，我们就痛失一次"轻松过左峰"的机会；如果取 F 柱的实顶画线，就找到了"凹间峰"，就能在 F2 的位置发现"倍量过左峰"的机会（其他三条虚线也是这样，画法从略）。

画线不是为了好看，而是为了实战。有利实战的量线才是好的量线。在"峰顶线"的取点画线问题上，"量线"的"量"字最能体现动词的"量"，即"衡量该线"的实战意义。最好的办法是"先找实，后找虚，微调抓战机"。因为实顶和虚顶，在不同的位置决定其不同的性质，我们要辩证处理，择优而定。

第二节　"峰顶线"的战略意义

世界上没有无缘无故的爱，也没有无缘无故的恨。同样，股市上没有无缘无故的顶，也没有无缘无故的底。任何一只股票、任何一个时段出现了"峰顶"，那就意味着"有缘有故"东西将要出现了。"峰顶线"就是探测这"有缘有故"的"脉搏仪"。

根据"极点测向律"，"峰顶线"都是主力探测上方阻力的"探测器"，目的是为下一步的动作寻找方向。如果上方阻力强大，主力是不会当解放军的；如果上方的阻力一般，主力则会选择震荡洗筹；如果上方没有阻力，主力就会乘胜前进。所以，每个"峰顶线"都是主力战略意图的体现，就看我们能不能从"峰顶线"上去发现主力的战略意图。

请看图 6－2 "三峡新材（600293）2009 年 7 月 29 日至 2010 年 3 月 25 日走势图"。

我们 2009 年 12 月 13 日周日预报周一介入，并在第三个涨停位出货的次日（12 月 22 日）再次盘中点评了这只股票，当时的评语是："假阴巨量，次日缩量 4 倍，目标是突破巨量假阴至少 20 个点。"为什么要这么点评呢？请看下文：

图 6－2 中有 A、B、C、D、E 五条峰顶线，笔者 12 月 22 日点评时没有 A、B、C 线，只有左侧的 D、E 两条线。该股突破 E 线时用了极为典型的"攻守冲防"四

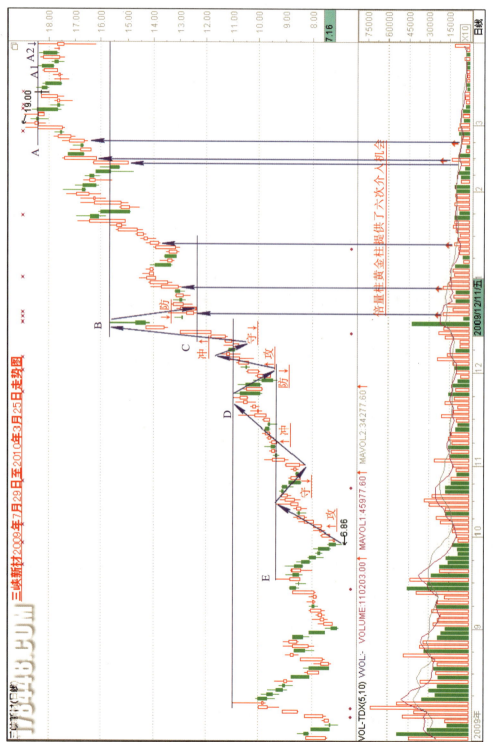

图6-2

个步骤，在突破 D 线时也用了"攻守冲防"四个步骤，其"冲"的幅度较大，在 B 点回落，然后在 C 线止跌向上。笔者这时画出了 C 线并予以点评。

先看 B 点：该股在 B 点涨停位回落，成交量倍增，让许多人感觉该股已到顶部，不能再做了，纷纷出货。而我们发现这是一根高开低走的"假阴线"，如此巨大的成交量，没有跌破前日的最高点，说明主力是有意为之，其战略意图大于战术意图，不日将有新高。

再看 B 点次日：这天（2009 年 12 月 21 日）几乎跌停收盘，成交量极度萎缩，只有不到前一日四分之一的成交量，这个量柱告诉我们：主力没有出货，同时证明主力前一日和当日是连环打压，意在清洗浮筹，再创新高。

果然，此后该股缓慢上行，直达 A 线。

A 线不是"自然峰顶线"，而是根据 A1 和 A2 的平衡综合画定的"人工峰顶线"。这条线画出后，该股的战略意思又出来了。A 线一带横盘 20 天，底部没有抬高，在 A2 处的价柱带有长长的上下引线，说明主力不想恋战，有可能下探 B 线，踩稳了 B 线，才能上攻，否则将逐步回落。

请大家继续关注该股，以验证上述分析。

第三节 "峰顶线"的战术意义

"峰顶"给人的感觉是"高处不胜寒"，一般投资人最怕的就是"峰顶"；"峰顶线"给人的感觉却是"一览众山小"，有经验的投资人最爱的就是"峰顶线"，因为"峰顶线"会给人带来"无限风光在险峰"的感觉。请看图 6－3"三安光电（600703）2009 年 9 月 7 日至 2010 年 3 月 24 日走势图"。

这只股票的主力是一个会"做峰"的主力，他做出的"峰顶"，不用人工筛选，一切浑然天成。为了简便，可按照"见峰画线"的方法，给图中所有的"峰顶"画上"自然峰顶线"，即使这样随手画出的"自然峰顶线"，也出现了令人目瞪口呆的神奇。你看：凡是"峰顶线"的右侧都会突然冒出一根"中到大阳"，向更高的峰顶线冲去。

注意：按照"从左到右"的顺序看图，股票右侧的走势没有出来之前，我们根本不可能知道其右侧的走势，但是峰顶线的惊奇，就是从左侧开始的：

先看 K 点：这是当时最高峰，画出峰顶线，连续五根价柱"咬住峰顶线"，第六根价柱 K1 突然"倍量过左峰"；

再看 H 点：也是当时最高峰，画出峰顶线，在 H1 又是"增量过左峰"；

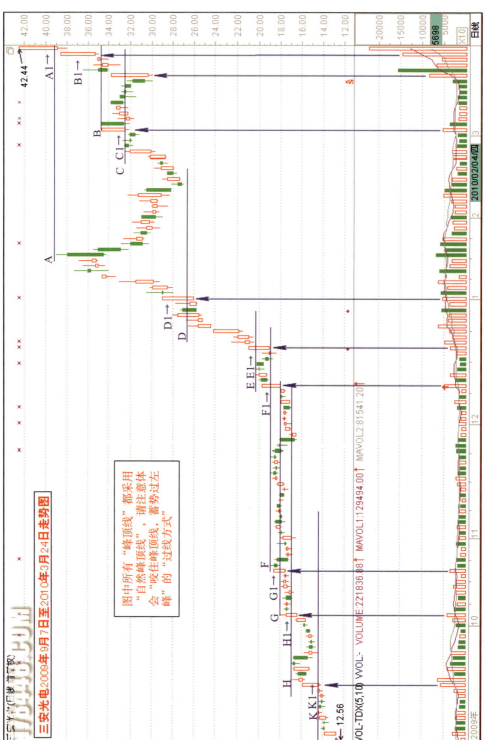

三安光电2009年9月7日至2010年3月24日走势图

图中所有"峰顶线"都采用"自然峰顶线"，请注意整体会"咬住峰顶线，蓄势过左峰"的"过线方式"

图6-3

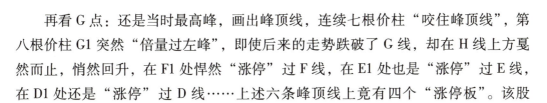

再看 G 点：还是当时最高峰，画出峰顶线，连续七根价柱"咬住峰顶线"，第八根价柱 G1 突然"倍量过左峰"，即使后来的走势跌破了 G 线，却在 H 线上方戛然而止，悄然回升，在 F1 处悍然"涨停"过 F 线，在 E1 处也是"涨停"过 E 线，在 D1 处还是"涨停"过 D 线……上述六条峰顶线上竟有四个"涨停板"。该股"这一段走势"的特征是：

在 F 线之前是"咬住峰顶线，大阳过顶线"；

在 E 线之后是"咬住峰顶线，涨停过顶线"。

无论哪种过线方式，都是"中到大阳"。这里的战术思想非常明显，就是在普通人通常认为不可逾越的峰峦之巅突然上攻，把观望者和犹豫者远远甩在峰线的下面，等你醒悟后追进时，成本自然抬高，追进者只好成为主力下一步拉升的垫脚石。

三安光电的主力是不是盲目拉高呢？不是，你看它在每条"峰顶线"的左右两端都有标准的"倍量黄金柱"支撑，步步登高，层层递进；再细看它下方对应的量柱群，温和而含蓄，稳重而庄严，充分显示出高度控盘的自信和潇洒。

会"做峰"的主力，好比一位会唱歌的歌手，李娜演唱的《青藏高原》如行云流水，激越豪放，越到高处越显得轻松流畅；韩红演唱的《青藏高原》如大江东去，澎湃浩荡，越到高处越显得力不从心；阿宝演唱的《青藏高原》如牧羊放歌，看似激扬，越到高处越显得苍然乏味；王子学唱的《青藏高原》如茶馆小哼，有板有眼，不到高处就声嘶力竭。同样是做股票，有人做得松松垮垮，有人做得浩浩荡荡。三安光电的主力做票，就像李娜唱的《青藏高原》，空前绝后，无人能及。

第四节　"峰顶线"的攻防策略

当看到一根根价柱指向蓝天的时候，你是撤退还是进攻？你是持股还是持币？这里既有"咬住峰顶线，蓄势搏云天"的机遇，也有"骑马上高山，峰前是深渊"的风险，的确让人很难作出正确的决策。

怎样才能既做到"峰顶防套"又做到"待机过峰"的"一箭双雕"呢？"峰顶线"同样可以帮助我们。请看图 6 - 4"万科 A（000002）2009 年 2 月 26 日至 11 月 18 日走势图"，它或许能给你一些启示。

这是万科 A（000002）2009 年 2 月 26 日至 11 月 18 日的走势图。为了讲述的方便，图中标出了 A、B、C、D、E、F 六条"自然峰顶线"（实线），从攻防策略上看，"峰顶线"右侧的每次"过峰"都是介入良机。

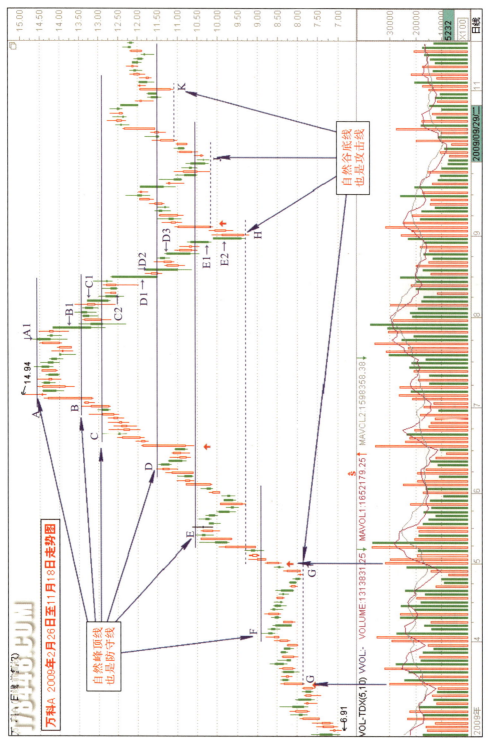

图6-4

"峰顶线"的介入方式前面已有介绍，此处不再赘述，下面单讲"峰顶线"的"峰顶防套"策略，即：

> 峰顶线上若遇阻，
> 平顶不过双阴出；
> 上线不过下线抛，
> 下线破位应即出。

先看 A 线的防守：从 A 点到 A1 点 14 次冲击峰顶未果，且绿肥红瘦，那么 A1 再次回落就是退出的良机；如果我们未能在 A1 退出，当股价跌破 A 线下方的 B 线时，又是绿肥红瘦，我们应该在 B1 处迅速出货。这就是"平顶不过双阴出，上线不过下线出"的策略。

再看 B 线的防守：连续 6 次冲击峰顶线，且绿肥红瘦，当 C1 跌破 C 线时，又是出货良机；如果未能在 C1 出货，当 C2 阴线形成时，也应"双阴出货"。

再看 D 线的防守：D 线虽然撑住了 D1 的下跌，有待三日验证，但是 D2 跌破 D 线，根据"下探破线应即出"的策略，这里又应该出货；即使没有出货，在 D3 出现"双阴"，又是出货时机。

再看 E 线的防守：E1 破线，应即出；即使 E1 没有出，次日的 E2 形成"双阴"，也应及时出货。

"峰顶线"的防守策略可以帮助我们"峰顶防套"，同时可以"待机过峰"，收到一箭双雕的效果。这四句话应该仔细体会，可以试试其他的股票，如果结合前面讲的"平衡线战法"，"峰顶线"的攻防效果更好。

希望读者把实战的经验教训发到 hm448@163.com 共同探讨，总结提高。

第五节 "峰顶线"的涨停机遇

上面讲了防守，下面讲讲进攻。因为做好了防守，才能做好进攻。有了正确的防守，才有正确的进攻。"峰顶线"上的涨停机遇，往往是从正确的防守中抓住的。

请看图 6-5 "莱宝高科（002106）2008 年 10 月 22 日至 2009 年 5 月 15 日走势图"。

为了讲述的方便，上图全部使用"自然峰顶线"，见图中 A、B、C、D、E、F、G、H、J 九条水平线，图中标有↑箭头的价柱是"涨停价柱"。

图中左侧起点 2008 年 10 月 22 日正是 A 股市场最糟糕的日子，当天（2008 年

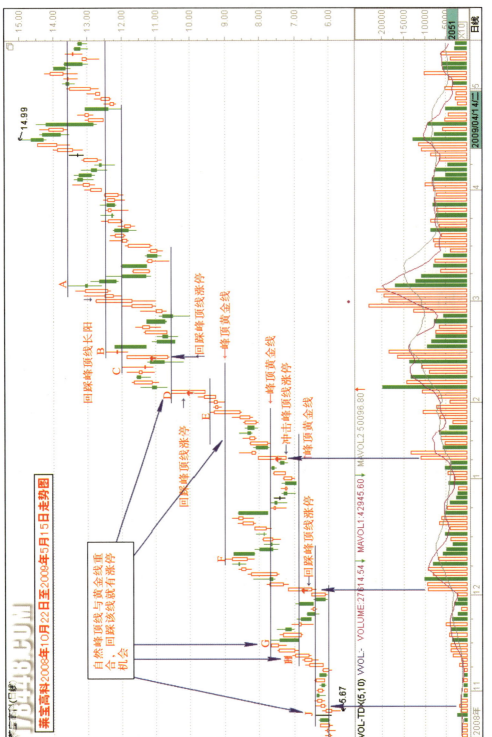

图6-5

10 月 22 日）的大盘收于 1895 点，正在向 1664 点的底部砸去，而本例莱宝高科却已开始横盘，并在 J 点形成第一"自然峰顶线"。涨停的故事就从 J 点开始了。

第一个涨停位于 J 线右端，涨停价柱（带红箭头）的底部刚好"回踩峰顶线"，当即冲涨停；

第二个涨停位于 H 线右端，涨停价柱的底部离 H 峰顶线尚有一点距离，呈"回探峰顶线"之状，股价突然腾空起步，穿越 G 点峰顶线，以倍量黄金柱方式冲击涨停，其后第三日（2009 年 1 月 14 日）最低点刚好与 G 点峰顶线相切，形成峰顶黄金线；

第三个涨停位于 E 线右端，股价在 E 线横盘三日"咬住峰顶线"，第四日腾空起步，直达 D 点；

第四个涨停位于 D 线右侧，股价在 D 线上方呈 n 形横盘，第七日（2009 年 2 月 13 日）"回踩峰顶线"，再度冲涨停；

以上四个涨停的冲顶方式比较典型，归纳起来有如下特点：

第一个是"回踩峰顶线"，当即冲涨停；

第二个是"回探峰顶线"，腾空冲涨停；

第三个是"咬住峰顶线"，腾空冲涨停；

第四个是"回踩峰顶线"，腾空冲涨停。

它们的涨停都以"峰顶线"为"起跳板"，同时，每个"起跳板"的左侧都有"黄金柱"支撑，有的"起跳板"本身就是"黄金线"。

左有"黄金柱"的支撑，中有"黄金线"作跳板，右有"回踩量线"的动作，这就是"峰顶线上出涨停"的奥秘。

读者都知道，"歌"是唱出来的，音越高越有味；"股"是做出来的，价越高越过瘾。可是在股票市场上很少有人敢做"高位"的股票，主要是没有找到正确的方法，如果采用"量柱"＋"量线"的手法，我们事先看清了主力的动机和动手的时机，我们还怕"高位"吗？

图 6-6 是"莱宝高科 2008 年 10 月 22 日至 2010 年 4 月 2 日的走势图"，我们可以从中悟出主力"探顶、垫底、回踩、冲顶"的每个过程，可以悟出"攻、守、冲、防"的每个环节。小的时段如此，大的时段依然如此。这不就是一首完整而细腻，豪放而高亢的股市奏鸣曲吗？

让我们唱响股市奏鸣曲，向新的境界挺进吧。

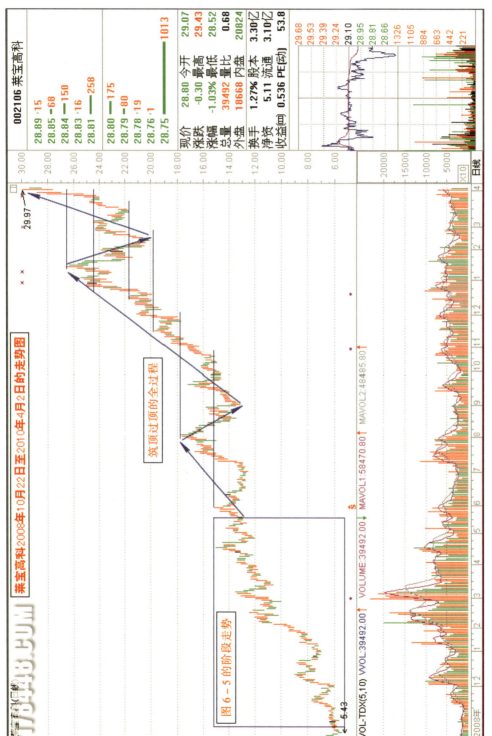

图6-6

谷底线：探底与回升的生命线

第一节 "谷底线"的基本画法

从形态上看，"谷底"是相对于"峰顶"的某个波段的"最低点"，只要我们以这个"最低点"画水平线，就是"谷底线"。由于个股主力的性格不同，对于"谷底线"的取点稍有区别，在实战操作中，一般以"最低点"取点，然后根据股性的不同，适当调整为"实体低点"（收盘价）或"参照点"（左侧低点）。

请看图7-1"四川路桥（600039）2010年2月25日的截图"。

图7-1中有A～G共7个最低点，由于B、C和E、F的最近两个低点基本持平，所以图中只生成了5条"谷底线"。

A点：可以取"最低点"，也可以取"实体低点"即收盘价位，由于本图中没有左侧低点做"参照点"，所以取"实体低点"。因为"实体低点"的成交量大于"虚体低点"，其可靠性相对较高。

B点：取最低点，因为其左侧刚好有一根巨阴最低点与之形成"精准线"。

C点：取最低点，因为其左侧也刚好有根阳十字最低点与之形成"精准线"。

D点：取最低点，因为其左侧有若干价柱的重要点位与之形成"精准线"。

E点：取最低点，因为其右侧的F点的收盘价位刚好与之形成"精准线"。

由此可见，谷底线的画法有个窍门，就是尽量寻找与之能形成"精准线"的"最低点"或"实低点"画线，若不能画出精准线也不要勉强，以找到"平衡的感觉"为宜（如图中D线的画法），千万不要主观臆断。

凡是由多根"谷底精准线"构成的股票，可以判断出这只股票主力的"计划性"和"控盘力"非常强，我们要密切关注，随时注意主力的拉升（如上面讲到

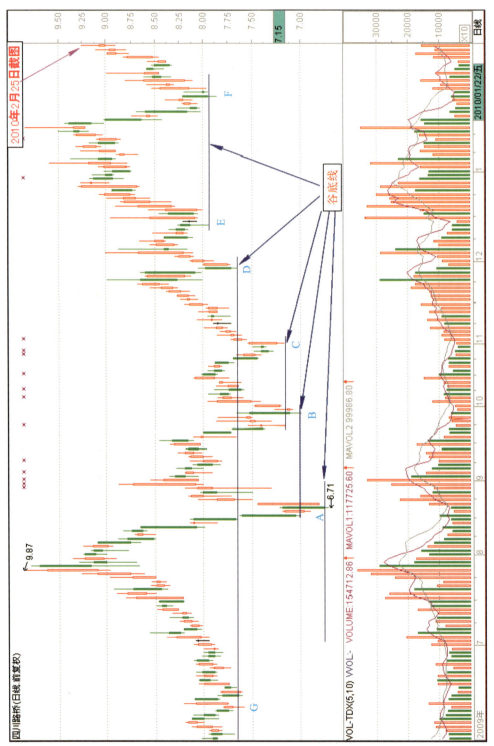

图7-1

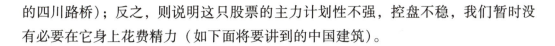

的四川路桥）；反之，则说明这只股票的主力计划性不强，控盘不稳，我们暂时没有必要在它身上花费精力（如下面将要讲到的中国建筑）。

第二节 "谷底线"的三个功能

根据"极点测向"的原理，"谷底线"是主力在某阶段打压测试下降空间的杰作。因此，"谷底线"具有如下三大功能：

第一，支撑线的作用。谷底线是主力测试某阶段下方撑力的支撑线，往往采用休克手法，在谷底线所处位置会出现某阶段的低量柱，若这个低量柱被确认，就会出现上升行情。

第二，抬升线的作用。若某阶段的谷底线高于其左侧的谷底线，就会出现谷底逐步抬高的状况，若谷底线逐步抬高（如四川路桥的 A、B、C、D、E 线），则说明相应阶段的持股成本逐步抬高，后期将出现上涨行情。

第三，阻力线的作用。若某阶段的谷底线低于其左侧的谷底线，就会出现谷底逐步降低的状况，若谷底逐步降低，则说明相应阶段的套牢盘逐步增多，后期将出现下跌行情。

例如，与上例四川路桥同一天截图的"中国建筑（601668）2010 年 2 月 25 日的走势图"（图 7-2）。

图中有 A、B、C、D、E 共五个阶段性最低点，以这五个最低点画水平线，就自然形成了五条谷底线。这五条谷底线逐步走低，每次反弹，都在谷底线附近受阻回落，充分体现了"上升阻力线"的作用。

从以上两图的走势可以发现：

第一，四川路桥的谷底线多是精准线，非常有支撑力；而中国建筑的谷底线不是精准线，没有什么支撑力；

第二，四川路桥的谷底线对应的量柱都是低量柱，有爆发力；而中国建筑的谷底线对应的量柱却有高有低，没有爆发力。

第三，四川路桥的谷底线节奏鲜明，步步为营，信心十足；而中国建筑的谷底线松散无力，拖拖拉拉，可见主力控盘不力，信心不足。

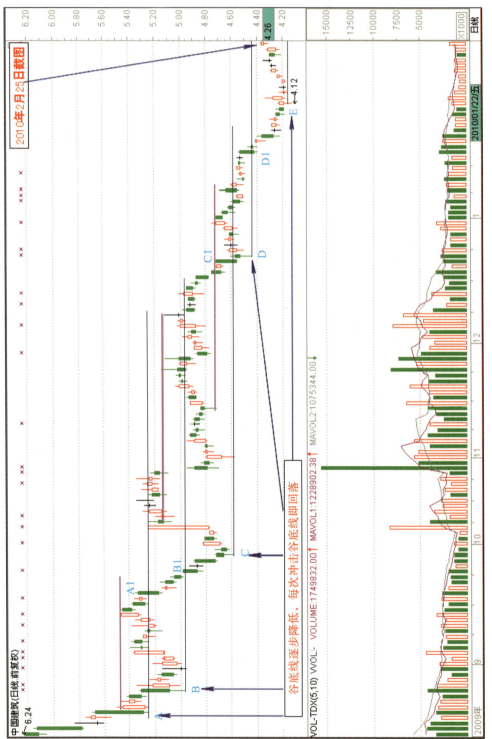

图7-2

第三节 "谷底线"的升势预测

从上述两只股票的对比中，我们应该能体会到"谷底线"的妙用了。下面就讲讲其预测功能。

"谷底线"形成之后，特别是"精准谷底线"形成之后，其支撑力非常人所能理解。因此，根据其支撑功能，我们可以预测其升势走向。

请看图7-3"四川路桥2010年2月25日截图"。

图中A、B、C、D处，四根大大的阴价柱突然下跌，但是其对应的四根阴量柱却成倍缩小，显然这里暗藏契机。

A柱缩量一倍，是典型的"长阴短柱"（长长的阴价柱，对应短短的阴量柱）；

B量柱虽比A量柱略高，但其对应的阴价柱却更长；

C量柱比A量柱缩量一倍，这是典型的"长阴短柱"；

D量柱呈当时低量柱，由D柱真底形成的谷底线与左侧谷底线无缝重合，其后两日的最低点再次与D柱真底无缝重合，一条谷底线横切11个价柱的端点，且有7根低量柱托底。这样的谷底线，其支撑力度极强，股价一旦回升，将势不可当。

对于谷底线的升势预测，应该从该股自谷底线回升的力度来研判。

第一，关注触底回升的时间。触底回升的时间越短越好，一般3~5日为好，时间长了就失去了触底回升的意义，本例中四川路桥触底3日即回升，是最好的。

第二，关注触底回升的阻力。触底回升的阻力以触及为好。阻力位以大阴线上方的实体定位（有时以虚线定位），本例中D阴线实体上方为第一阻力位，C阴线实体上方为第二阻力位，B阴线实体上方为第三阻力位，A阴线实体上方为本波段顶部。

第三，关注触底回升的节奏。该股从谷底线回升时，第一天上试第一阻力位，第二天过第一阻力位；第三天上试第二阻力位，第四天过第二阻力位；第五天在第二阻力位下蓄势，第六天即上试第三阻力位。一试一过，交叉运作，节奏感非常明显，说明主力做盘有张有弛，收放自如。第七第八第九天在第二阻力位下方蓄势三天，第十天就直指第三阻力位。然后三天咬住第三阻力线做上下微调，给人"上攻乏力"的感觉。但是，最后这一天（2月25日）的开盘价却透露了主力的"勃勃雄心"，因为这天的开盘价正好与其左侧的五个支撑点（含B点）形成精准支撑线，凡是有三个支撑点的精准线就有上攻动力，这里有五个支撑点了，其上攻动力将倍增无疑。

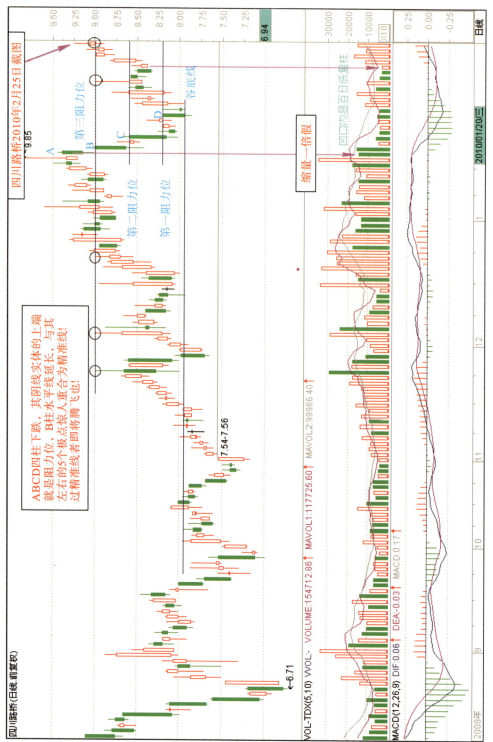

图7-3

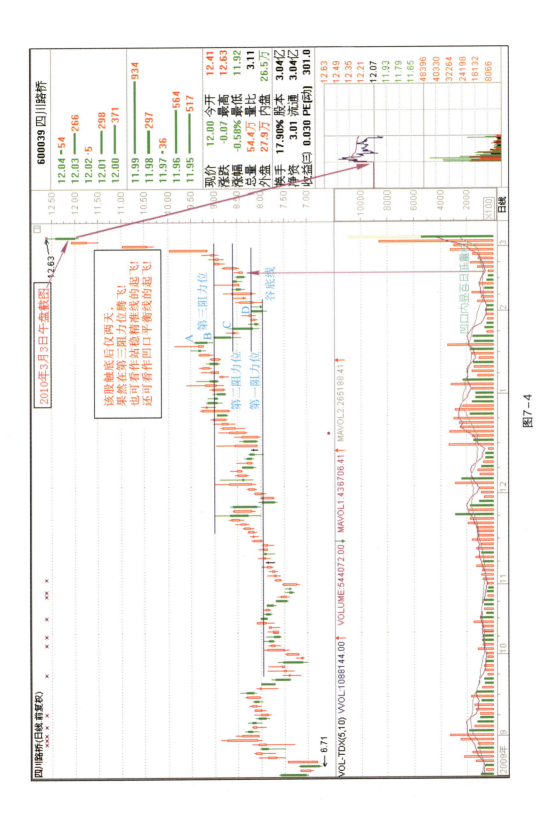

图7-4

请注意：该股的触底回升节奏还有一个要点，它回升的节奏是先慢后快，从股性上看，第一阻力位是"股性初活状"，第二阻力位是"股性灵活状"，第三阻力位是"股性激活状"，逐步升级，必有好戏。该股接下来的走势见图 7 - 4 "四川路桥（600039）2010 年 3 月 3 日走势图"。从我们讲解该股的第二天（2 月 26 日）开始，该股连续三个涨停板。

第四节　　"谷底线"的跌势预测

看了上一节用"谷底线"预测四川路桥的升势，令人无不叫好，但是我们切切不可以认为"谷底线"只是预测升势的法宝，对于跌势的预测，谷底线还另有奇妙之处。

无数事实告诉我们，"谷底线"一旦形成，是不会轻易跌穿的，如果一旦有效跌穿，最好是出货待机。请看上述中国建筑的走势图。

B 柱：大阴跌破 A 线，应该出货；即使没有出货，到 A1 处的中阴也应该出货了，否则，您将承受连续 8 天的大跌；即使 A1 没有出货，到 B1 跌破 B 线也应出货。请看 A、B 两条谷底线，给我们提示了 4 次宝贵的出货机会。我们有理由不重视谷底线吗？

C 柱：从 C 到 D 是一大段可以出货的走势，股价多次在 B 受阻，C1 和 D1 是必须出货的关节，如果我们不能及时出货，将再度忍受绵绵阴跌的煎熬。

D 柱：从 D 到 D1 处积压了 20 天的套牢盘，即使在 E 线触底反弹，依然要在 D 线受压折回，然后消化 D 线的套牢盘后，才能向上（注：本文截图分析"中国建筑"时，有许多名人名博推荐该股，至本文截稿日 2010 年 3 月 5 日，该股果然在 D 线受阻连续三天回落）。

对于这样的跌势，我们能事先预测吗？能！根据"谷底线"的"阻力作用"，我们完全可以提前预测其跌势和跌幅。

从图 7 - 5 "中国建筑（601668）2010 年 3 月 5 日截图"，我们可以发现三个预测要素：

第一，破下方平衡线示跌。在 A 线的左上方有一个"抵抗性下跌平台"，即以 G 柱左侧中阳线的底部画平衡线，也可以以 G 柱收盘价画平衡线，因为 G 柱左侧的首日最低价与 G 柱收盘价持平形成精准线，所以在这里画水平线是最可靠的。这两道平衡线都有预测作用，无论股价跌破哪道平衡线，都应该看跌。即使第一道平衡线没有看跌出货，在第二道平衡线也应该看跌出货。

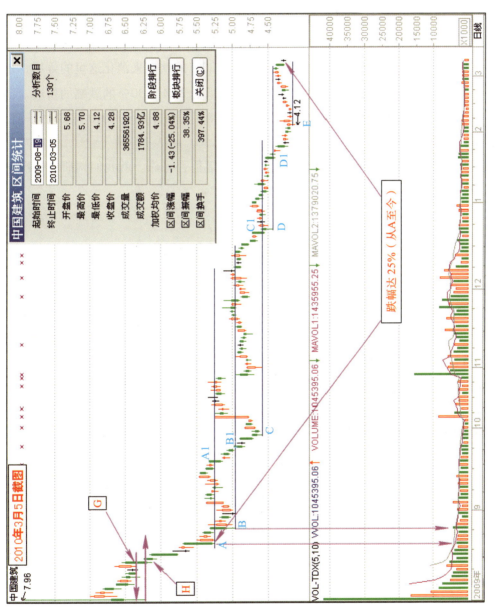

图7-5

第二，价量同步阴柱示跌。看 G 点对应的阴柱价量同步，是真跌；再看 H 点对应的阴柱也是价量同步，也是真跌；尤其是 H 点的开盘价与 G 点收盘价基本持平，且收盘价低于第二道平衡线，应该看跌出货。即使在 H 点当日没有看跌出货，次日开盘价与 H 点平开低走也应看跌出货。

第三，以第一谷底线测算跌幅。图中的第一谷底线是 A 线，该线为第一筹码密集区，这里堆积了大量套牢筹码。根据我们从大量案例中总结出来的规律，凡是在第一谷底线堆积大量筹码的状况，必须有 25%～30% 的跌幅来消化这里的筹码，也就是说，如果我们在这里不及时看跌出货，将要承受 25%～30% 的跌幅的折磨。请看图中的"区间统计"数据，从 A 点（2009 年 8 月 19 日）至 2010 年 3 月 5 日，跌幅刚好为 25.04%。

读者可以结合其他股票的走势，算算这种跌幅是否可靠。就我们调研的情况来看，这种跌幅计算方法非常有效。

第五节 "谷底线"的横势预测

股市的走向只有三个形态，一是"上涨"、一是"下跌"、一是"横盘"。横盘是多数个股寻找方向的过渡，它们横着横着，方向就明朗了，有的向上突破，有的向下突破，因此，对"横势"的研判，有时比研究涨停还重要。

横势的预测比涨势和跌势都难。难就难在它模糊，难在它没有方向。其实，世界上没有绝对的"横势"，毛泽东说过，"不是东风压倒西风，就是西风压倒东风"，任何横势都有方向，只是其方向隐蔽，动作温和，需要我们从蛛丝马迹中辨别其方向。许多投资者在学习技术的过程中，往往只注重形态，不注重分析；只会仿照葫芦画瓢，不会透过现象看本质，这样的学习方法和学习态度是不利于看透横势的。形态只是现象，规律才是本质。抓住了规律才能运用自如。

请看图 7-6"中天城投（000540）2010 年 3 月 5 日的截图"。

A 柱：是向上跳空的黄金柱，按照规律（见《量柱擒涨停》一书）应该在其前一日跳空处画一水平线作为黄金线。哈哈！见证奇迹的时候到了，以 A 点画出的这条黄金线，居然与相隔 6 个月后的 A1 无缝重合了，A 的最高价和 A1 的最低价都是 14.55 元。这就是说，A 黄金线与 A1 谷底线共享一条"精准谷底黄金线"。此处按下不表，再看图中另外两处"横势"。

C2 至 C 处：我们给它画了个方框，也就是人们常说的"箱体"。在这个箱体内的走势基本上是横盘，但是，从它第二、第三波的小波顶逐步缩矮可以发现，箱体

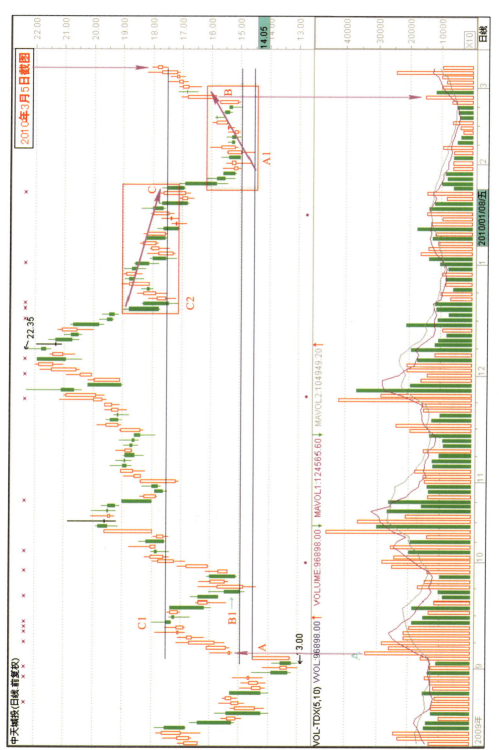

图7-6

内的走势是逐步向下的，到 C 柱时即完全丧失上攻能力，一根价柱下跌，股价即掉到另一个世界去了。

B 框：这也是一个箱体，箱体内的横势比较均衡，第二、第三小波的波顶几乎持平，但是，以 B1 的收盘价和 B 处的最低价连线，形成的"实体谷底线"将箱体一分为二，仔细一看，箱体内三分之一是空的，重心在箱体上方，暗示着这个箱体下方有异常的撑力，所以，这个箱体内的横盘，实质是向上的。果然，B 柱倍量拉升，冲出箱体，向另一个世界奔去。

事实验证了我们的判断：任何横势都有方向。不是向上就是向下，骑墙是不可能的。我们要善于在横势中准确判断其未来方向，未雨绸缪，跟着主力的方向操作。研判的方法就是以谷底线为参照，将横盘处的高点连线，若连线向上则趋势向上，若连线向下则趋势向下；若横盘途中红肥绿瘦，趋势向上；若横盘途中绿肥红瘦，则趋势向下。操作上应以"拐点转向"原则为准，抓住契机，适时进出。本例中的 C 点就是出货点，B 点就是介入点。

按照阻力位的划分原则，该股目前的第三阻力位是 C 点的实体位即开盘价，以 C 点的开盘价画一水平线，见证奇迹的时候又出现了：C 点的开盘价和截图日的最低价无缝重合，都是 17.50 元。而这条水平线向左延伸，一线切合了六个端点，这是不可多得的精准线。从该股最右侧最后三日（截至 2010 年 3 月 5 日）的情况来看，该股是倍量拉升后的缩量一倍，价升量缩，明显异动，如果不是地产股，该股极有大幅拉升的可能。既然它是地产股，又是当时政策调控的重点，能有如此异动，恐怕不简单，让我们拭目以待吧。

第六节　"谷底线"涨停预测的四个要点

读者都知道，每只股票都有其谷底线，但是，并非有谷底线的股票都能出现涨停。那么，什么样的股票才能涨停呢？

总结上面的分析，谷底线预测涨停有如下四个要点：

第一，谷底线之前有"长阴短柱"。前面讲过，"长阴短柱"是主力借势强力洗盘的"假跌"，目的是迅速挤出浮筹，为后面的拉升减轻阻力。上述四川路桥的 A、B、C、D 四根"长阴短柱"就是典型的"假跌"。其"假跌"的特征就是缩量，主力不出货，向下打压出这么大的阴价柱是干什么的？吓唬人罢了。假跌必然对应真涨。时机一到，必然飙升。

第二，谷底线之底现"百日低量"。"百日低量"的出现，一方面显示主力不出货，一方面显示当前市场不愿出货，这是主力用休克疗法制造的。休克的目的就是试探市场对当前最低价的反应，大家都不愿出货时，价位肯定要提升。若连续提升价位而成交量不大，就是大幅拉升的前兆。本章第三节中所述的四川路桥，在其底部连续两次出现百日低量柱后市看涨；而第四节中讲述的中国建筑 ABDF 四处都没有出现百日低量柱，唯有 C 处是低量柱但不足百日即拉升，无功而返，后市看跌。

第三，谷底线之后应"触底即升"。"触底即升"重在强调时效，即触底后应该尽快拉升，迅速解决战斗，在 3～5 日内应突破第一阻力位，然后在 3～5 日内突破第二阻力位，否则，时间一长，夜长梦多，变数增加，就难以迅速制造涨停了。凡是拖拖拉拉，缠缠绵绵者，多数会跌破谷底线，这样的案例很多，大家可以随意找来分析分析。

第四，阻力线之前应"蓄势突破"。四川路桥的拉升过程非常经典，读者应该多多体会其"阻力位前蓄势的动机"，一天触线，一天过线，步步为营，逐级突破，充分体现主力收放自如高度控盘的实力。有实力才有涨停。上例中的中国建筑在 C 线后第五天突然拉升，一口气冲过两个阻力位，元气大伤，让附近的套牢盘迅速解套，增加了主力拉升的负担，结果是连续 10 天受制于第二阻力线，上攻乏力，无功而返，只好再次暴跌回到起点。这样的实例比比皆是，读者可以找来体会（另可参见清华大学出版社《涨停密码》之案例）。

平衡线：多空共享的警戒线

"平衡"是我们这个世界生存发展的基础，也是股市生存发展的基石。股市中多空双方的搏斗是永恒的，但是双方的搏斗会在某个时段暂时"休止"，这个"休止"就是暂时的"平衡"，当我们把这些"休止符"用不同的方法连接起来，就形成了各种不同的"平衡线"。例如：

本书介绍的"峰顶线、谷底线、平衡线、斜衡线、合成线、精准线、灯塔线"等七种量线，本质上都是"平衡线"，只是因为它们比一般的"平衡线"更特殊、更适用，所以要分别讲解。

本章所讲的"平衡线"，特指从"量价穴位"上生长出来的水平的横线。

第一节 "平衡线"的取点原则

"要点平衡律"告诉我们，"要点"就是"重要的关节点"即"量价的关键穴位"，包括"大阴、大阳、真底、真顶、王牌、倍阳、左峰"。除了这些特殊的"穴位"之外，还有三个平衡点，即"实点平衡、整点平衡、密点平衡"。

"实点"就是价柱所处的"实际点位"；

"整点"就是价柱所处的"整数点位"；

"密点"就是价柱所处的"密集点位"。

取点步骤是：上行找实顶，下行找实底，实点靠整点，无点找密点。请看图8－1"中科合臣（600490）2009年6月29日至2010年3月25日走势图"。

该股自A点下跌，跌速和跌幅惊人，至2010年2月3日企稳反弹，我们现在要规划反弹路线，首先就是要找"上行"的平衡点。

根据"上行找实顶"的原则，该股的"实点"就在ABCDE五根大阴柱的实体

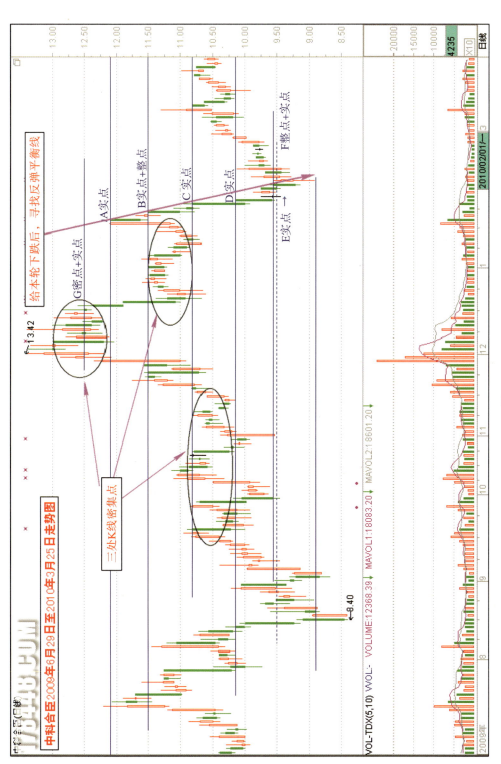

图8-1

顶部，为什么选择"顶部"？因为这里是多空双方激烈拼搏的"起点"，多方要想反攻，必须突破这些顶部的封锁，所以以这些"顶部"的"实点"画出水平线，就成了该股的平衡线。

当你画出这些水平线后，你会惊奇地发现，每条水平线之间的空间和力度非常相似，即使其左侧早在几个月前形成的上升幅度和节奏，也和当前的下降幅度和节奏有惊人的相似之处。这就是平衡线的作用。

我们在运用"实点平衡"时，应结合"整点平衡"和"密点平衡"予以优化。"整点平衡原理"来自"大众心理学"，一般投资人不懂得什么"平衡点"，也不管什么"平衡线"，往往取"整数"作为自己的攻防参考，所以，"整数关口"往往成为主力研判和操作股票的重要参考。

所谓"整点平衡"，就是在"预选点"的附近发现"整数关口"时，往往可以采取"取整弃零"的方式。这里所说的"整数关口"特指尾数为0或5的数据。本例中B点刚好是11.50元，"实点"即"整点"；D点的10.15元是"小整点"；E点是2月2日，开盘价9.55元也是"小整点"；F点是2月1日，收盘价是9.50元，是"大整点"。把第一阻力位定在F点（见虚线）比较合乎大众心理学，而且左侧得到了多个端点支撑。这就是"实点靠整点"。

所谓"无点找密点"，就是在没有实点或整点的地方，在"价柱密集处"找其平衡点，如图8-1中的三个圆圈处，就是"价柱密集处"，它们分别处于A线、C线、D线的上方，刚好与这三条平衡线切合。本例中的"无点找密点"不太典型，我们将在有关章节中逐步介绍典型案例。

现在回头看看图8-1中的五条平衡线，几乎同时兼备了"实点平衡、密点平衡、整点平衡"三要素，其上下幅度和力度相对均衡，其左右跨度和力度相对协调，这样的平衡线才是合格的平衡线。

如果要找下跌平衡线，就是倒过来，先找实体的底部，再找相邻的"整点"，再找相邻的"密点"。大家可以自己找例子画线验证。

第二节　"平衡线"的双重性格

从上面中科合臣的走势图可以看出，"平衡线"是多空双方交战的临时停火线，是多空双方曾经拼搏最为激烈的前沿阵地。这里有过你死我活的战斗，有过尔虞我诈的较量，它既是双方上一次休战的警戒线，又是下一次进攻的桥头堡。所以，找到了"平衡线"就找到了多空双方的"攻防线"，以"平衡线"为参照，进可以

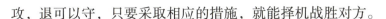

攻，退可以守，只要采取相应的措施，就能择机战胜对方。

也许你认为中科合臣是一个特例，那么我们随手再找一个例子。

请看图8-2"金杯汽车（600609）2009年9月17日至2010年3月26日的走势图"。

先看图8-2中间急速下跌的这一段行情。

假设我们是在F点这天（2010年2月1日）看到这只股票，我们有没有勇气介入呢？看过《量柱擒涨停》的朋友是敢于大胆介入的。因为其左侧的F1位置（2009年11月3日和4日）列了两根精准线并且形成平顶，次日（即11月5日）倍量过平顶，再次日（11月6日）高量柱拉升，形成合力黄金柱，黄金柱的最佳平衡点就是F1。我们以F1画水平线（见图8-2中虚线），与F点的最低点尚有一定空间，也就是说，F点的"极点测向"已基本到位，向下的空间已被F线封锁，只要三日内不再跌破F线，F线的实底就是真底，此处就是本轮下跌的终极平衡线，当然可以大胆介入。

那么，这一轮反弹将会上升到什么位置呢？我们不是神仙，只能根据行情的发展变化来研判其最近的反弹位置。根据"焦点定向"的规律，每轮下跌的大阴线的实体顶部就是多空双方力量转化的焦点，我们以图中的A、B、C三个大阴实顶画线，神奇现象出现了。

先看A线中间：从F点开始连续上攻11天都被A线挡在下方，其阻力之大跃然图上；再看A线左侧，从A1处开始连续8天的下探都被A线托在上方；再看A线右侧，从B2开始连续8天的下探又被A线挺住，其撑力之强赫然在目。

再看B线：从A3开始的上攻，一到B2处就无力向上，连续四天刺破B线都无功而返，第五天的最高点刚好触及B线就回落，可见B线阻力之大；再看B线左侧，有B1、B4、B5三轮下跌都在B线毅然回升，可见其撑力之强。

再看C线：C1处是支撑，C2处是阻力，也是上抬下压，最后一日的D3才突破C线阻力。值得注意的是：最后一日D3的拉升，刚好在D线回头，如果能在C线止跌，D线将成为下一个攻击目标。

就是这三条线，从2009年11月5日到2010年3月26日，四个多月的走势被刻画得一清二楚，它们既是阻力线，又是撑力线，既定降幅，又定升幅，每一天的行情几乎都在它们的掌控之中。

一条线同时具备撑力和阻力的双重性格，这就是平衡线的第一特性。它即是双方争斗的桥头堡，又是双方妥协的警戒线。只要我们看好它，用好它，炒股就是按部就班的爽事。正是从这种意义上讲，"平行线"可以叫作"撑阻线"。

请注意：所有的平衡线都是天然的，我们切切不可人为规定。平衡线左侧走过

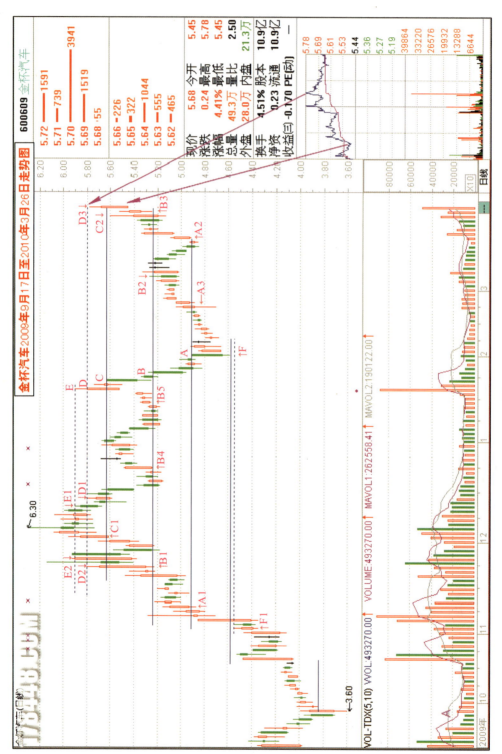

图8-2

的路程，平衡线右侧一定会相似重复，请看图 8-2 的左侧，从 F1 到 E2 的上升，与 E 到 F 的回落，是不是具有某种天然的相似？的确非常相似，只是重复的方式、斜率、节奏有所变化。正是这些变化，演绎出千变万化的行情。谁掌握了这些变化的规律，谁就能在股市上获取主动。

第三节　"平衡线"的倾向暗示

有人要问了：平衡线既是支撑线，又是阻力线，到底是上还是下，我们该如何研判其未来的发展方向呢？其实，任何事物的发展都是有方向性的，毛泽东说过："不是东风压倒西风，就是西风压倒东风。"股票的走向也不例外，"不是多方压倒空方，就是空方压倒多方"，关键在于我们如何发现其倾向性。

请看图 8-3 "金杯汽车（600609）的发展方向暗示图"。

图 8-3 只是在图 8-2 的基础上加了几个圆圈，圆圈内都是该股的价柱密集区，价柱密集说明了什么？说明多空双方在这个价位争斗激烈，它们互相消化互相转换，最后必然要选择下一步的方向。

这里有个重要细节必须注意：图 8-3 中这些圆圈所处的核心位置都不在平衡线上，除了 B5 圈之外，所有的圆圈都在平衡线的"夹缝"之间纠集着。正是这个纠集的方位，给我们提供了倾向暗示。

请看 F1 圈：在 F 线的下方，红肥绿瘦其未来发展方向是向上突破 F 线；

请看 B1 圈：在 B 线的下方，红肥绿瘦其未来发展方向是向上突破 B 线；

再看 E1 圈：在 C 线的上方，绿肥红瘦其未来发展方向是向下突破 C 线；

再看 B5 圈：在 C 线的下方，红肥绿瘦其未来发展方向是向上突破 C 线；

再看 A3 圈：在 A 线的下方，红肥绿瘦其未来发展方向是向上突破 A 线；

其他圆圈处，也无不暗示着其未来的发展方向。

根据过去的暗示，寻找未来的规律：

只要在平衡线下方有密集价柱群的，红肥绿瘦，走势向上；

只要在平衡线上方有密集价柱群的，绿肥红瘦，走势向下。

其规律是：密集线下者，红肥绿瘦，后势向上；密集线上者，绿肥红瘦，走势向下。其最终的方向由最后一根价柱的方向决定。因为多空双方的争斗结果由最后一根价柱决定，"多翻空则向下，空翻多则向上"。

规律是可以发现的。用平衡线的原理去看任何一只股票，每一根价柱的走向都是在撑力和阻力的对立平衡中运行着，都是在这两种力量互相抵消的夹缝中前进

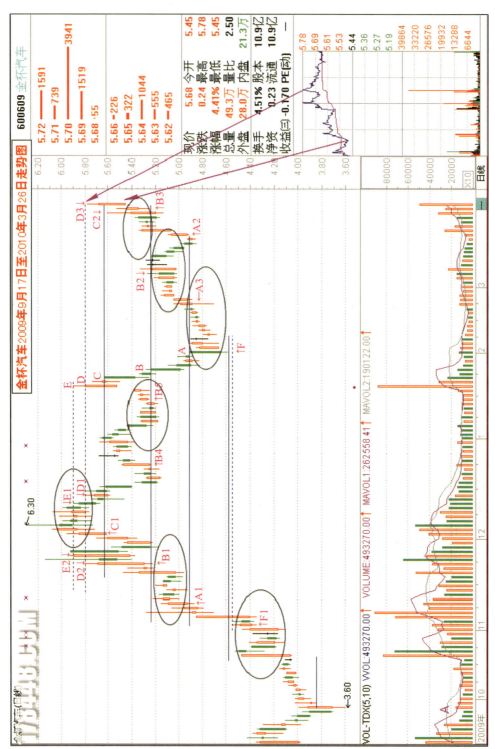

图8-3

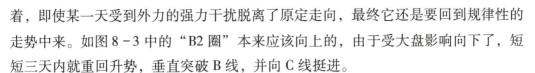

着，即使某一天受到外力的强力干扰脱离了原定走向，最终它还是要回到规律性的走势中来。如图 8 - 3 中的"B2 圈"本来应该向上的，由于受大盘影响向下了，短短三天内就重回升势，垂直突破 B 线，并向 C 线挺进。

由此可见，平衡线的方向性隐藏在价柱集群的所处方位和阴阳对比之中，只要我们注意观察，就不难把握股票运行的方向。

第四节　"平衡线"的战术原则

"平衡线"的"双重性格"和"倾向暗示"，使之具有很强的"预测性"和"操作性"，据此可以制定出一般性"量线直观战术"（特殊性的战术原则将在特殊的量线中介绍），这就是：

股价（或股指）由下而上时，碰线择机退出，穿线择机介入。

股价（或股指）由上而下时，碰线择机介入，穿线择机退出。

我们依然用"金杯汽车"的案例来看看这个战术原则的运用。

请看图 8 - 4"金杯汽车（600609）战术原则示意图"。

图中从 E1 到 D3 的左半部分是下降趋势，右半部分是上升趋势，在这两种趋势中，"平衡线的战术原则"是截然不同的。

看左半部分：股价从上往下运行，应该"碰线即入，穿线即出"；

看右半部分：股价从下往上运行，应该"碰线即出，穿线即入"。

这里的"碰"就是"碰线被弹回"的意思，这里的平衡线就像一堵墙，股价就像一个皮球，它"碰"到"墙壁"就被弹回去了。

这里的"穿"就是"穿线而过去"的意思，这里的平衡线就像一张纸，股价就像一个指头，它"穿"过"纸张"就顺势加速了。

使用"平衡线的战术原则"，就要善于观察股价运行的"力度"和"斜度"，"力度"大，则有"穿"的可能；"斜度"大，则有"碰"的可能。

例如：B4 和 B5 两处：下跌加速中突然横盘，斜度加大，必然"碰线弹回"；

再如：D1 和 BC 三处：下跌缓冲后突然加速，力度加大，必然"穿线而过"。

"平衡线的战术原则"还有一个重要指标，就是要"衡量线间幅度"。

"线间幅度"是指"上下两条平衡线之间的幅度"，若幅度在股价的 2 个点之内，介入和退出就没有意义了。因为第二条线的撑力和阻力，随时可能产生反作用，抵消你的利润空间。所以我们总结出如下经验与大家分享：

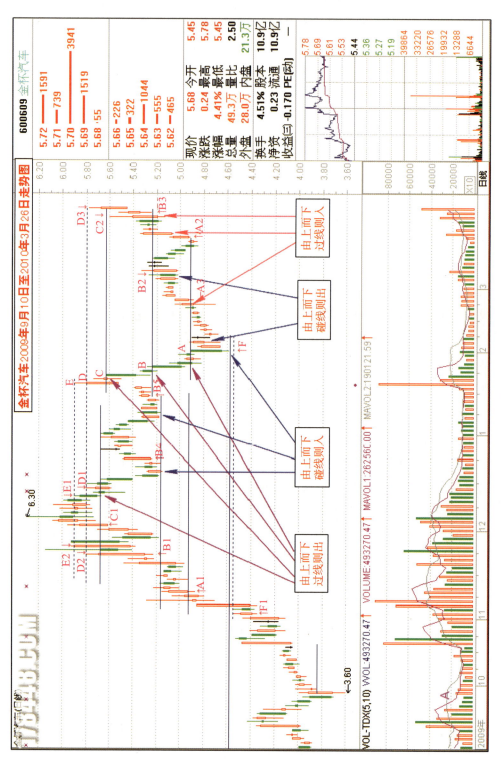

图8-4

线间夹三，可以小干；

线间夹四，可以中试；

线间夹五，可以大补。

这就是利用平衡线的原理，在夹缝中寻求利润的战术。图 8－1 所示中科合臣，几条平衡线之间的"夹缝"比较大，进可以攻，退可以守，就是打游击战的好股票，但它不是打阵地战的好票。

"夹缝"是个好东西。毛泽东战术原则的核心就是在"夹缝"中寻找生存和发展的空间，从井冈山到西柏坡，从八年抗战到三大战役，无一不是在"夹缝"中获取的胜利。

说到底，"平衡线"就是发现"夹缝"的技术，就是在多空双方的"接合部"里获取利润的技术。这个"接合部"里充满了取胜的机遇，当然也布满了失败的陷阱。

让我们绕开陷阱去夺取胜利吧，成功一定属于"善于寻找夹缝的人"。

第 9 讲

斜衡线：量价与时空的坐标线

世界上的万物都是相对的，既然有平衡线，必然有斜衡线。斜衡线是量学的独家发明，古今中外的股市理论从未有过，所以本章重点讲讲斜衡线。

斜衡线是取股价走势中最近的两个"有效穴位"经过第三点确认的射线。从表象上看，这条射线是量价与时空的坐标线，实质上它反映的是价格走向的斜度和力度；一定的斜度和力度，决定了一定的惯性和高度；一定的惯性和高度，则提供了预测的角度和精度。

斜衡线的预测精准度极高。从某种意义上讲，神奇的太极线、灯塔线、通道线，就是斜衡线的功劳。说到底，斜衡线是特定量柱生成的股价运行的动态时空平衡线。它有"普通斜衡线"和"高级斜衡线"两种。

第一节　普通斜衡线

所谓"普通斜衡线"，就是取股价走势中最近的两个"有效穴位"经过第三点确认的射线。例如，只要以下降途中的"大阴实顶"连线，就会生成"下行斜衡线"，参见图 9－1"金隅股份（601992）2011 年 12 月 23 日收盘留影"。

图 9－1 中有四条下行斜衡线，都是以下降途中最明显的大阴实顶的连线。这里的"大阴"，没有数学上的绝对数值，而是与其左侧最近的价柱相比较而存在的较大的阴柱。

例如图中的 A 柱，比其左侧的阳柱大，所以 A 就是当前的大阴；图中的 A2 比其左侧的两个小阳都要大，所以 A2 就是当前的大阴；图中的 A3 比其左侧的阳柱要大，所以 A3 就是当前的大阴。只要将这些下降途中最近的两个大阴相连，得到 C 点的确认，下行斜衡线即成立。

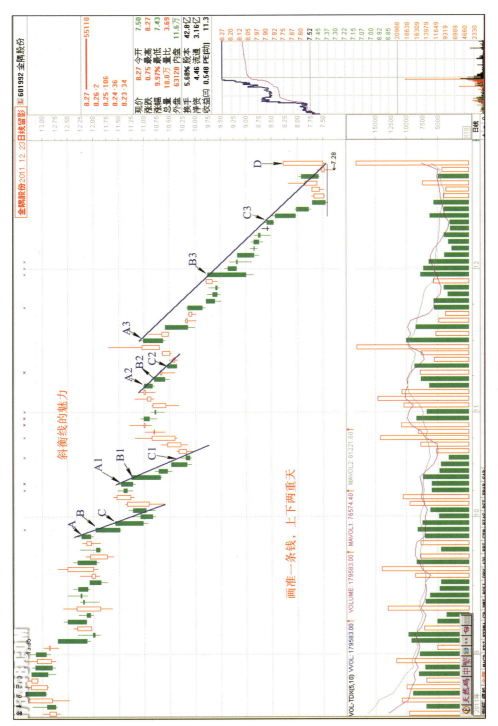

图9-1

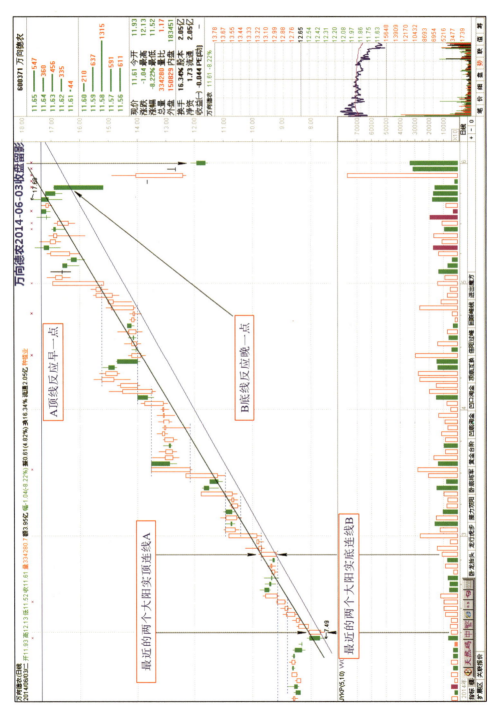

图9-2

下行斜衡线的特点是：下行斜衡线的末端，往往会形成与惯性相反的走势，即反弹，也就是量学的"极阴次阳"，一不小心就会出现涨停板 D（详见清华大学出版社《涨停密码》）。这就是量学读者戏称的：画准一条线，上下两重天。

与"下行斜衡线"对应的是"上行斜衡线"，其效果与"下行斜衡线"刚好相反，"上行斜衡线"的末端，常常会出现与惯性相反的走势，即跌落，也就是量学的"极阳次阴"，一不小心就会出现跌停板。

请看图 9-2"万向德农（600371）2014 年 6 月 3 日收盘留影"。

图中有两条斜衡线，一条是以最近的两个大阳实顶的连线 A，一条是以最近的两个大阳实底的连线 B，以顶画线的反应早一天，以底画线的反应晚一天，其反向走势都是一样的效果。

第二节　高级斜衡线

普通斜衡线的取点不要求与量柱对应，而高级斜衡线的取点则要求与量柱对应。例如图 9-3"赞宇科技（002637）2012 年 9 月 24 日收盘留影"。

图 9-3 中取点要求"价凸量凹"，即：

第一，要求找到下降途中两个最近的、最突出的大阴实顶①②连线；

第二，要求这两个大阴对应的量柱必须低于其左侧阳柱（或持平）；

第三，要求这两个最近的大阴实顶连续必须经第三个阴实顶确认③。

这样取点的要求，实际上是取"长阴短柱"，目的就是找到反弹的预期目标位。这条线画好后，其原趋势的末端 A 处，精准踩线爆发出一个涨停板。王子在涨停次日发布预报，此后该股果然反弹至①的水平线附近开始回调，回调至②的水平线附近再度拉出两个涨停板。可见"价凸量凹"取点的重要性。

这种高质量的斜衡线量学称为高级斜衡线。又叫"一剑封喉线"。

"一剑封喉线"可以帮助我们提前发现即将涨停的股票。例如，王子于 2014 年 5 月 19 日发布了"一剑三缩"股票涨停趋势预报，至 2014 年 6 月 3 日，两市连续 11 个交易日都是"一剑三缩"股票独霸涨停榜。

什么是"一剑三缩"股票，就是有"一剑封喉线"，加上"比昨日缩量三分之一"或"比昨日缩量二分之一"或"缩量为百日低量柱"的股票。

请看图 9-4"齐心文具（002301）2014 年 5 月 19 日收盘留影"。

图中 AB 线，为一剑封喉线，取点画线基本上符合"价凸量凹"的要求。

再看 C 柱：极阴次阳过半阴，有反弹欲望，但受封喉线压制而回落；

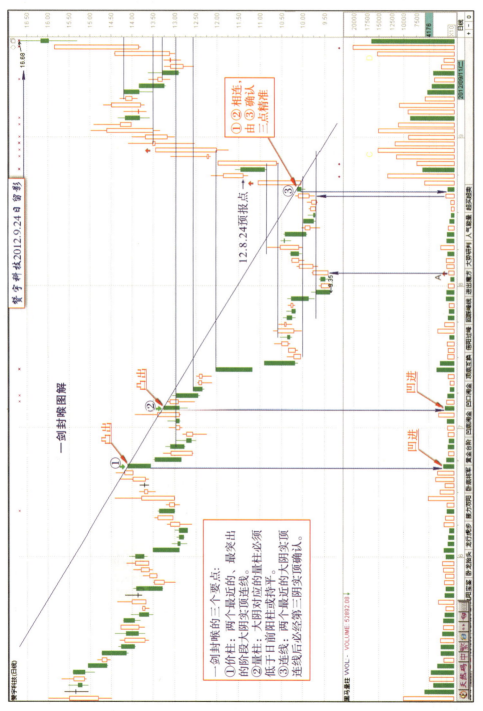

图9-3

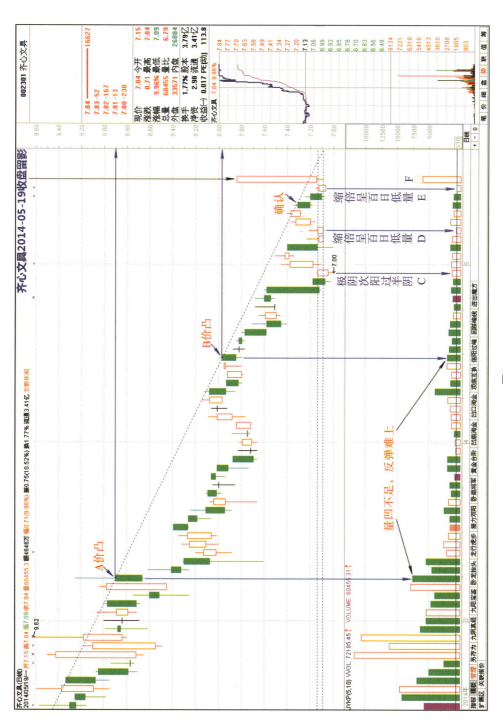

图9-4

再看 D 柱：比昨日缩量二分之一，成百日低量柱后反弹，受压回落；

再看 E 柱：比昨日缩量二分之一，再成百日低量柱，距封喉线很近；

再看 F 柱：处于封喉线与 C 柱实顶平衡线的夹角，踩着 C 柱的实顶开盘，在封喉线下横盘半日，午后过线拉升，直奔涨停板。

这就是"一剑三缩"股票的基本形态。值得注意的是，A 和 B 所对应的量柱缩量不明显，说它"价凸量凹"有点勉强，可以预见其近期反弹高度将受到 B 点水平线的限制，很难达到 A 点水平线的高度。

果然，此后 10 个交易日都在 B 线上下徘徊，若连续 3 日站到 B 线上方，才有攻击 A 线的可能。

第三节　阴阳太极线

"股市太极线"简称"太极线"。

所谓"太极线"就是量价阴阳的时空平衡线。股市的普遍规律就是量价阴阳在一定时空之间的动态平衡。太极线就是根据量价阴阳所形成的"穴位"的连线，将最近的量价阴阳力量和力道刻画出来，所以它具有神奇的量价时空预测功能。因此，选择适当的"穴位"就是画好太极线的基础。

请看图 9-5"浪潮软件（600756）2013 年 10 月 18 日收盘留影"。

图中 E 点是王子 2013 年 9 月 30 日给北京电视台讲座的留影之一。当时为什么要讲解这只股票呢？

请看图中较为平缓的那条斜衡线，是取 A 和 B 这两个王牌柱对应价柱的顶底连线，即 AB 太极线，也叫"初速太极线"，它比较平缓。当股价运行到 D 柱时（即2013 年 9 月 27 日），D 柱的最低点踩着 AB 太极线即向上反弹，于是，王子当天即在"股海明灯论坛"发了一份作业，让大家预判其后走势。上过特训班的不少学员都知道这里应该有反弹。因为 D 柱的最低价位刚好与其左侧的两个低点精准重合，形成了一条精准平衡线；同时 AB 斜衡线刚好与 D 柱最低点平衡线相交，形成了"平斜交叉"，根据量学的"平斜叉上看涨"的原理，我们在此提前发布预报，次日果然爆发涨停，并且紧接着连续两个涨停。

再看图中较为陡峭的那条斜衡线，是取 C 和 F 这两个大阳柱的实顶连线，即 CF 太极线，也叫"变速太极线"，它比较陡峭。当股价运行到 G 点时，最低点精准踩着 CF 太极线，其前一日的最低点也是精准踩着 CF 线，所以可以据此预判 G 柱次日将依托 CF 太极线向上，果然，G 柱次日精准骑着 CF 线开盘，稍作回调即上涨

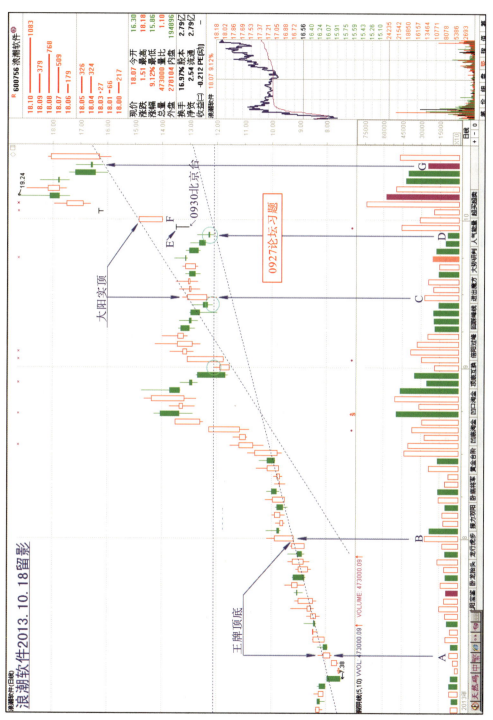

图9-5

9.12%。

对于个股的"穴位选取"，应该遵循如下顺序：

第一，首选倍阳柱顶底太极线（主要是用其实底）；

第二，次选王牌柱顶底太极线（主要是用其实顶）；

第三，参选大阴大阳顶底太极线（主要是用其实顶）；

第四，待选极阴极阳顶底太极线（主要是用其实底）。

此例中，"初速线"的选点，A 和 B 都是倍阳柱，同时又是王牌柱，所以选 A 和 B 是非常合格的。"变速线"的选点，C 是小倍阳，F 是四倍阳，同时 C 和 F 的价柱都是当时的大阳，身兼数职的价柱是很宝贵的，所以上例中的两条太极线都起到了很好的预报作用。

对于大盘或外盘的"穴位选取"，应该和个股相反，即首选"大阴大阳"或"极阴极阳"，次选"王牌"，待选"倍阳"，因为大盘或外盘很少出现"倍阳"，所以"大阴大阳""极阴极阳"和"王牌柱"就是主要目标。

请看图 9-6"恒生指数 2013 年 9 月 19 日午盘留影"。

王子于 2013 年 7 月 12 日（见图中 A 点）在清华特训班讲解太极线时，有同学现场要求给香港恒生指数画太极线，于是便有了图 9-6。图中以 A 点为界，分为左右两个部分。左半部分是 7 月 12 日之前的走势，王子以当前可见的两个最明显的大阴实底画出了太极线，因为当时没有大阳，也没有王牌，所以只能根据当时的行情选择大阴实底画线。这条大阴实底太极线画好之后，日后两个多月的走势都在这条太极线的调控之中。

总之，太极线是一种非常管用的股市时空坐标线，其动态平衡效果非常精确地刻画着股价或指数的运行角度和力度。王子从 2014 年 3 月 8 日开始，用太极线预测上证指数次日的走向和幅度，创造了连续 25 个交易日精准兑现预报值的神奇效果。参见图 9-7"上证指数 2014 年 3 月 8 日至 4 月 16 日连续 25 个交易日精准兑现预报值留影"。

太极线一旦形成，其每天的对应值是可以计算出来的，具体的预判方法和计算方法，详见"股海明灯论坛（www.178448.com）"周末讲座专栏。

太极线的取点、画线、研判是一个完整的科学体系，它是股市动态力学的综合体现。由于本书篇幅所限，不能展开细说，只能抛砖引玉。有兴趣的读者可以到"股海明灯论坛"查阅相关帖子。

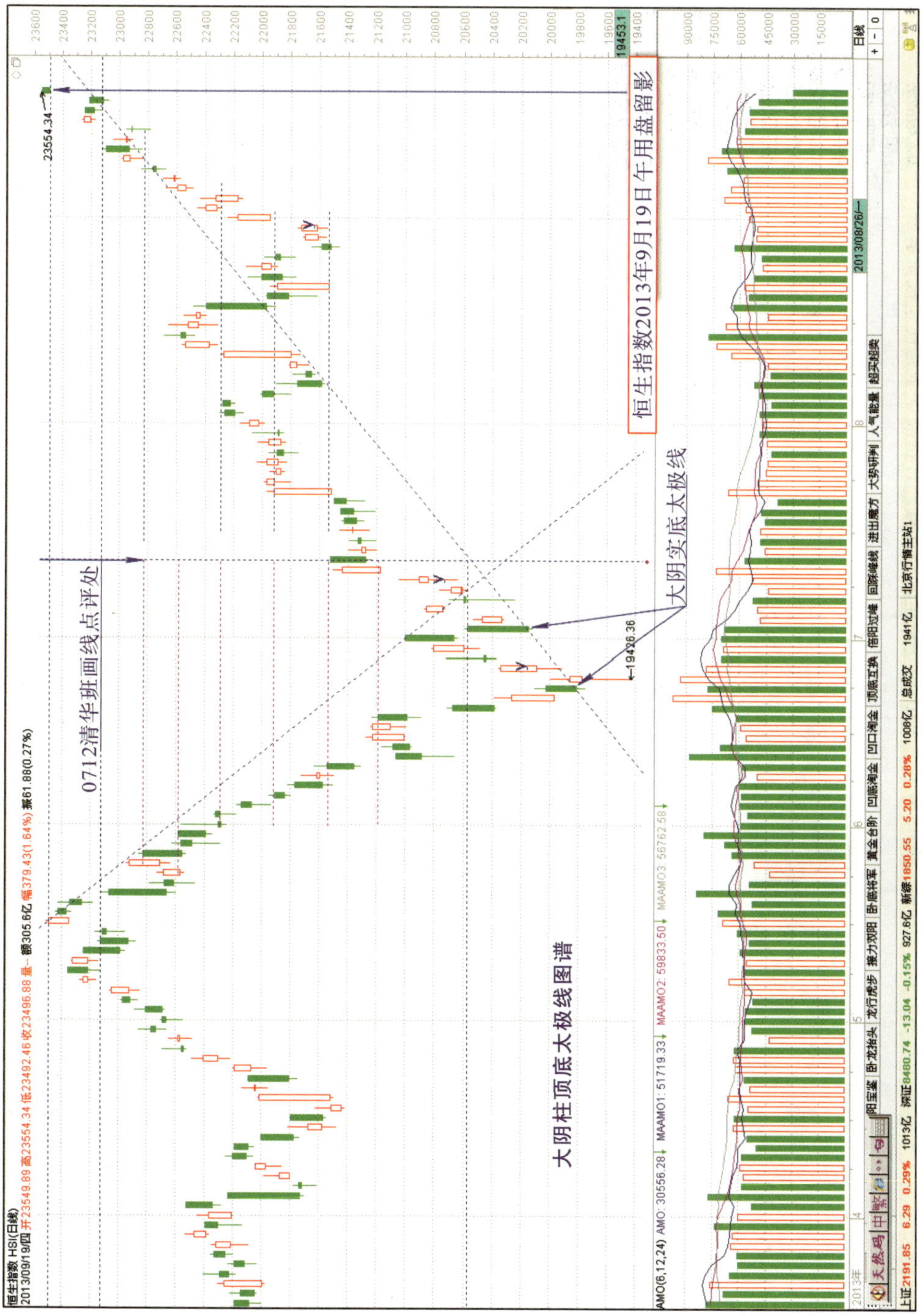

图9-6

股市天经（之二）
量线捉涨停（全新彩印版）

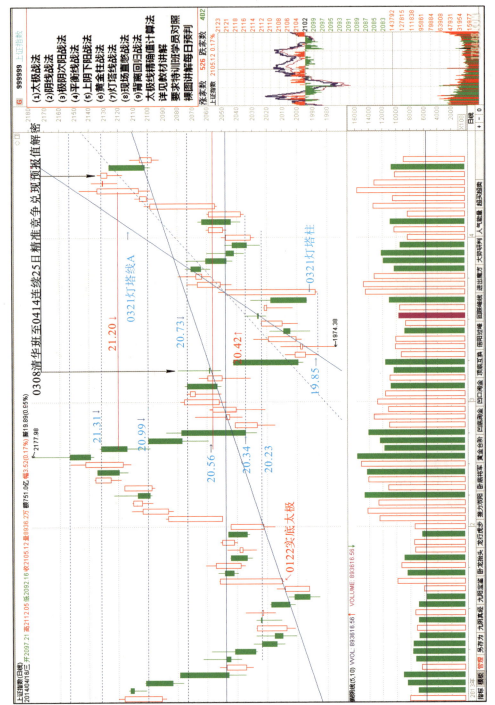

图9-7

峰谷线：顶底互换的进攻线

只要打开看盘软件，屏幕上都会呈现出参差不齐的价柱图，它们组合成高高低低的山峦，"横看成岭侧成峰，远近高低各不同"。只要"我们指点江山，激扬文字"，给这些"峰顶"和"谷底"画出水平线，就有了"峰顶线"与"谷底线"，当"峰顶线"与"谷底线"无缝重合成一条线时，这条线就具有了"峰顶线"与"谷底线"的双重品质，我们就叫它"峰谷线"。

"峰谷线"又叫"顶底线"，它是"峰顶线"和"谷底线"自然重合而成的一种"合成量线"。"峰谷线"是量学的独创名词，全球独一无二。这种合成量线属于"量线七元素"的独特元素，我们把它作为一种特殊的量线单独讲解，是因为它和它的姊妹线"谷峰线"是一对特殊的攻防线。

第一节 "峰谷线"的隐蔽性

"峰谷线"是一种特殊的合成量线，它是"峰顶线"与"谷底线"自然重合而成的，它最稀有且少见，但最具攻击力。它好比一个人的脚踩着一个人的头，其意图就是向上攀登。因此，凡是具有"峰谷线"的股票，往往涨势迅猛，迭创新高。笨拙的主力不会做"峰谷线"，狡猾的主力却往往把"峰谷线"隐藏起来，让你很难发现。

请看图 10-1"凤凰光学（600071）2009 年 6 月 29 日至 2010 年 3 月 26 日走势图"。

图 10-1 中的 A、B、C、D 为"峰顶线"，就是取某阶段价柱的最高点"峰顶"，以"峰顶"为"点"画出的水平线就是"峰顶线"。在我们的价柱图上，往往有"孤峰"，有"群峰"，凡是有"群峰"的股票，最好是取两个以上的"峰

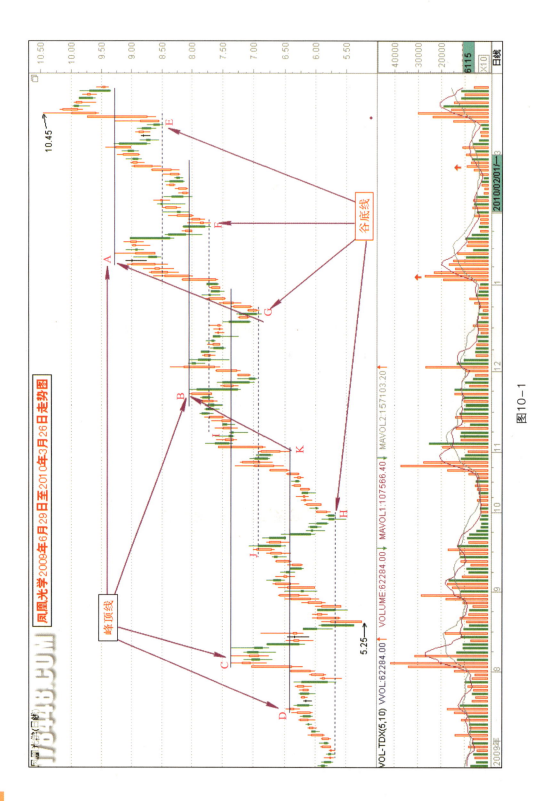

图10—1

凤凰光学2009年6月29日至2010年3月26日走势图

谷底线

峰顶线

100

顶"画水平线，这样的"群峰峰顶线"的参考价值最高。图中的 B 线就切合了两个峰顶。

图 10-1 中的 E、F、G、H 为"谷底线"，就是取某阶段价柱的最低点"谷底"，以"谷底"为"点"画出的水平线就是"谷底线"。在我们的价柱图上，往往有"孤谷"，也有"群谷"，凡是有"群谷"的股票，最好是取两个以上的"谷底"画水平线，这样的"群谷谷底线"的参考价值最高。图中的 H 线就切合了三个谷底。

初看起来，这八条量线各司其职，互不重合，所以我们很难发现"峰谷线"。但是，如果我们仔细观察一下，图中的 D 为峰，K 为谷，即使中间隔着两座小峰 C 和 J，而 D~K 的连线顶底重合，所以它是"峰谷线"。

再看 G 点：与左峰的 J 连线，J 为顶，G 为底，也是顶底重合的，所以它也是藏着的"峰谷线"。

顶底重合就是"顶底互换"，前面的左峰成了后面的右底，众人的持股成本共同抬高，新的一轮攻击就要从"峰谷线"开始了。

第二节 "峰谷线"的攻击性

读者都知道，一般的"平衡线"一旦生成，即具有"压力和支撑"的双重性格。当股价在其上方时，该线即成支撑线；当股价在其下方时，该线即成压力线。注意：平衡线的支撑和压力是动态的、变化的，它们切合的端点越多，可靠性越大。像图10-1中的 B 线、C 线，就分别压制了两次向上的攻击，并对当时股价的反弹形成了巨大的压力。

但是"峰谷线"却与众不同，图 10-1 中的股票有了 DK 线和 JG 线两条峰谷线，走势格外兴奋，DK 线的撑力促使股价从 K 点起飞，冲过 C 线的压力，直达 B 点；JG 线的撑力促使股价从 G 点起步，冲过 B 线的压力，直达 A 点。其上攻幅度令人刮目相看。

从涨幅上看，图中所有量线的涨幅大致相当，唯独这两条峰谷线所在的涨幅却是其他线段的两倍以上，其攻击性之强，幅度之大，非同一般。如果我们及时发现了这两条隐藏的"峰谷线"，在 K、G 点附近介入，比在任何点位介入都划算。

由此可见，一般的平衡线具有"压力和支撑的双重性格"，而"峰谷线"却只有"向上的攻击性格"，图 10-1 中的 B 线、C 线、D 线都被几次"双向穿透"，而 DK 线和 JG 线因为升格为峰谷线，却从来不被跌破。

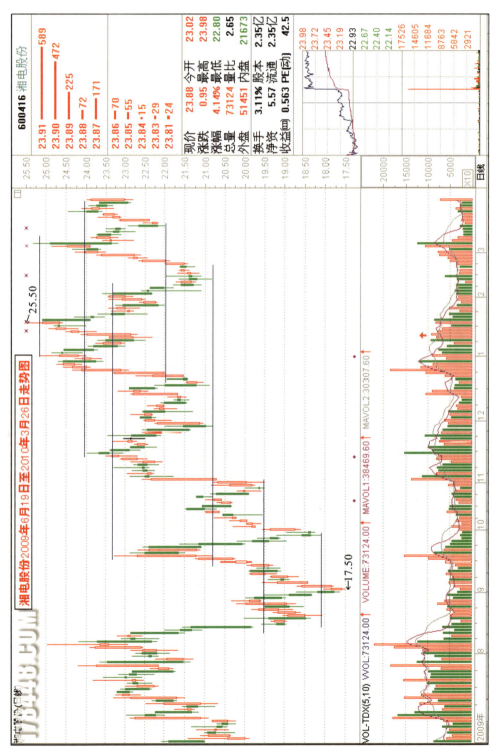

图10-2

正因为如此，"峰谷线"是主力"攻守冲防"的战略线，有实力的主力，往往在"峰谷线"上大做文章，我们前面讲的汉钟精机、东华科技、西安饮食等股票都能说明这个问题。而没有"峰谷线"的股票，无论其题材多么好，无论其效益多么高，其走势总是不尽如人意。请看图10－2"湘电股份（600416）2009年6月19日至2010年3月26日的走势图"。

这是一只兼备"高净值、新能源、低碳经济、低市盈率"等众多概念的股票，大家可以打开自己的电脑，把这只股票的走势图调出来看看，即使你绞尽脑汁也难以找到一根有用的量线，更难以找到"峰谷线"，全篇只有横冲直撞，满目均是起落无常。图中表现出来的就是"无章法、无计划、无目标"的瞎闹腾，我们称之为"三无股票"。

这样的"三无股票"，谁遇上谁倒霉，成天都在提心吊胆之中，所以它们不是我们提倡的操作对象（除非它在24元或25元附近做出峰谷线）。我们提倡寻找和发现有峰谷线的股票，只要抓住它，你可以放心大胆地睡大觉。因为有峰谷线的股票往往具有战略性，可以够你享受3～6个月的"轿中乐趣"。

第三节 "峰谷线"的战略性

峰谷线股票的战略性是由量柱奠定的。翻看所有的"峰谷线股票"，其"谷底"总有一根"倍量柱"与之相随，为什么？

第一是因为"峰谷线"不能破，一破就不是峰谷线了，所以主力要不惜一切地维护它；

第二是因为"谷底"突然拉升可以迅速脱离成本区，摆脱跟风者，主力也会不顾一切地拉上去；

第三就是《量柱擒涨停》讲过的，倍量柱是主力"实力和雄心的温度计"，"雄心"就是"战略"。

"峰谷线股票"的"第一峰谷线"即表明了自己的"倍增"战略目标，然后在其后的走势中，还可适时调整其战略方针，提高其战略目标。请看图10－3"新疆城建（600545）2009年7月7日至2010年3月26日走势图"。

这是一只具有"多重峰谷线"的股票。笔者最初是在2009年10月26日周一盘前预报的，至3月26日涨幅已翻番。

图10－3中的C、D、E三条峰顶线现已升级为峰谷线，对应着EK线、DH线、CG线等峰谷线，而且是一级接一级的"接力峰谷线"。其中最隐蔽的是EK峰谷

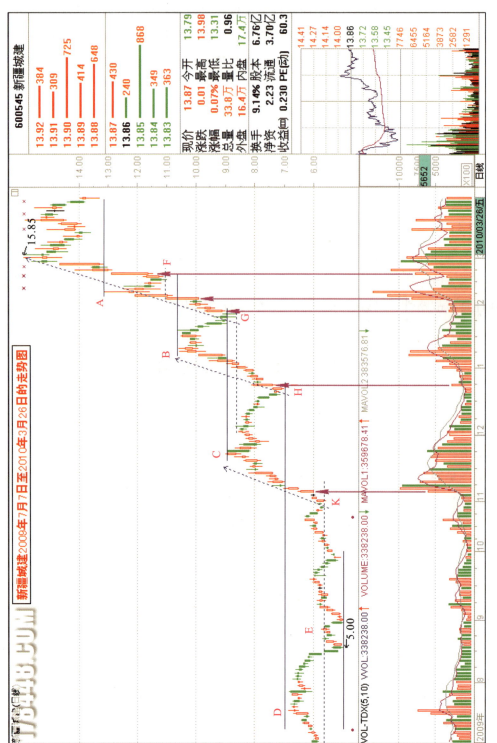

图10-3

线，它当时的起步价位是 5.61 元，按照峰谷线的"倍增计算法"，其第一目标价应该是 5.61 元 × 2 = 11.22 元，刚好是图中 F 点倍量柱前一日（2010 年 2 月 12 日）的起步价位（高出 4 分钱）。

图 10-3 中的 DH 峰谷线很有创意，请看 KH 柱间的量柱群，是 L 型量柱群，而上方对应的价柱群是 M 型，是典型的"价柱群上凸，量柱群下凹"，已经箭在弦上，这时的 H 柱倍量拉升，正好完成了峰顶线向峰谷线的升华。H 柱的起步价是 7.26 元，该股的第二目标位应该是 7.26 元 × 2 = 14.52 元。后经验证，2010 年 2 月 25 日涨停，收盘价是 14.64 元（相差 0.12 元）。

尽管该股自 3 月 2 日开始回落，但是，只要它近期不跌破 A 线（峰顶线），A 线就升级为峰谷线，就有上攻 18 元的可能。因为 CG 峰谷线已作了战略部署，大家可以对照它的走势图进行测算。无论成败，我们将在"股海明灯论坛"公示其验证结果。

附：一般"峰顶线、谷底线"的操作策略：

有"峰谷线"的股票当然好，可是太少，我们经常碰到的就是"峰顶线"和"谷底线"股票，对于这样的股票，可以采取如下直观操作策略：

顶、底线逐步抬高，则趋势向上，应择机介入；

顶、底线逐步走低，则趋势向下，应择机退出；

顶、底线重合为"峰谷线"，则可能进入主升段，应积极参与；

顶、底线重合为"谷峰线"，则可能进入主降段，应主动回避。

具体到"线"的操作就是"顶触底看跌，底触顶看涨"。我们可以寻找类似的股票做做作业，锻炼自己的识股能力。

第11讲

精准线：稀有且金贵的"擒庄绳"

　　"精准线"一词是量学的独创，全球独一无二。

　　凡是读过《量柱擒涨停》的读者，往往对"黄金柱"最感兴趣；相信读过《量线捉涨停》之后，您将会对"精准线"情有独钟。因为"精准线"与"黄金柱"相比，它更加直观、更加有效、更加好用。

　　从形式上看，"精准线"有两种。一种是"水平精准线"，一种是"倾斜精准线"（即"斜衡线"）。"倾斜精准线"详见本书第9讲，这里单讲"水平精准线"。以下凡是涉及"精准线"的地方，专指"水平精准线"。

第一节　"精准线"的稀有性

　　"精准线"特指某个阶段内两个或两个以上"同向且同等"的价位或点位（允许误差1分钱左右）重合在一条水平线上的量线。

　　这里的"同向"指"相同的方向"；"同价"指"相同的价位"。

　　股市上"同一方向"和"同一价位"的线条是非常稀有的，其要求之高，条件之严，非一般量线能比，因而其功能也非一般量线能比。有的股票在几年的行情中也很难出现一条"精准线"，而有的股票在几天或几周之内就能出现一条"精准线"，其中奥秘值得深究。

　　请看图11-1"海鸟发展（600634）2009年6月10日至2010年4月1日走势图"。

　　为了从图11-1中找到"精准线"，我们试验过多次，结果一无所获。我们只好用平衡线的方法，画出了A、B、C、D、E、F、G、H八条顶线和底线。您看这些走势，杂乱无章，起伏无常，像做贼似的，缩头缩脑，蹑手蹑脚。

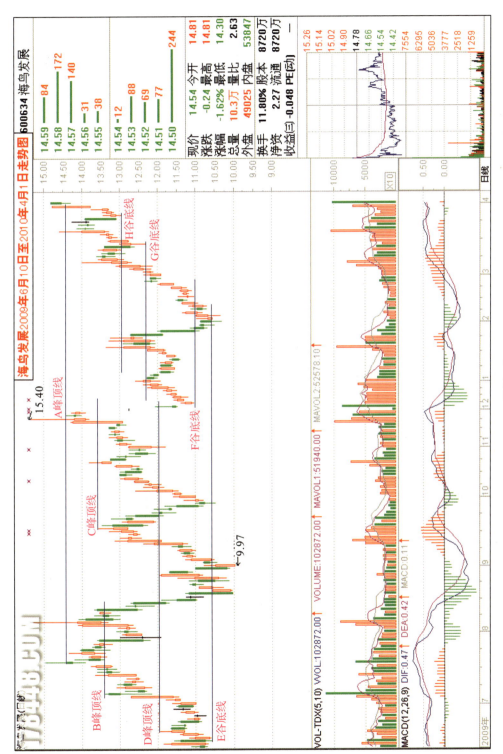

图11-1

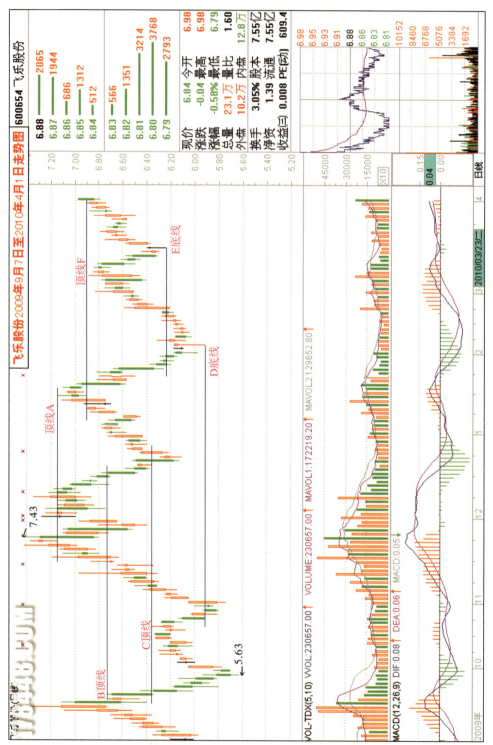

图11-2

再看图 11－2 "飞乐股份（600654）2009 年 9 月 7 日至 2010 年 4 月 1 日走势图"。

我们曾经试图用各种方法给图 11－2 画出精准线，结果还是失败了，只好用顶底线的画法给它画了 A、B、C、D、E、F 六条水平线。

从"这一段"走势图中看来，这样的走势没有主心骨，没有主旋律，七上八下，没有章法，凌乱不堪，没有生气。可以说，凡是没有"精准线"的股票，就好比没有"精气神"的人，空有其表，难有作为。

（注：该股票"这一段"的走势不代表其后突破 F 线后的走势。下文另有讲述。）

第二节 "精准线"的计划性

什么样的股票才有作为呢？

有"精准线"的股票大有作为。同样是飞乐股份这只股票，在图 11－2 的走势之前，有一段相当不错的走势。请看图 11－3 "飞乐股份（600654）2008 年 10 月 17 日至 2009 年 6 月 26 日走势图"。

图中有 A、B、C、D、E、F 六条水平线，因为它们都是由两个或两个以上"同向且同价"的点位重合而成的水平线，所以就升华为六条"精准线"。

先看左下角的 F 线抬起的第一波：10 月 28 日最低价 2.07 元，10 月 30 日最低价 2.07 元，11 月 4 日的收盘价 2.07 元，三点一线，无缝重合成一条"精准线"，抬着股价一路攀升一个月。

再看第二波：股价一回落到 E 线就出现 6 个 2.50 元重合，这条"精准线"又抬着股价再次攀升，涨幅高达 40%。

第三波：股价一回落到 D 线，又有两个 2.95 元重合的"精准线"支持股价再创新高。

第四波：股价一回落到 C 线，又有两个 3.67 元无缝重合为"精准线"，抬着股价又创新高。

第五波：股价一回落到 B 线，又被两个 4.40 元无缝重合的"精准线"抬起，股价突然回升。

每一次回落都在上一次的"精准线"上方被另一"精准线"抬起，其节奏之鲜明，步伐之协调，计划之周密，令人叹为观止，如果只有一次两次这样的动作，我们可以认为这里是巧合，可是这里却三番五次重复同样的动作，这就是精心图谋

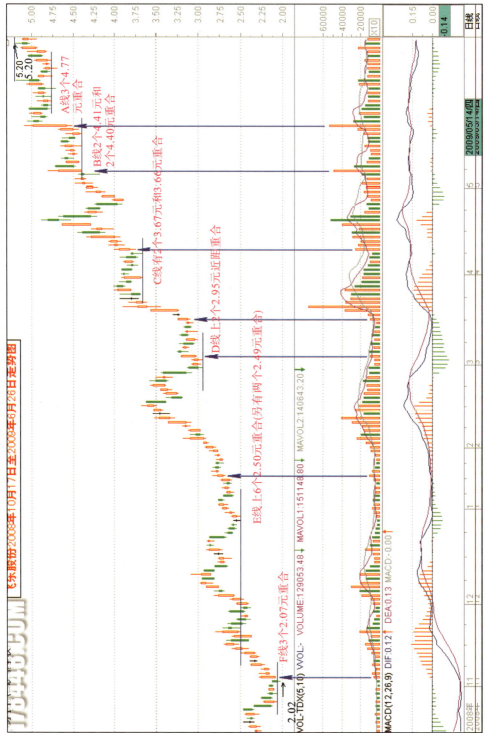

图11-3

了。这种计划性和协调性，鬼斧神工地集中在"精准线"上，令人拍案叫绝，无不称奇。

这就是"精准线"的计划性，是主力或庄家充分控盘后的绝佳走势。这也暴露出庄家或主力"斤斤计较"的贪婪本质，连一分钱都算计得清清楚楚。

无论多么狡猾的庄家或主力，只要他们有动作，我们就能从中找到他们的意图。这里的"精准线"就是我们发现庄家和主力意图的"擒庄绳"，只要握住了这条绳子，自然就把住了庄家的脉搏。试看，我们在任何一条"精准线"上介入，都能舒舒服服坐一回轿子，被庄家抬到无限风光处。

第三节 "精准线"的爆发性

庄家的贪婪和吝啬绝非常人可以理解，主力的凶狠和强悍也绝非常人可以理解，他们在关键时候的关键动作，往往令常人瞠目结舌，目瞪口呆。还是这个"飞乐股份"，还是这个庄家或主力，在图 11 - 3 的 A "精准线"上，出人意料地玩了一把登峰造极的游戏。

请看 A 线：

6 月 4 日最低价 4.77 元。

6 月 5 日最低价 4.77 元。

6 月 19 日最低价 4.77 元。

三点一线，无缝重合的"精准线"又抬着股价一路飙升，从 4.77 元一路飙升至 8.10 元，涨幅接近一倍。如果从 F 线的 2.07 元算起，涨幅高达 400%。

请看图 11 - 4 "飞乐股份（600654）2008 年 12 月 12 日至 2009 年 8 月 5 日走势图"。

如果说前面的 F、E、D、C、B 五条"精准线"只是蓄势，那么 A 线就是爆发，而且爆发得惊心动魄。

从 F 线到 B 线，一般人看到的是双倍拉升，不会再有什么作为了；庄家或主力却不这么看，他们的计划往往是"极端利润"，这就好比写小说，写得你动情了不行，还要写得你动心；动心了还不行，还要让你动作，或潸然泪下，或号啕痛哭，或捶胸顿足，或跳楼上吊……这才是做股票。做得让你骂自己蠢，骂自己笨，骂自己不是人。所以说，做股票是一门艺术，一门登峰造极的艺术，一门叠床架屋的艺术，一门让你翻身落马还要赞美"那是好马"的艺术。如果你手中揪紧了"精准线"这条"擒庄绳"，你就参与了股票的艺术创造，你就是庄家，你就是主力。

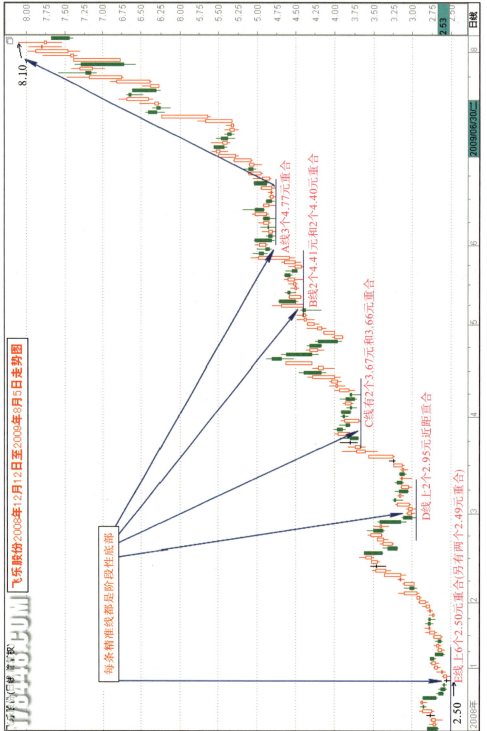

图11-4

为什么"精准线"能有如此魅力？我们怎样才能参与这激动人心的艺术创造呢？请听我细细道来。

第四节 "精准线"的方向性

"方向"是股市运行的核心问题。"精准线"在把握股票运行方向时，特别敏感。请看图 11-5 "中国化学（601117）2010 年 1 月 7 日至 3 月 31 日走势图"。

这是刚刚上市的一只次新股，至 2010 年 3 月 31 日运行才 55 天，就在这 55 天中，出现了两条"精准线"。这两条"精准线"在方向的研判上非常典型：以价柱与精准线的位置为准，线下看跌，线上看涨。

A 线在上，后市看跌。A 线上重合了八个 5.12 元，是标准的"精准线"。这八个精准点位分布在"精准线"的左右两侧，左三右五。左侧的前两个 5.12 元就已形成"精准线"，第三个 5.12 元更是暗示"看跌"，所以第四天 F 点大跌。

再看 F 点右侧：五个 5.12 元重合在 A 线下方，每次都是触 A 线精准点止住，"线下则看跌"，所以 E 点再次大跌。

B 线在下，后市看涨。B 线最前面（左侧）的两个 4.89 元即形成"精准线"，第三日（D 点）开盘价是 4.89 元，虽有下探，最终大涨。

再看 B 线右边的两个 4.89 元，蜻蜓点水式接触了 B 线，因为"精准线"的强大支撑力，C 点即大涨，从 4.93 元上涨到 5.19 元，涨幅最高接近涨停位，可见"线上看涨"的威力。值得注意的是：虽然 C 点的大涨穿过了 A 线，最终还是被"A 线在上"的压力给打压下来，再次显示了"线下看跌"的威力。

C 点的大涨留下的上引线，是主力"极点测向"，只要探明上方压力不大，该股不久将向 A 线上方挺进。冲过"上精准线"的方式必然是中到大阳，这和《量柱擒涨停》中的"凹口平衡线"一样，在我们前面的所有案例中都能看到"中到大阳过上线"的例子，此处不再赘述。

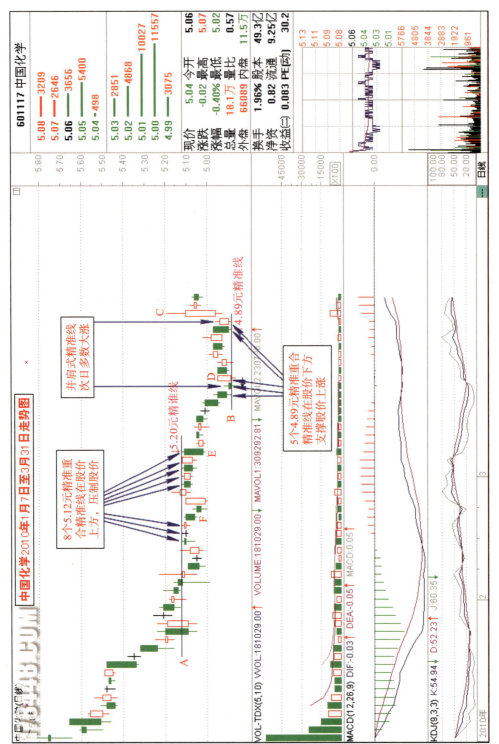

图11-5

第五节　"精准线"的复合性

从形式上看，"精准线"有单一的，也有复合的。"单一精准线"的撑力比较弱小，而"复合精准线"的撑力却极为强大。

所谓"复合精准线"，就是"精准线"与其他量线"无缝重合，化为一体"，这就形成了"精准峰顶线""精准谷底线""精准峰谷线""精准黄金线""精准黄金顶底线"等等，它将多种量线的力量集合起来，常常走出令人仰止的行情。图 11-4 中飞乐股份的 A 线，就是"峰谷线"+"黄金线"+"精准线"的三位一体复合而成的"精准黄金峰谷线"，所以它后面的走势直冲云天。

我们再看另一只股票。这是笔者 2009 年 10 月 20 日盘前预报过的华天科技，2010 年 3 月 18 日早盘又一次点评过它。请看图 11-6 "华天科技（002185）2009年 7 月 15 日至 2010 年 4 月 2 日走势图"。

图 11-6 中有 A、B、C、D、E、F 六条量线，除了 A 线，都是"标准的精准线"。我们先看 A 线，其左侧的两个最高点的股价分别是：

1 月 11 日最高价是 12.18 元；

1 月 12 日最高价是 12.17 元。

两点并肩，相差 1 分钱，形成"次精准线"，尽管这两个价位相差 1 分钱，对股价的压制却异常强大，根据"线在上则下"的规律，该股从 A 点飞流直下，所以我们不能小看"线在上则下"的规律。

除了 A 线之外，其他五条线均遵循"线在下则上"的规律，步步高升，登高望远，好一派牛国风光。为什么这么风光？奥秘就在"复合"二字上。

请看 F 线：这是凹间峰谷线，当第三个 6.19 元重合时，复合型"精准峰谷线"诞生，股价即一路红光，在第 8 日（即 10 月 20 日）直冲涨停。这个涨停冲过了 E线的压力，验证了我们说的"冲线必有中到大阳"。

再看 E 线：又是峰谷线，当第四个 7.60 元与 E 线重合时，股价立刻拔地而起，又是"中到大阳"。

其他几条线，也都是这样，每当股价即将跌破"精准线"时，总有一根倍量柱旱地拔葱，将"精准线"转化为复合"精准黄金线"，正如《量柱擒涨停》所讲的，有了黄金线的支撑，打压时可以凶神恶煞，拉升时可以优哉游哉，主动权完全掌握在主力或庄家手上，想洗谁就洗谁，就是老奸巨猾的副庄或机构，也难逃甩下马背的厄运。而我们只要拽住"精准线"这一条"擒庄绳"，你可以轻松跟紧主力

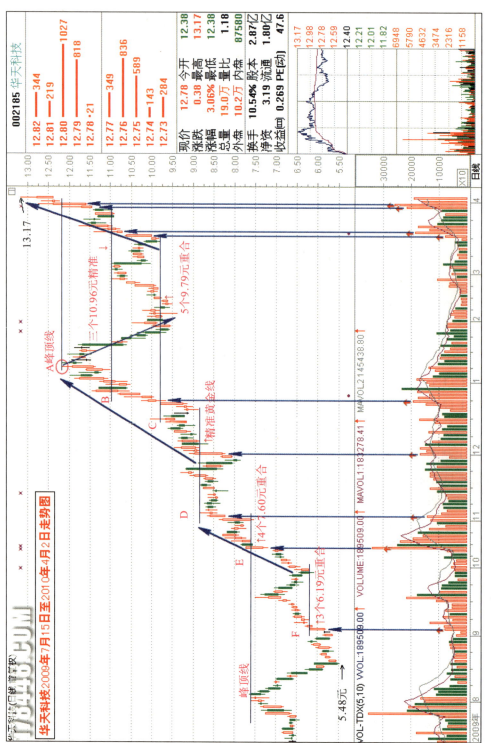

图11-6

步伐，逍遥享受飙升的乐趣。

第六节 "精准线"的规律性

看完上面的讲述，相信大家对"精准线"一定非常感兴趣，我就看到论坛上有许多"猜精准线"的帖子。王子在此规劝诸位，"精准线"不是猜出来的，也并非重合的点位越多越好，更不要找到"数点重合"就欣喜若狂。

请看图11-7"中科英华（600110）2009年7月13日至2010年4月2日走势图"。

图中的这条水平线，横贯2009年7月13日至2010年4月2日，长达八个多月时间，其中有八个7.45元，三个7.46元，三个7.44元共计14个点重合，应该说是一条很好的精准线了，其实不然，这不是我们所说的"精准线"，这是在八个月的走势中"碰巧"撞到一起了，是"巧合"不是"谋合"。我们要的是"谋合的精准线"。

在所有的量线中，"精准线"是非常特殊的，其特殊就在于它是某些人"刻意蓄谋制造"的，可以说是某种计划和计谋的综合体现。孙子兵法曰："上兵伐谋"，"谋"才是"精准线"的核心。"谋合"必须具备三个条件，即找到"谋合"的规律性。从上面的案例中，我们可以发现"精准线"有如下三大"预谋"：

第一，"精准线"一般诞生在阶段性的"最低点"或"最高点"，它符合"极点测向律"的要求。"极点测向"的主角是庄家或主力，所以，"精准线"是庄家或主力精心策划的有预谋的攻防线。凡是遇到特殊的"精准线组合"，涨停或涨不停的股票就要诞生了。

第二，"精准线"都是由"同向且同价"的两根以上的价柱连成的，"相同的方向"和"相同的价位"形成"焦点"，符合"焦点定向律"，谁有能力在茫茫股海制造如此精准的"焦点"？只有庄家或主力。所以，"精准线"是庄家或主力预谋的操盘线。

第三，"精准线"生成的地方，往往都是阶段性的拐点，不是向上拐就是向下拐，它符合"拐点转向律"的要求，谁能扭转股价运行的方向？还是只有庄家或主力。所以，"精准线"又是庄家或主力的目标线。

由此可见，"精准线"是庄家或主力计划和计谋的集中体现。

从规律上讲，它既是"极点测向律"的娇子，又是"焦点定向律"的精华，也是"拐点转向律"的宠儿，所以它金贵，它值得我们去发掘。无数事实证明：没

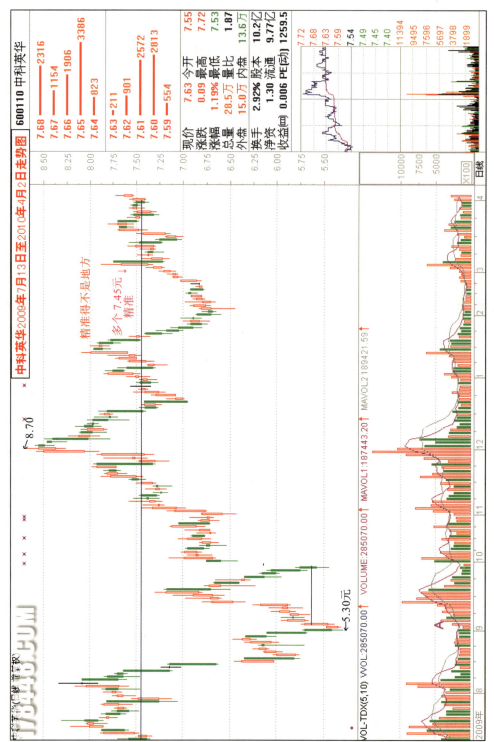

图11-7

有"精准线"的股票，不是好股票；具有"精准线"的股票，定有好庄家。从这种意义上讲，只要我们找到了"精准线"，就是找到了"精庄家"。

让我们睁开双眼去发现庄家的"谋合"吧。一旦"擒庄绳"在手，你就是庄家的东家，你就是主力的主帅。

第12讲

灯塔线：趋势与趋幅的导航线

第一节　"灯塔线"的基本原理

先看图 12-1 "上证指数 2009 年 9 月 4 日截 0709 灯塔线"效果图。

图 12-1 是上证指数截至 2009 年 9 月 4 日的走势图（由于该线源于 7 月 9 日的基柱，所以称之为 0709 灯塔线）。该灯塔线由基柱 O 点形成"佛光柱"和"佛光线"，其光芒四射的魅力，若佛光普照；其博大精深的境界，如佛象万千。看到此图者无不击掌叫绝。

这是西山大师应用周易八卦原理和笔者共同研发出来的"股市佛光柱"和"股市佛光线"，隐喻为"股市福光柱"和"股市福光线"。为了回避"迷信"和"玄学"，经大师同意，笔者去掉了其深奥的名字，将它易名为"灯塔柱"和"灯塔线"，意在与"股海明灯"的宗旨切合，即"指路明灯"。

"灯塔线"继承和发扬了周易八卦的阴阳转换规律，形象直观地展示了股市运行的周期和轨迹，当初笔者在研发制定出"股市灯塔线"之后，真有"三月不知肉味"的感觉。因为用它测试任何股票的走势，几乎十测九准，其乐无穷。在此，笔者要特别感谢西山大师，感谢他多年的技术栽培，感谢他将自己独创的"佛光柱"和"佛光线"独家授权王子奉献给广大的股民朋友。

图的中心点是 O 点（2009 年 7 月 9 日周四收盘价即实顶），以 O 点画水平线，即确立了"灯塔柱"和"发光点"，它发出的每一束光线，都紧紧地约束和规范着大盘的每一个重要点位。请看：

A 点：是 7 月 16 日（周四）的最高点，以 O 点和 A 点连线，最高点刚好指到 8 月 4 日（周二）的最高点 3478 点（图中 E 点即是），精准无误。

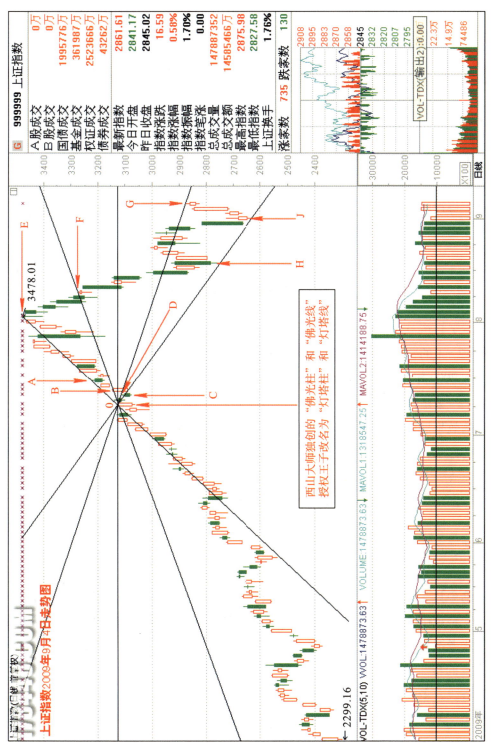

图12-1

B点：是7月14日（周二）的收盘点，以O点与B点连线，刚好制约住8月11日（周二）的反弹最高点（图中F点即是），分毫不差。

C点：是7月13日（周一）的开盘点，以O点与C点连线，刚好制约住8月19日和9月1日的两个最低点（图中H点和J点），精准无异。

D点：是7月13日（周一）的最高点，以O点与D点连线，刚好制约住9月4日即当日的最高点（图中G点即是），完全吻合。关于这个点位，本人在当日（2009年9月4日）早盘结束前，在"股海明灯"网站上作了截图说明。收盘后再次验证了"灯塔线"的神奇效果。

以上这些点位的连线，是在基柱后第5天即7月16日完成的，现在的截图是9月4日，将近两个月的时段，构建了一幅明确的股市导航图，结合量柱定位原理，走势步步吻合，柱线互为佐证。于是，笔者才有了预报的底气。

第二节 "灯塔线"的精准预测

图12-1的"灯塔线"真的有那么神奇吗？请看图12-2"2009年9月4日灯塔线叠加2009年3月3日通道线效果图"：

图12-2是将图12-1缩小后与"0303通道"叠加之后的图像。这一叠加，更加神奇的效果展现在我们眼前：此图光芒四射、纵横捭阖、气势恢宏、意境深远，不用任何标示，上证指数的每一个重要高点和重要低点，都在灯塔线和通道线的规范之中。

请看图中最右侧的这根小红价柱，这就是2009年9月4日大盘的走势：

往上，刚刚触及灯塔线的阻力；

往下，正好受到黄金道的支撑。

再看图中每一个重要点位的升降横斜、抑扬顿挫，都在阻力和撑力的临界点上，仿佛一只无形的巨手在调控着每一天的行情和走势。这个无形的巨手是什么？是科学，是规律，是不以人的意志为转移的天然轮回。其度量之精准，令人叹为观止，体味者都有心旷神怡、通体透亮的感觉。相信你也会和我们一样，有"三月不知肉味"的特殊滋味。

灯塔线，多么神奇，多么富有活力的股市导航图啊。

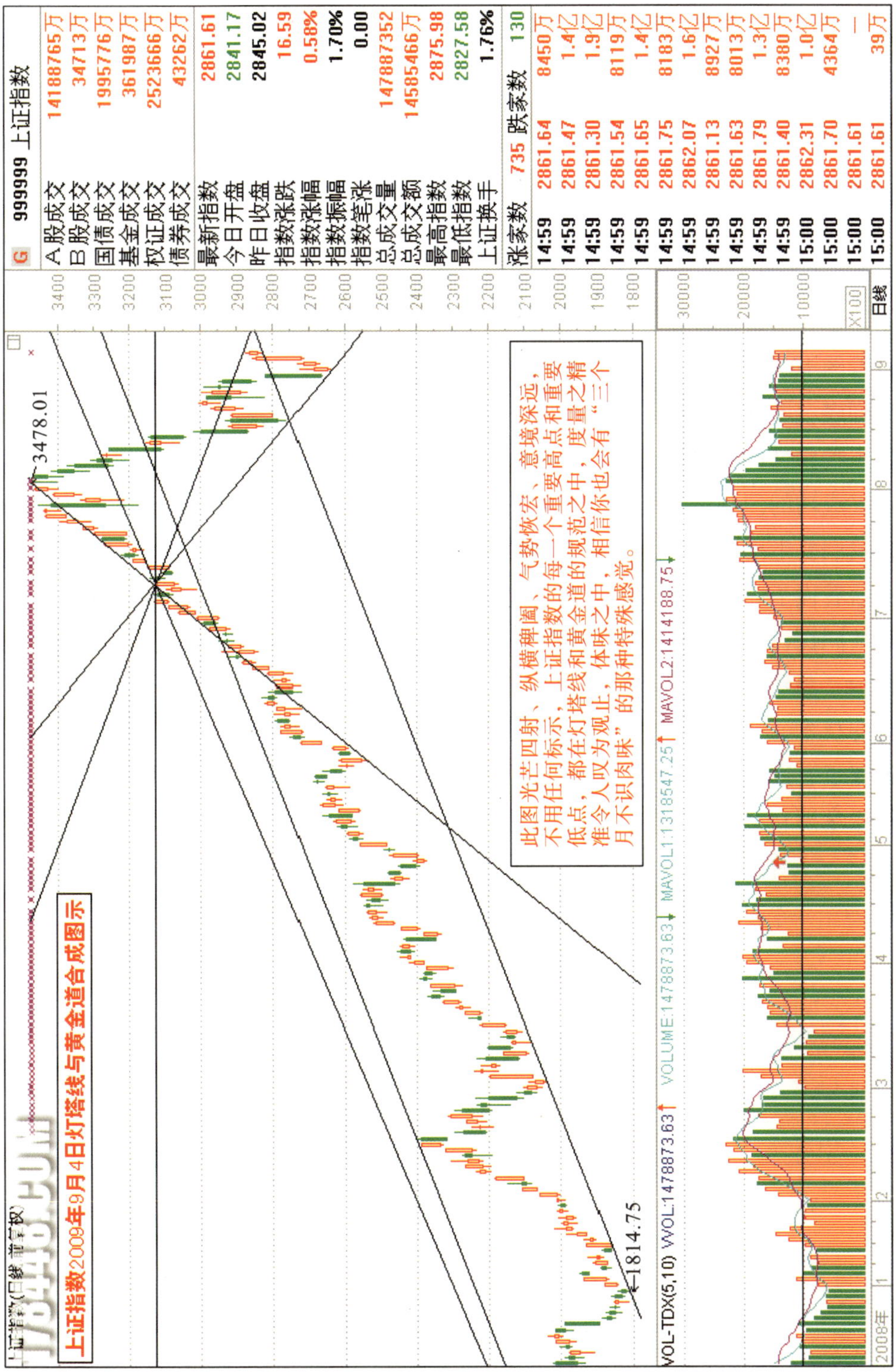

G 999999 上证指数		涨家数 735	跌家数 130
A股成交	14188765万	14:59 2861.64	8450万
B股成交	34713万	14:59 2861.47	1.4亿
国债成交	1995776万	14:59 2861.30	1.9亿
基金成交	361987万	14:59 2861.54	8119万
权证成交	2523666万	14:59 2861.65	1.4亿
债券成交	43262万	14:59 2861.75	8183万
最新指数	2861.61	14:59 2862.07	1.6亿
今日开盘	2841.17	14:59 2861.13	8927万
昨日收盘	2845.02	14:59 2861.63	8013万
指数涨跌	16.59	14:59 2861.79	1.3亿
指数涨幅	0.58%	14:59 2861.40	8380万
指数振幅	1.70%	15:00 2862.31	1.0亿
指数笔涨	0.00	15:00 2861.70	4364万
总成交量	147887352	15:00 2861.61	—
总成交额	1458546677万	15:00 2861.61	39万
最高指数	2875.98		
最低指数	2827.58		
上证换手	1.76%		

上证指数(日线复权)

上证指数2009年9月4日灯塔线与黄金道合成图示

3478.01

1814.75

此图光芒四射、纵横弹圈、意境深远、气势恢宏，上证指数的每一个重要高点和重要低点，都在灯塔线和黄金塔线的规范之中，体味人叹为观止的那种识别黄金道之精度与含有量"三个月不识肉味"的那种特殊感觉，相信你也会有。

VOL-TDX(5,10) VVOL:147887352↑ VOLUME:147887352↑ MAVOL1:1318547.25↑ MAVOL2:1414188.75↑

图12-2

123

股市天经（之二）
量线捉涨停（全新彩印版）

第三节　"灯塔线"的长效机制

有人提问："你这灯塔线从 7 月 9 日生成以来，到 9 月 4 日不足两个月，还不能说明它有什么神奇。"

笔者让他跟踪"股海明灯论坛"，从 2009 年 7 月 9 日到 2010 年 3 月 9 日，整整 8 个月，笔者每隔三天左右就要在股海明灯论坛发表一幅灯塔线的当日留影，有开盘留影，也有午盘留影，更多是收盘留影。

请看图 12－3 "2010 年 3 月 9 日上证指数午盘截图"。

说到底，不是我们有什么"测顶量底"的法宝，是中国科学文化博大精深的内涵赋予了我们这么一个机会。

过去成功的预测不能代表今后成功的预测。我们将尽心尽力去继续我们的盘前预报，我们要走出一条适合中国人的简单明白的股市黄金道。

相信看懂了此图的读者对大盘未来的走势自会心中有数，若有不明白的地方，让我们共同探讨其中的奥秘吧。"股海明灯论坛"就是我们共同交流的课堂，本书就是揭示"量线规律"的入门教材，相信大家能跟随我们的叙述，去掌握这种简单而神奇的技术。

说穿了，这门技术就是"一把直尺测天下"的技术。只要会使用量线的朋友，都能轻松掌握它、运用它，经过实践总结，还会发扬光大它。

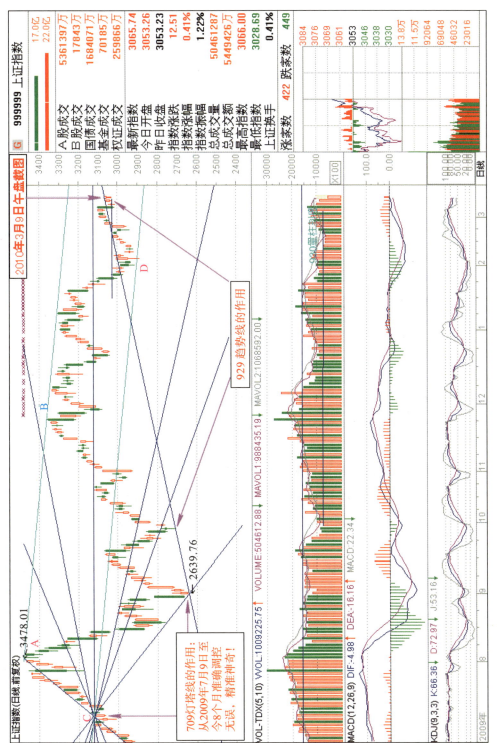

图12-3

第四节　"灯塔线"的有效射程

有人问："灯塔线"的有效射程是多远呢？一般来说，六个月内的效果最好，超过六个月之后应该给予"辅助线"，以提高预测效果。然后寻找新的支撑点，形成新的"灯塔线"。

我们这次的"灯塔线"始于 2009 年 7 月 9 日的收盘位，到 2010 年 4 月 2 日大盘的最低点为 3141 点，刚好触及"2009 年 0929 地线"，"0929 地线"就是"辅助线"。

从 2009 年 7 月 9 日至今，大盘在灯塔线的指引下准确无误地运行了九个月，这九个月当中，受"灯塔线"导航的精准度明显集中在"六个月内"，另外三个月的精准度来自"地线"和"辅线"。

请看下图 12-4"上证指数 2009 年 6 月 11 日至 2010 年 4 月 2 日走势图"。

由于计算机屏幕的限制，为了让读者能看清每根价柱在"灯塔线"上的位置，我们只能给大家展示从 2009 年 6 月 11 日至 2010 年 4 月 2 日的走势图。从图中这九个月的行情中大家可以看到，在灯塔线上精准重合的点位（图中圆圈处）和比较接近的点位占 80% 以上，结合我们盘前预报的调整点位，精准率达到 90% 以上。据 2010 年前三个月的统计，60 天的盘前预报只有 5 次失误，其中有两次是我们的误判。

这九个月当中，表示"精准预测"的"圆圈"，在"六个月之内"的密集度明显高于"六个月之后"；而六个月之后的精准度"圆圈"，明显向"地线"和"辅线"靠拢。这就告诉我们，新的"灯塔线"需要出现了，这和黄金柱的接力一样，"灯塔柱"也需要接力。

"接力"是人类进步的阶梯，也是股市进步的阶梯，揭开股市的奥秘，需要一代又一代人的接力，股市天经的完善，也需要我们大家互相帮助，共同进入理想的胜利境界。

新的"灯塔线"如何取点？如何画线？请看下一节。

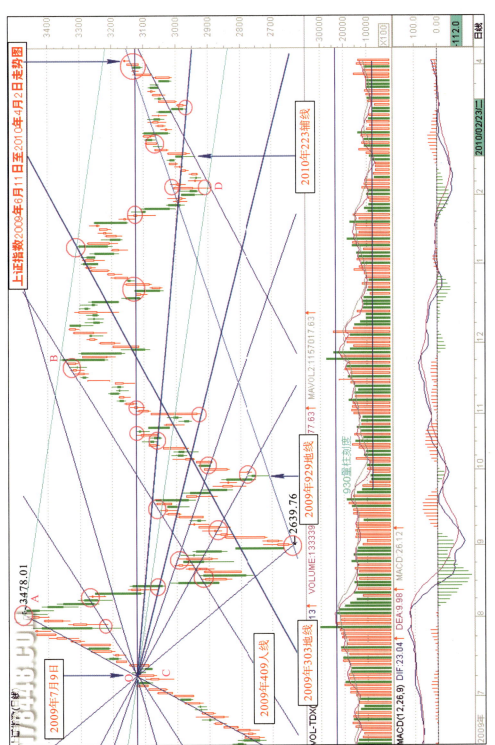

上证指数2009年6月11日至2010年4月2日走势图

2009年7月9日

2009年409人线

2009年303地线

2009年929地线

2010年223辅线

图12-4

第五节　"灯塔线"的取点与画线

前面讲解的是 2009 年 0709 灯塔线至 2010 年 4 月 2 日的走势，经历了 9 个月之后，灯塔线的有效射程已经超过了 3 个月，为了较为准确地规划其后面的走势，必须寻找新的灯塔线。

要想找到新的灯塔线，必须经历"选柱、取点、画线"三个环节。灯塔线的基本画法是：

第一，选好基柱。 灯塔线的基柱必须是黄金柱，黄金柱的质量决定灯塔线的质量。因此，我们所选的基柱，最好是上升途中的呈量缩价升状态的黄金柱。

根据这两个标准，我们选取 2010 年 0225（即 2 月 25 日，以下时间按类似方式简写）的黄金柱来做灯塔柱。请看图 12－5 "上证指数 2010 年 0225 灯塔线至 0506 日留影"。

第二，确定零轴。 基柱上有收盘价（实顶）和最高价（虚顶）两个价位，到底取哪个价位好呢？这就要根据当时的走势来确定，一般原则是"先取实，后找虚，顺势来确定"。

根据当时的行情，我们取基柱 0225 的实顶为"0 点"画水平线，与基柱的竖线形成一个标准的十字架。这个十字架正好将盘面切分为四个部分。

第三，画出射线。 必须遵循"灯塔线取点画线十六字原则"即"**顺势取点，虚实辩证，依点靠线，自然通透。**"

"顺势取点"是基础，就是依次取基柱后第三日、第二日、第一日价柱的实顶或实底。

"虚实辩证"是灵魂，就是根据当前的走势来选择"顶底"或"虚实"，其辩证如下：

若走势强劲，则取"实顶"；

若走势稳健，则取"实底"；

若走势超强，则取"虚顶"；

若走势虚弱，则取"虚底"。

本例中的取点和画线如下：

A 点：取 0 点与基柱后第三日（0302 日）实顶 3089 点连线；

B 点：取 0 点与基柱后第三日（0302 日）实底 3073 点连线；

C 点：取 0 点与基柱后第二日（0301 日）虚底 3054 点连线；

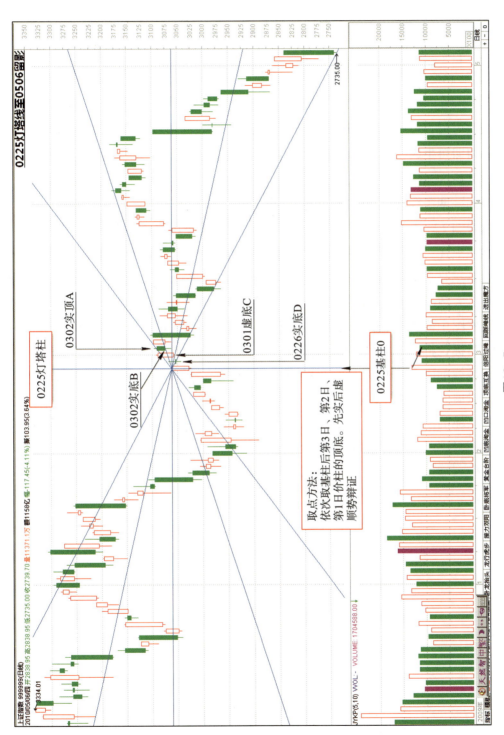

图12-5

D 点：取 O 点与基柱后第一日（0226 日）实底 3051 点连线。

以上的取点，OABD 都是"取实"，只有 C 点是"取虚"。C 点为什么要取虚底？因为 O 点后面第二日的实底太高，不能"均分"OD 的夹角，所以要取其"虚底"，以协调二者之间的关系。这就是量线的虚实辩证。其要求是"依点靠线，自然通透"。总之，灯塔线的取点和画线就是"先取实，后找虚，要让光线射出去"。参见图 12－6"0225 灯塔线四个月后至 0611 日的走势图"：

由此可见，灯塔线就是股市导航线。因为灯塔线的选点和画线一般在基柱后的 3～5 日内即可生成，也就是说，一旦生成了可靠的灯塔线，在基柱后的 3～5 日即可预测其后 3～6 个月左右的大致走向和走势。当我们学会了灯塔线的画法之后，可以只画一两条线就能大致规划出一只股票的走向和走势。

请看图 12－7"山水文化 2014 年 4 月 21 日灯塔线 0702 留影"。

按照上述"选柱、取点、画线"的方法，我们选山水文化 0421 日为基柱，取基柱后第三日 0430 的实顶画出 A 线，取 0430 的实底画出 B 线。只要有了这两条线，就能大致准确地预报和预测该股今后的走向和走势。

请看图中该股两个多月的走势，都在 AB 线之间向上发展，笔者 0507 日预报并预测其目标位将达到 19.16 元，实际最高达到 19.19 元。

灯塔线的取点与画线、研判与对策，是一个完整的系统工程，由于本书篇幅有限，难以展开全面叙述，更多内容只好放在"股海明灯论坛"的周末图文讲座里讲解，有兴趣的读者可以到"股海明灯论坛（www.178448.com）"查阅。清华北大特训班的高级课程中均有现场实盘讲解。

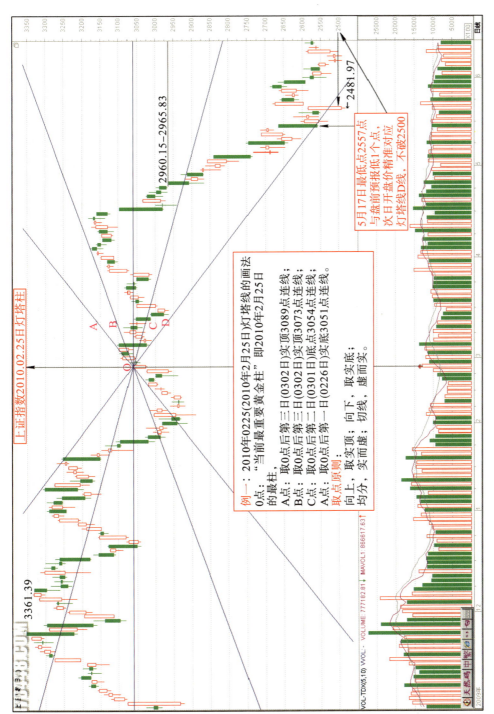

上证指数2010.02.25日灯塔柱

3361.39

2960.15-2965.83

2481.97

5月17日最低点2557点
与盘前预报最低1个点，
次日开盘价精准对应
灯塔线D线，不破2500

例一：2010年0225(2010年2月25日)灯塔线的画法
0点："当前最重要黄金柱"即2010年2月25日
的最高柱。
A点：取0点后第三日(0302日)实顶3089点连线；
B点：取0点后后第三日(0302日)实顶3073点连线；
C点：取0点后后第二日(0301日)底点3054点连线；
A点：取0点后后第一日(0226日)实底3051点连线。
取点原则：
向上，取实顶；向下，取实底；
均分，实而虚；切线，虚而实。

图12-6

131

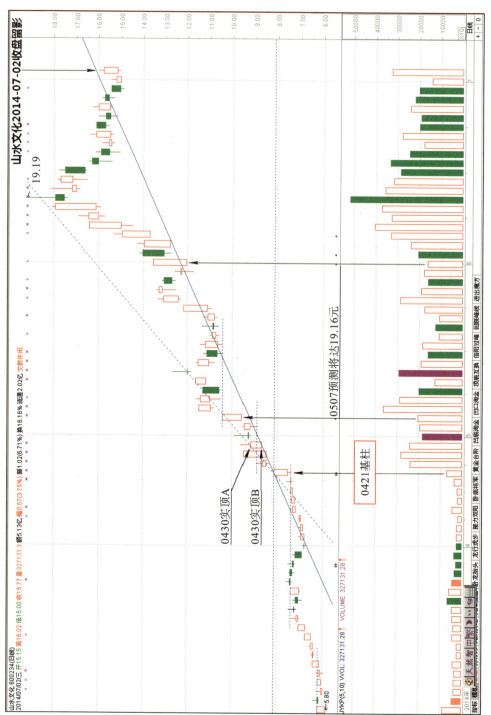

图12-7

第13讲

通道线：趋向与趋幅的回归线

所谓"通道线"，就是以"量线"为基础，取其相应趋势中的最高点或最低点画出平行线而形成的"双轨线"。"通道线"不在量线的"七大元素"之中，因为它只是量线的衍生线条，这里作为补充章节予以讲解。

由于平行线的取点遵循了"极点测向"的原理，就把股价运行的"极点"限定在"双轨"之内，所以，一般股价运行到上轨，就要向下回归；股价运行到下轨，就要向上回归；即使某段时间脱离了轨道，最终还是要回到通道之中。

关于"趋势线"和"通道线"的基本内容，在《量柱擒涨停》中已有讲解，下面结合读者关心的问题，作一些深层次的探讨。

第一节　"通道线"与"无形之手"

股市上经常听到有人说"无形之手调控着股市"，有人甚至把这"无形之手"误解为"主力"和"管理层"，这是错误的。真正的"无形之手"就是"趋势"，就是"由趋势主导的通道"。

对于"通道"的认识：

从方向上看，有"上升通道"和"下降通道"；

从级别上看，有"长期通道"和"短期通道"；

从境界上看，有"太极通道"和"无极通道"。

请看图13－1"上证指数2009年7月10日的截图"。

这里借用了《量柱擒涨停》的图片，大家可以对照图片在自己的电脑上作图画线。遵循"极点测向原理"，我们选点的方法如下：

A点：是2008年12月31日的最低点。

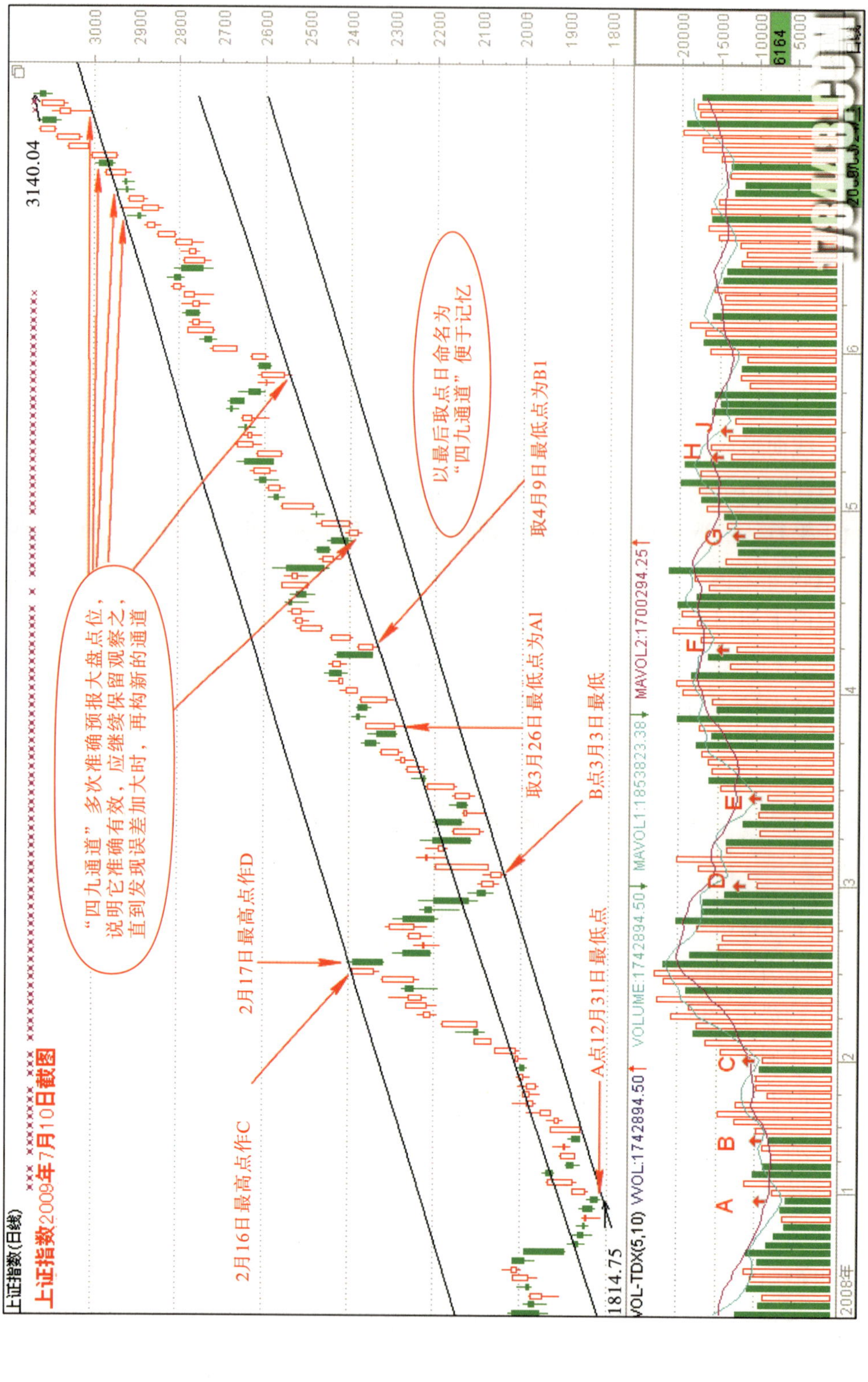

图13-1

上证指数（日线）

上证指数2009年7月10日截图

3140.04

"四九通道"多次准确预报大盘点位，说明它准确有效，应继续保留观察之，直到发现误差加大时，再构筑新的通道

以最后取点日命名为"四九通道" 便于记忆

取4月9日最低点为B1

取3月26日最低点为A1

B点3月3日最低

2月17日最高点作D

A点12月31日最低点

2月16日最高点作C

1814.75

VOL-TDX(5,10) WVOL:1742894.50↑ VOLUME:1742894.50↓ MAVOL1:1853823.38 MAVOL2:1700294.25↑

6164

B 点：是 2009 年 3 月 3 日的最低点。

AB 两点连线，就是"0303 通道"的"地线"，也称"下轨"。AB 间最高点是 2009 年 2 月 16 日，以此为 C 点与 AB 点画平行线，就构成了我们的"0303 通道"（注：《量柱擒涨停》一书原称之为"三三通道"，现在改为"月份代码"加"日期代码"结合命名；同此，《量柱擒涨停》一书中的"四九通道"应改称为"0409 通道"）。

这个"0303 通道"成立后，股价在 6 月 30 日"越轨"，然后走出了一轮波澜壮阔的上攻行情，似乎脱离了"0303 通道"的约束。但是，请看图 13-2"上证指数 2009 年 3 月 3 日至 10 月 29 日走势图"。

股市上流行着一句话，"从哪里来，到哪里去"；马克思认为，事物的发展是螺旋式循环上升的，其核心观点就是"回归与循环"。

如图 13-2 所示，上证指数从 6 月 30 日"越轨"，这是短期行为，这种短期行为形成的"短期通道"必然受到"长期通道"的影响，然后从 8 月 4 日开始向"0303 通道"回归，并且是大幅度回归，然后紧紧围绕"0303 通道"的趋势继续运行，图中的"圆圈"处，就是"0303 通道"多次精准调控走势的节点。这种调控力量，往往被人们惊呼为"无形之手左右股市"，其实，这是我们每个参与者共同创造的"无形之手"。

只要我们正确地理解了"通道"，正确地使用了"通道"，我们就能借助"无形之手"去创造正确的预测。我们在"股海明灯论坛"的预测为什么如此准确，就是遵循了"通道"这"无形之手"的指引。

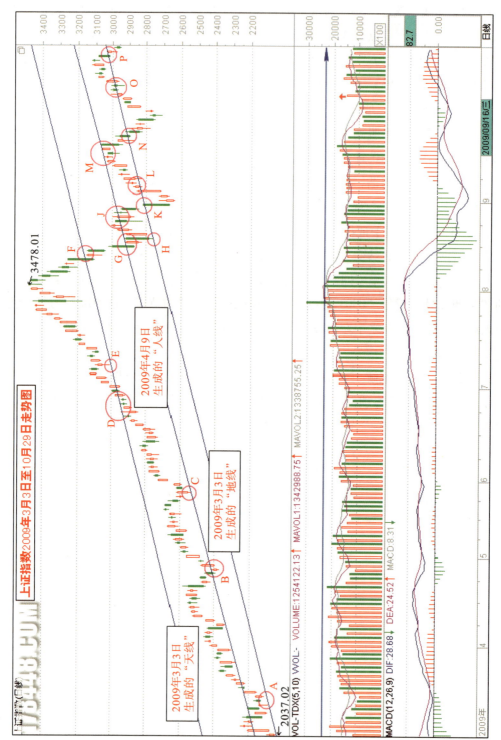

图13-2

第二节 "通道线"与"量价时空"

　　股价和股指在通道内的运行是有规律的。同样是上面的这个通道，随着时空的转换，其速度和斜度也在发生变化，多方力量消融的时候，就是空方力量聚集的时候，此消彼长，此起彼落，循环往复，以至无穷。

　　同样是上面的这个"0303 通道"，我们把它放到新的时空环境下，其"通道"的力量就显得更加有力了。

　　请看图 13-3"上证指数 2009 年 6 月 1 日至 2010 年 4 月 7 日走势图"。

　　图 13-3 中标有"0303 地线"和"0409 人线"的两条线，是图 13-2 中相应线条的延伸。当指数运行到 B 点即 2009 年 11 月 24 日的时候，触"0409 人线"而大幅回落，标志着原有的上升趋势结束，新的下降趋势的开始。这时，我们就要画出新的"下降通道"。为了找到这一轮下降趋势的节奏和速率，我们采取了如下取点和画线：

　　A 点：2009 年 8 月 4 日的最高点。

　　B 点：2009 年 11 月 24 日的最高点。

　　以 AB 连线，形成"1124 趋势线"，然后，分别以下降途中最大的阴线底部（C、D、E 三个点）画平行线，这就构成了本轮下跌的三级通道。

　　读者应该还记得：我们在讲"谷底线反攻"时，要求在左侧下降大阴线的顶部画"平衡线"，这里要求用左侧下降大阴线的底部画"平行线"。其道理是一样的，即"上攻找顶，下降找底"。

　　先看 C 线：从 C1 开始，C2、C3、C4 都与 C 线精准重合。

　　再看 D 线：从 D1 开始，D2、D3、D4 也和 D 线精准重合。

　　这就是我们曾经强调过的"倾斜精准线"即"斜衡线"。

　　由于有"通道线"的约束，股指可高可低，价柱可长可短，但是它们的极点和要点，总是在"通道线"的调控之内。正是这些长短相间、高低参差的点位，构成了股市运行的"空间斜率"，也就形成了特有的"运行节奏"。而这些"斜率"和"节奏"，是水平线难以刻画的。

　　股价的运行，是由方向、幅度和斜度三要素决定的。"幅度"是"股价的位置"；"斜度"是"时空的速率"，为什么有的股票走得慢条斯理，有的股票走得突飞猛进，就是"速率"在起作用。

　　"速率"是"时空"的体现。从本质上讲，"水平线"只能刻画"股价的静态

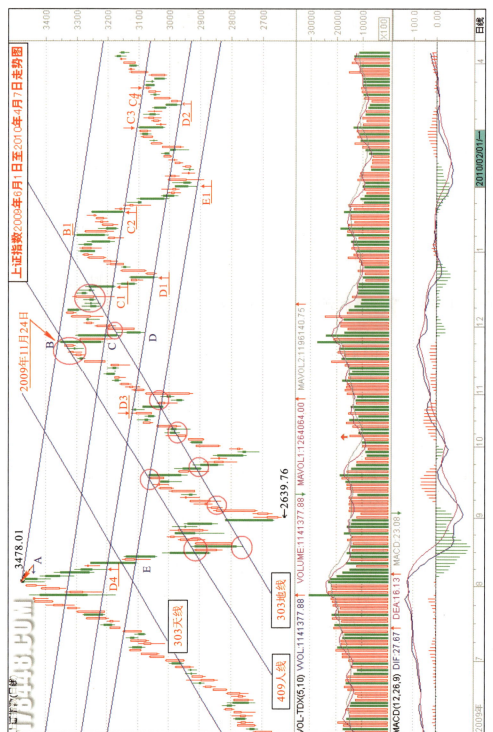

图13-3

位置", 而"倾斜线"却能刻画"时空的动态过程", 只有这二者有机结合, 才能将股市的"量价时空"四大要素融合起来, 从而准确研判股价运行的方向和幅度, 准确把握股价运行的方位和循环周期。现在回头看看笔者在"股海明灯论坛"的精准盘前预报, 都不是笔者的功劳, 而是"量价时空"的科学结晶。

第三节 "通道线"与"太极通道"

科学是可以互证的, 正确的"通道线"同样可以互证。

图 13-3 的"1124 通道"形成之时, 笔者只是把它作为"短期通道"来看的, 万万没有想到的是, 当笔者把走势图缩小时, 惊人的神奇出现了。

请看图 13-4"上证指数 2006 年 11 月 16 日至 2010 年 4 月 7 日走势图"。

谁能想到: 2009 年的"1124 通道"会与 2007 年 5 月 30 日的最高点 4275 点精准重合, 并且与 2007 年 6 月 20 日的 4312 点精准重合。再看 2009 年"0409 人线", 其延长线的最低点居然与 2008 年的最低点 1664 点几乎重合。

为了研判这个通道是否正确, 笔者用西山大师的"太极通道"予以验证。

"上升通道"都是以"最近的两个最低点连线"而成的, "下降通道"都是以"最近的两个最高点连线"而成的。

而"太极通道"与它们截然不同, 它是"以某个大波段左侧最具代表性的高点和右侧最具代表性的低点连线而成", 或者以"量价对应穴位"取点, 所以"太极通道"具有"阴阳平衡、盈亏转化、量价协调"的特殊功能, 是股市动态平衡原理的具体体现。

由于"太极通道"采用了"最高点"和"最低点"的双向平衡, 以"极阴"对"极阳", 把"极点测向律"应用到了极致, 所以"太极通道"的稳定性和准确性非常高。

请看图 13-5"上证指数 2006 年 2 月 17 日至 2010 年 4 月 8 日周线图"。

从图 13-5 中可以看到:

A 点: 取 2006 年 7 月 7 日最高点;

B 点: 取 2008 年 7 月 4 日最低点;

C 点: 取 2006 年 8 月 25 日最低点。

AB 点连线, 与 C 点画平行线, 即成"0704 太极通道"。

从"0704 太极通道"可以明显看出:

股指从 2006 年底的 D 点开始发烧, 2007 年的疯涨脱离了正常的轨道;

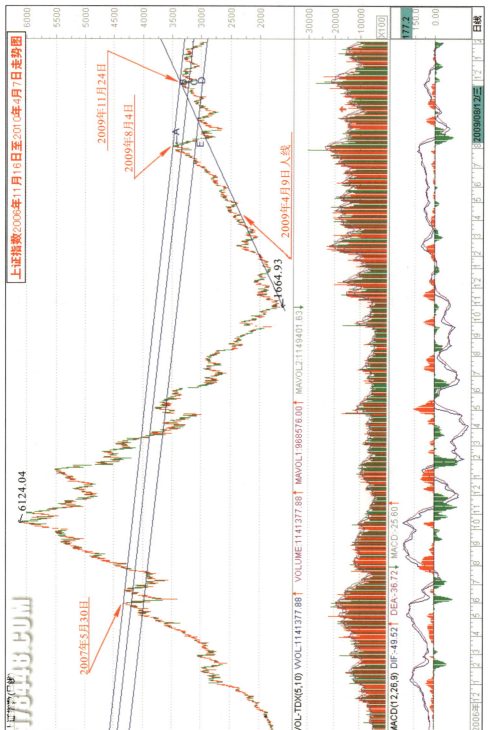

图13-4

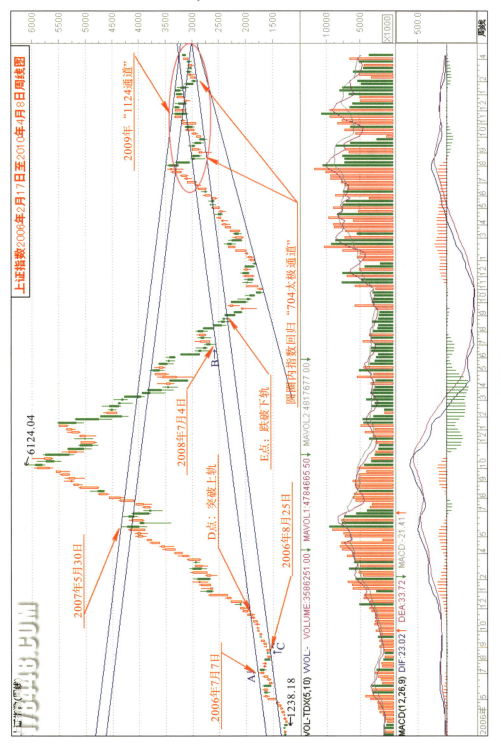

上证指数2006年2月17日至2010年4月8日周线图

6124.04

2007年5月30日

2006年7月7日

2008年7月4日

D点：突破上轨

E点：跌破下轨

圆圈内指数回归"704太极通道"

2006年8月25日

2009年"1124通道"

A

↑C

B→

1238.18

VOL-TDX(5,10) VOL- VOLUME:3586251.00↑ MAVOL1:4784665.50↓ MAVOL2:4817677.00↑

MACD(12,26,9) DIF:-23.02↑ DEA:-33.72↓ MACD:-21.41↑

图13-5

物极必反，2008年的疯跌又回归到正常的轨道；

矫枉过正，在E点再次脱离正常轨道，向下堕落；

回归正轨，股指在2009年5月与"0704太极通道"不谋而合。

看似毫无规律的股指，其实完全合乎规律，它就像乒乓球一样几经弹跳，其幅度和斜率逐步趋缓，直到在2010年2月进入"0704太极通道"之后，逐步趋于正常。

这就是"太极通道"的魅力。它稳定，准确，犹如一位太极大师，不紧不慢，不慌不忙，我行我素，稳若泰山。

事实说明，股市的运行是有规律的，股市的"无形之手"不是"主力"也不是"管理层"，而是千千万万参与股市的人共同的杰作，我们只有端正认识，遵循规律，按照股市的科学发展观认识股市，才能从"股市的羔羊"变成"股市的主人"。

总之，给任何通道画线，必须遵循如下三个原则：

第一，"通道"的"地线"即"趋势线"，必须遵循"极点测向律"，以自然的最高点或最低点画线，不能带有任何"随意性"。

第二，"通道"的"天线"即"平行线"，必须遵循"拐点转向律"，选取"地线"所在阶段内最有代表性的最高点或最低点，要排除"猜测性"。

第三，"通道"的"人线"，即"太极线"，必须遵循"焦点定向律"，选取当前阶段最重要的穴位，要排除"主观性"。

为了测试"太极通道线"的预测功能，本书第1版的责任编辑鼓励笔者发表了一幅股市预测图如下（见图13-6"上证指数至2010年4月30日月线走势图"），该图预测未来一年左右的重要底部在2530～2540左右。根据目前期指资金量逐步加大，和"跌要跌透的原则"，一旦跌破此点位，将向整数位2500靠拢，甚至有跌破的危险（图13-6仅供参考）。

附注：

《量线捉涨停》一书于2010年4月30日截稿，责任编辑汪彌先生要求笔者用量柱量线预测一下大盘一年后的走势。这可难为笔者了。因为笔者在论坛可以随便预测，连续四年来精准多于失误，即使预测错了，论坛的同人也会原谅。这次是要白纸黑字印出来，由四川人民出版社出版发行，一旦预测错了，岂不玷污了出版社的美誉，况且，这是一家以股票投资类图书享誉全国的出版社。

俗话说"丑媳妇也得见公婆"，笔者这个"丑媳妇"只好硬着头皮"见公婆"了，笔者在《量线捉涨停》一书第1版中发布了这幅预测图。当时的截图时间是2010年4月30日。打开当时的走势图来看今天（2011年4月25日）的收盘效果，

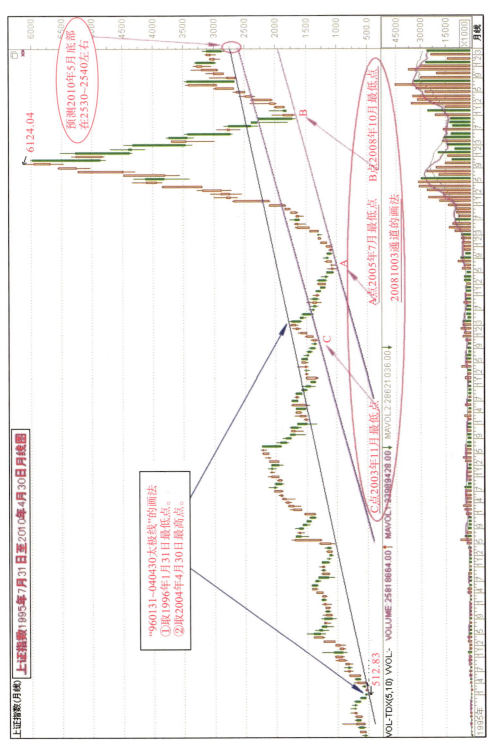

图13-6

整整 12 根月价柱摆在我们面前，除了两根稍有偏离之外，其他全部兑现，并且有八处精准重合。

请看一年后的 2011 年 4 月 25 日周一大盘月线图留影（见图 13－7 上证指数 2011 年 4 月 25 日月线图）。

大家发现没有，图 13－7 中的这个通道线的画法，与通常的通道线画法完全不一样。其上轨的取点画线，采用的是"太极线"的原理。因为"太极通道"的选点画线比较特殊，涉及"量价穴位"和"阴阳平衡"的对应调整，本章篇幅有限，不可能详细讲解，有兴趣的读者可以在"股海明灯论坛"的"周末讲座"专栏查询。

2011 年部分读者留言如下：

第 31 楼"无熊不牛"：王子！跨世纪的奇人，股市将因你而精彩！

第 96 楼"绅士"：用老师的理论武装头脑，看盘真的轻松！谢谢老师！

第 101 楼"小力高手"留言：不管什么线，我对王子老师反弹时找阴线实顶为压力位的准确度深感佩服，我用得很顺手，准确率十有八九，对于短线逃跑保证资金安全起到了很好的作用。

第 134 楼"金正日"：可喜可贺，可敬可佩。祝贺《量线捉涨停》出版一周年。敬佩王子老师多年来对广大中小散户朋友的指导和无私奉献，学习王子老师人品，实践王子老师理论。

第 135 楼"小小骨民"：神奇量柱，撑起散户的胆；精妙量线，测出庄家的谋。

第 163 楼"克拉力明"：在变数万千的股市，能够如此精准预测，确实是量学理论的重要贡献，谢谢王子老师。

第 257 楼"快乐星哥"：老师不是神，老师有点神！十年磨一剑，出手就显神！

第 264 楼"何时涨停"：能够如此精准预测，确实是老师的量学理论给我们最大的启发和对股票市场的最大贡献！

第 272 楼"静则生动"：大家说得对！这是量学理论的科学力量。

第 278 楼"helencao"：实在是太神奇了！王子老师的量柱量线将会给我们带来革命性的转变！这真的是一场革命！

第 380 楼"竹君"：仔细学习了王子的预测图，确实是股市高人啊！

第 405 楼"奇思妙想"：祝贺王子老师《量线》出版一周年！敬佩老师预测未来一年的走势这么精准无误，独一无二！认识您是我们的福气。

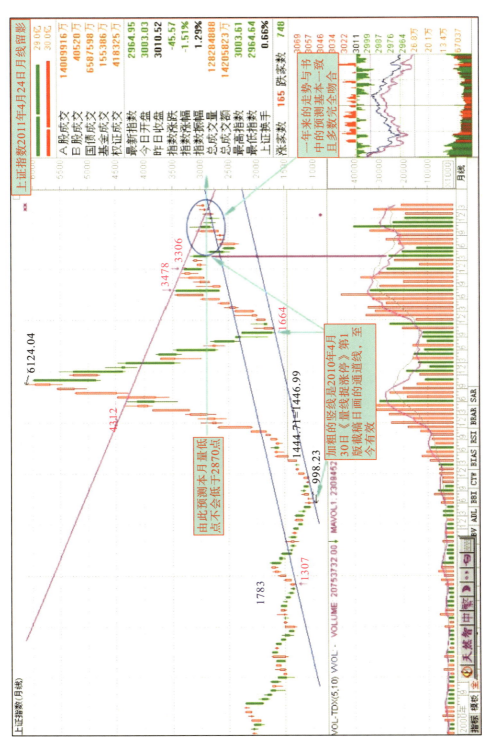

图13-7

股市天经（之二）

量线捉涨停（全新彩印版）

第三章

量线捉涨停的战术探讨

LIANGXIAN ZHUO ZHANGTING DE ZHANSHU TANTAO

第14讲

找准一根线，涨停在眼前

2010 年 3 月 18 日周四，王子在盘前预报时让大家谈谈长电科技为什么涨停，有好多战友谈得非常好，"雪狼湖""金尺王""短线炒股"都谈得非常好，尤其是"至阴至柔"的《一根线用活了就是绝活》，讲出了量线捉涨停的极致。建议大家认真看看他们的文章（见本书第五章）。

说心里话，长电科技是一只令人望而生畏的股票。王子在 2009 年 11 月 17 日盘中交流时，曾经点评过它，当时给它的定义是："这是一只类似江钻股份的牛股"，现在看来，它没有辜负王子的期望。请看它从 2009 年 6 月 26 日至 2010 年 3 月 18 日的走势图（见图 14－1）。

图中有 ABCDE 五条顶底线。从顶底线来看，每个阶段的幅度几乎一模一样，每个阶段的斜率几乎一模一样，可见该股主力的操盘节奏非常强，是个造牛的主。

第一波，从 A 点（2009 年 9 月 29 日）的 4.88 元一路飙升至 E1 点（2010 年 1 月 18 日）的 10.22 元，涨幅翻了一番多。

第二波，从 E1 点次日（2010 年 1 月 19 日）直线回落，直到 C 点（2 月 9 日）企稳，跌幅超过 30%。

第三波，C 点的第二日（2 月 11 日）采用休克疗法测底，呈现百日低量柱，次日（2 月 12 日）即倍量拉升，然后又休克一日（2 月 22 日），第三日（2 月 23 日）再度倍量拉升，三天内两根倍量柱夹一根低量柱，呈典型的"双重接力黄金柱"。

按照"双重接力黄金柱"的走法，该股应该从这里直冲 E 点，但是，它却在 C1 点拐头向下，虽有再度向上的动作，却在 D 点做了个 M 头，给人上攻乏力，势必向下的感觉。

如果单纯从量柱的角度看，长电科技能在 3 月 17 日涨停显得比较牵强，因为它当前的位置离其双重黄金柱（212 量柱和 223 量柱）较远，且最近有一个 M 头，下降压力较大，其走势非常像强弩之末。

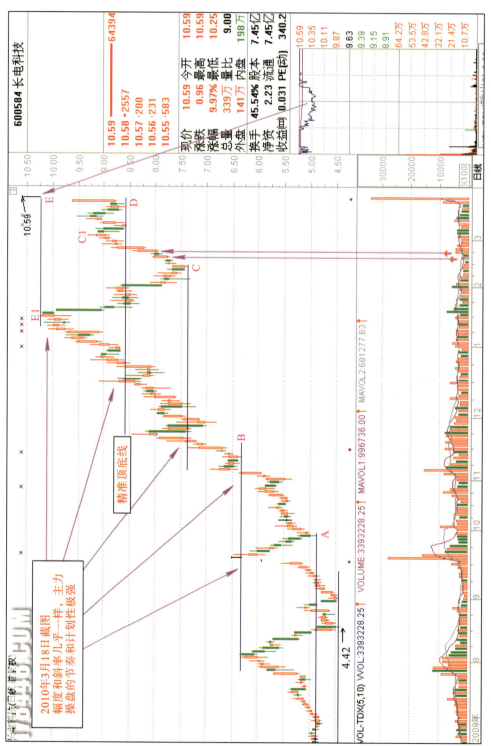

图14-1

但是，如果我们从量线的角度看，用3月16日的最低点8.60元画水平线，其左侧至少有3个8.60元与之重合，是典型的精准线，说明庄家的计划性非常明确，随时有拉升的可能。

果然，该股3月17日顺大势拉至涨停，3月18日逆大势再度涨停。再次验证了量柱量线的双重威力。

这个例子告诉我们，单纯从量柱出发很难发现的涨停先兆，用量线来考量一下，就能轻松捉到涨停了。量柱量线双结合，擒拿涨停如观火。就是要求我们看盘时不要钻牛角尖，而是要换位思考。要想提前发现这样的涨停牛股，有三个要点：

首先，要找出近期走势的精准线，将精准线的当值记录在案，以备急用。

其次，要提前研判近期底部是否有黄金柱支撑，若有黄金柱支撑的谷底，就是黄金底，如果主力做出强弩之末的态势，我们就能发现他们假压真攻的意图。

最后，要注意将精准线的股价运用到盘中分时线上，一旦触线即拉升，就是对精准线的确认，也就是介入的良机。

我们首创的"精准线"有其独特的预测功能，在论坛上发布后，许多人趋之若鹜，但是，许多人为了找精准线而找精准线，有的甚至是为了凑精准线而凑价位点，一旦找到某个精准线就大叫涨停在望。这就违背了王子的初衷。王子在精准线的讲解里再三强调，精准线的"多点重合"应该是"多点谋合"，绝不是"多点凑合"；不是"形式上的重合"，而是"内容上的吻合"。

望大家在实践中体会其真味。

第15讲

密集成交区，找出平衡线

"平衡线"是画出来的，为什么说要"找"出来呢？

其实，"平衡线"的画出，是可以因时因股设计的，也就是根据"目标股"的"当前方向"和"当前位置"，"找到最佳区域"进行画线设计。下降时有下降的设计，反弹时有反弹的设计。前面讲过反弹时"以左侧最大阴线顶部画平衡线的方法"，现在讲讲"以左侧K线的成交密集区画平衡线的方法"。

读者们都知道，"成交密集区"是多空双方拼搏的主战场，当股价运行到"成交密集区"时，自然会受到当时密集筹码的抵抗，这个位置自然是"焦点（或要点）"，以这个位置画平衡线，符合"焦点定向律"的原则。

下面这只股票（见图15-1）是网友"zhangjun1328"2008年4月25日咨询的华升股份（600156），它当时处于反弹初期，我当时的回答如下：

第一，该股目前处于反弹初期，我们首先给该股画出原下降通道，看看它的股价处于什么位置，处于什么阶段。因为它当时已突破下降通道，来到第一成交密集区，我们就以左侧第一大阳线的顶部，画出第一条线。然后逐次画出其他平衡线，以便规划我们的战略战术。

第二，画线的方法是：根据前期成交的价柱，找出成交密集区，把它们画出来；要求平衡线穿过的K线越多越好，平衡线穿过的实体价柱越多越好！参见图15-1"华升股份（600156）2008年4月25日走势图"。

第三，根据股价走势，随时判断进出时机。有的股票在"密集线"下方徘徊很久而不肯向上，表示密集区压力重，我们可以考虑先卖出；有的股票一口气就能冲过平衡线，我们就要持股待涨。这都是要现场灵活处理的。

请看图15-2"华夏银行（600015）2008年4月25日走势图"，现在碰到了压力，主力很可能收缩一下才能再次上攻。

（**收盘后记**：华夏银行今日果然上攻受阻，掉头向下。"平衡线"就是这么神

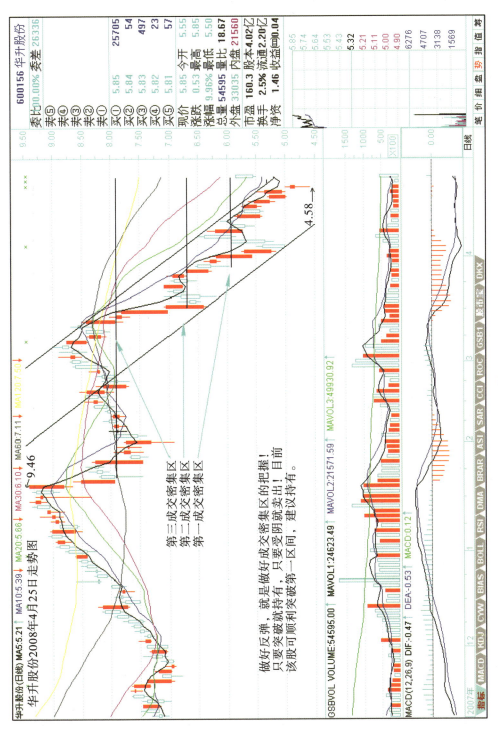

华升股份(日线) MA5:5.21↑ MA10:5.39↑ MA20:5.66↓ MA30:6.10↓ MA60:7.11↓ MA120:7.50↓

华升股份2008年4月25日走势图

9.46

第三成交密集区
第二成交密集区
第一成交密集区

4.58→

做好反弹，就是做好成交密集区的把握！
只要突破就持有，只要受阴就卖出！目前
该股可顺利突破第一区间，建议持有。

GSBVOL VOLUME:54595.00↑ MAVOL1:24623.49↑ MAVOL2:21571.59↑ MAVOL3:49930.92↑

MACD(12,26,9) DIF:-0.47↓ DEA:-0.53↓ MACD:0.12↑

2007年

指标 MACD KDJ CYW BIAS BOLL RSI DMA BRAR ASI SAR CCI ROC GSB1 K线宝 DKX

图15-1

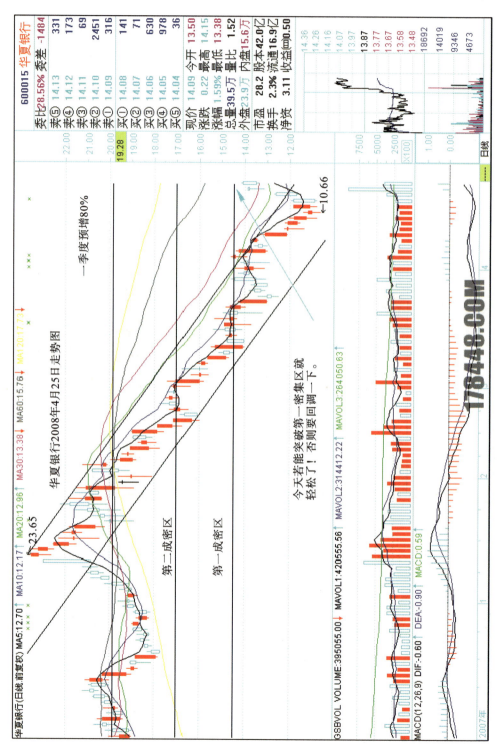

图15-2

一季度预增80%

华夏银行2008年4月25日走势图

←10.66

←23.65

第二成密区

第一成密区

今天若能突破第一密集区就
轻松了！否则要回调一下。

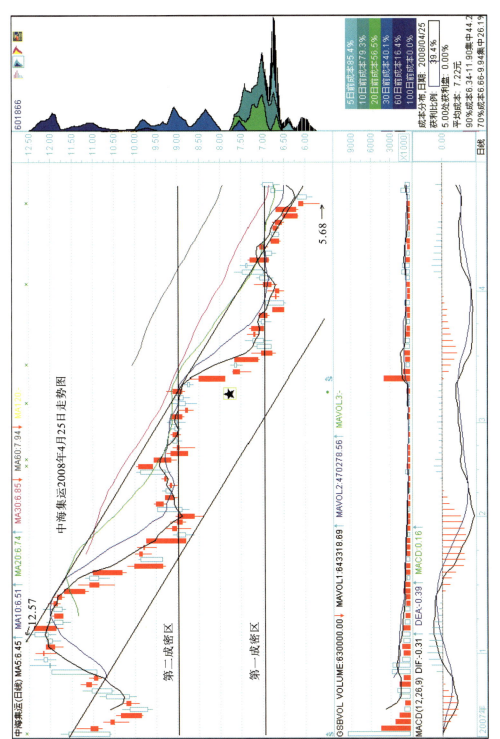

图15-3

奇！它能帮助我们提前预知股票的走势，哪里有阻力，哪里有压力，一目了然。）

第四，一般说来，只要你的平衡线画准了，冲过平衡线的股票都有上升动力，可以放心持有，等到股价上升到第二平衡线下方时，就要警惕了。详见图 15 - 3 "中海集运（601866）2008 年 4 月 25 日走势图"。

从上面的图形可以看出，有的股票"成交密集区"比较明显，如中海集运；有的股票"成交密集区"比较模糊，如华夏银行；若直观上难以辨别时，可以调出右侧的"成交筹码峰"予以对照，"筹码峰"一带就是"成交密集区"。

以上案例，仅供参考。大家可以结合自己的股票，结合"以左侧下跌大阴线顶部画线的方法"，做好对比练习，哪种方法更贴近当前实际，就用哪种方法规划自己的战略战术。

抓住启动点，短线好赚钱

2009 年 7 月 15 日周三盘中交流时，笔者于 10:09 分提醒大家关注中兵光电，稍后 10:13 时提醒大家关注中金黄金，下午这两只股票均在 14:30 时左右出人意料地火箭升空。盘后许多同学来信来电询问：这两只股票上午的表现很平常，你怎么能发现它们将要启动呢？

其实，启动点不是今天才发现的，应该是早在五天前就要发现其迹象并关注之。凡是跟踪王子盘前预报和盘中交流的朋友应该记得，笔者最近五天来的交流中就已经多次提醒大家关注这两只股票了。具体说来，发现启动点要掌握三个关键技术，一是看量柱，二是看量线，三是看盘口。

第一，从量柱上看。中金黄金 6 月 30 日的高量柱之后三天的股价均没有跌破其开盘价，更没有跌破其最低价，所以"0630 量柱"可以说是"栋梁之材"，至少是个"将军柱"，也有可能升华为黄金柱。从 7 月 7 日开始的六天下探，最低价均没有跌破"0630 量柱"的最低价，最终都收在"0630 量柱"的开盘价上方，这就说明"0630 量柱"的攻防线非常有效。至 7 月 14 日，收了一根最低量柱，而且其最低价刚好与"0630 量柱"的开盘价持平，透露出庄家的计划非常严谨。记住：当庄家在关键点位精打细算的时候，就是启动的先兆。

第二，从量线上看。见图 16－1"中金黄金（600489）斜顶启动点示意图"。

如果把中金黄金最近的两个高点连线，其下降通道线刚好与"0630 攻防线"形成收敛三角形，角顶指向 7 月 14 日、7 月 15 日、7 月 16 日这三天，所以笔者在 7 月 14 日的盘中交流时即指出："当心，中金黄金可能要动了。"7 月 14 日没有触线，但是收了个低量柱，这就暗示主力的"休克疗法"已见成效，随时有启动的可能。7 月 15 日一开盘，我就提示大家关注它的动作。

第三，从盘口上看。就是最关键的时机把握，从盘口上准确抓住启动点。

2009 年 7 月 15 日一开盘，中金黄金先上后下，大约有 1 元钱的震幅。笔者就

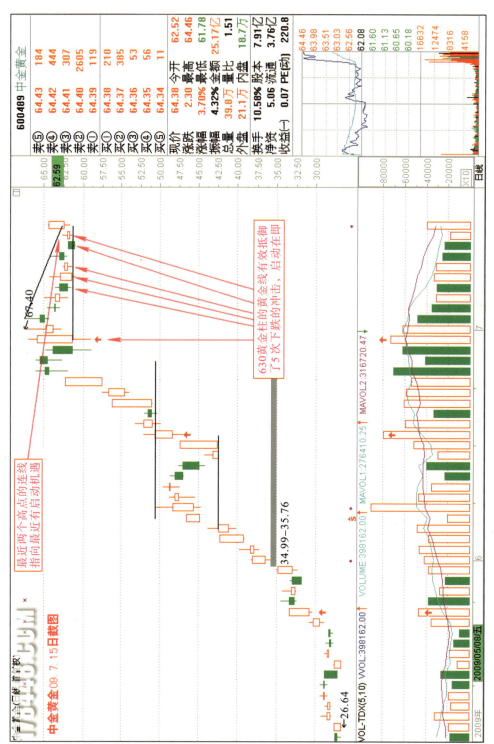

图16-1

注意观察它是否能跌破"0630 攻防线"的 61.40 元，结果，它最低只打到 61.78 元，感觉这里是"假跌"，越发对它感兴趣了。下午开盘后，中金黄金即昂头向上，但是没有到达上午的最高点。按照"凹口淘金"的战术，这里不应该动手。而接下来的走势是与"人线"黏合横盘，下午的最低价一直没有跌破上午的最低价。感觉它今天要启动了。至下午 14:31 分，底部地线位置陡然拉起一根倍量柱，笔者意识到这里将有好戏了，于是在 14:32 分提醒大家"别错过好机会也"。

请看图 16－2"中金黄金（600489）2009 年 7 月 15 日分时启动图"。

综上所述，这三个技术的关联是：

第一，看量柱，选中目标个股（找股）；

第二，看量线，找准价格区间（找价）；

第三，看盘口，抓住启动时机（找时）。

只有三者互相依托，互相佐证，才能在股市中掌握主动，抓住良机。

如果你认为这是一个特例，不足为信的话，2009 年 7 月 15 日笔者同时在盘中交流时提示的中兵光电和上面的中金黄金，在分时图上几乎一模一样，只是中兵光电的日线图多了几天拉升，而启动模式是一模一样的。这就是"斜顶启动模式"。与此相似，同一天启动的太极集团、中恒集团、驰宏锌锗、锡业股份、安源股份都是这种"斜顶启动模式"。

对图 16－3"中兵光电（600435）分时启动图"，主要观察其分时地线出现倍量柱的情况。详见图中说明。

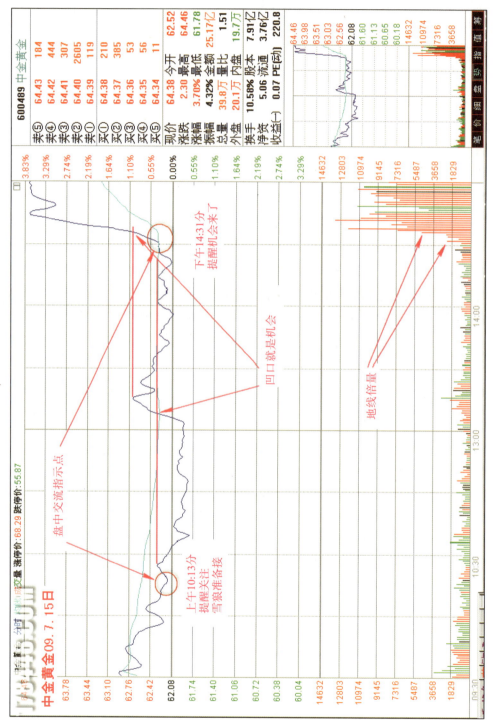

图16－2

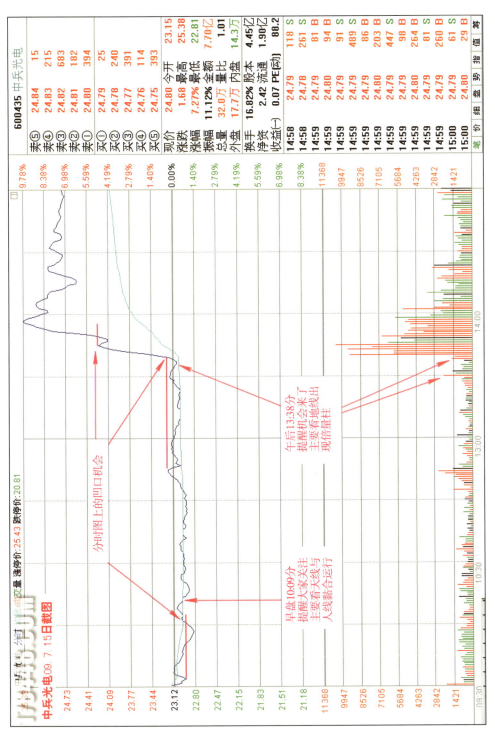

图16-3

第17讲

大江有异常，必然要异动

2009 年 8 月 26 日周三收盘后有人来信来电问笔者，你昨天晚间预报的"大江股份"，12 根低量柱躺在那儿一动不动的，你怎么知道它今天会有"异动"，而且今天开盘就涨停呢？

王子答曰："你说的'12 根低量柱躺在那儿一动不动'，就是它今天涨停的理由。"

请看图 17－1"大江股份（600695）2009 年 8 月 26 日周三收盘截图"。

图 17－1 中最右侧的 A 点（一字板），是它今天开盘即封死涨停的标识。图中有三根水平横线，自下而上是"第一黄金线""第二黄金线""第三黄金线"。这三根黄金线非常牢靠，每次击穿后的收盘价都在其上方，可见主力是依托黄金线打劫的高手。但是，唯有最近的一次（8 月 25 日周二）击穿第三黄金线，收盘价却停留在此黄金线的下方，而且是紧挨着此黄金线。

这种异常的情况引起了我的注意。仔细一看，竟发现了以下五个异常：

（1）请看 B 点：这 12 根低量柱形成了两组平量柱，夹在正中间的 8 月 18 日量柱是百日最低量柱，在"百日最低量柱"后面五天不涨反跌；

（2）请看 C 点：股价不涨反跌时，其 MACD 的绿柱却悄悄缩短；

（3）请看 D 点：股价不涨反跌时，而其下面的 OBV 却悄悄抬头向上，明显是主力在悄悄打压吸筹；

（4）请看 E 点：在量柱基本持平时，而 KDJ 却悄悄金叉；

（5）这第五个异常最重要，就是从 8 月 20 日开始的三根 K 线步步高，实体步步大，这是"三阳开泰必涨"的定式，而 8 月 25 日却收了个大阴线，显然是主力刻意为之。

既然有五个异常同时存在，一定有极大阴谋存在。再狡猾的狐狸也斗不过好猎手。根据"异常即有异动"的规律，所以笔者于 2009 年 8 月 25 日周二发布预报时

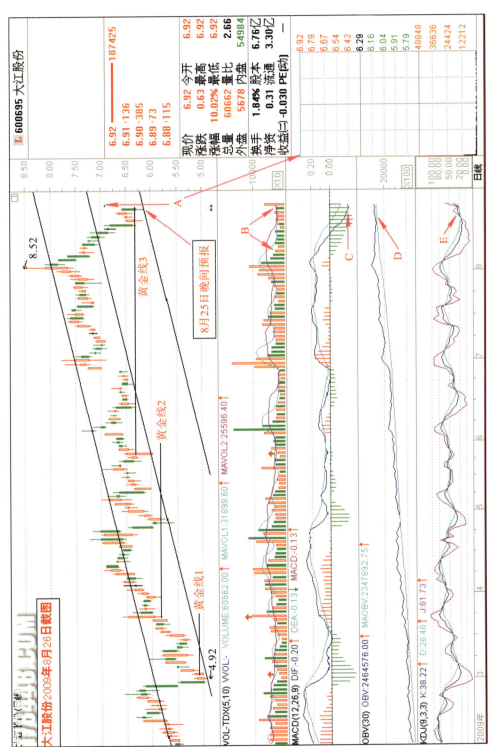

图17-1

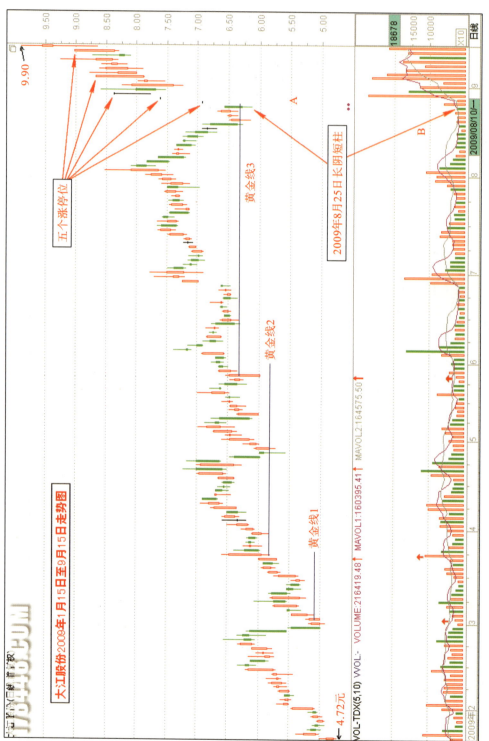

大江股份2009年1月15日至9月15日走势图

五个涨停位

9.90

黄金线3

黄金线2

黄金线1

4.72元

2009年8月25日长阴短柱

A

B

VOL-TDX(5,10) VVOL:- VOLUME:216419.48↑ MAVOL1:160395.41↑ MAVOL2:164575.50↑

18678

2009/08/10/

日线

2009年2

图17-2

说它"有异动的可能"。

哈哈，也许是这个主力看到了我们的预报，怕有人趁机潜入，于是来了个开盘涨停。放心吧，它第二天不会开盘涨停的，定有机会擒拿归案。

附记：至 2009 年 9 月 15 日，大江股份异常活跃，先后出现五个涨停板，成为当时的明星股，详见图 17 - 2 "大江股份 2009 年 1 月 15 日至 9 月 15 日走势图"。

股市天经（之二）
量线捉涨停（全新彩印版）

第18讲

凹口抓涨停，关键在平衡

2009年9月16日周三的大盘如期下探到预报的2963点下方仅3个点的位置，说明主力操盘有节有度，尾盘逼出的量能与10:39时逼出的量能略有减少，但有不稳定的筹码抛售，看来第二天还有"抖米袋"的必要，只有抖干净了，才能往上走。所以2965点左右还有一番争夺。站稳了就能放心上攻。

这个周三预报进入"凹口淘金"的最佳时机，从涨停的个股来看，涨停榜前29名中，除了经纬纺机、德棉股份、歌尔声学、众合机电的凹口不太明显外，其余25只涨停股票，个个都是典型的"凹口淘金股票"。大家可以对照下面的涨停列表（见图18-1），看看它们的走势图，结合《量柱擒涨停》的相关内容，看看能从中找到什么窍门。

	代码	名称	涨幅%	现价	最高	卖出价
1	600853	★龙建股份	10.10	5.67	5.67	—
2	000666	经纬纺机	10.06	7.11	7.11	—
3	600986	科达股份 ×	10.06	7.22	7.22	—
4	000503	海虹控股	10.06	9.96	9.96	9.96
5	002084	海鸥卫浴	10.05	11.06	11.06	11.06
6	002072	德棉股份 ×	10.04	10.52	10.52	—
7	600198	大唐电信	10.04	11.51	11.51	—
8	000977	浪潮信息	10.04	9.21	9.21	—
9	600171	上海贝岭	10.03	6.91	6.91	—
10	002161	远望谷	10.02	20.65	20.65	—
11	002276	万马电缆	10.01	29.78	29.78	—
12	002017	东信和平	10.01	12.20	12.20	—
13	002241	歌尔声学	10.01	21.11	21.11	—
14	600547	山东黄金	10.00	69.73	69.73	—
15	002080	中材科技	10.00	30.36	30.36	—
16	600703	三安光电	10.00	31.69	31.69	—
17	000925	众合机电 ×	9.99	25.43	25.43	—
18	600822	上海物贸	9.99	12.00	12.00	—
19	002281	光迅科技	9.99	30.61	30.61	—
20	000997	新 大 陆 ×	9.99	9.47	9.47	—
21	002156	通富微电	9.99	8.37	8.37	—
22	002139	拓邦电子	9.98	13.77	13.77	13.77
23	600241	时代万恒	9.98	12.89	12.89	—
24	600587	新华医疗 ×	9.98	15.43	15.43	—
25	600233	大杨创世 ×	9.98	13.34	13.34	—
26	000701	厦门信达 ×	9.98	8.82	8.82	—
27	600805	悦达投资	9.97	7.28	7.28	—
28	600637	广电信息	9.97	6.51	6.51	—
29	600602	广电电子	9.95	6.41	6.41	—

图18-1

我认为：要想凹口淘金，重在时机看准。时机就是爆发点。请看图18-1中的25只个股，都是凹口爆发涨停板，其共同特征是"底部缩量横盘，稳步温和攀升"。请看图18-2"广电信息

166

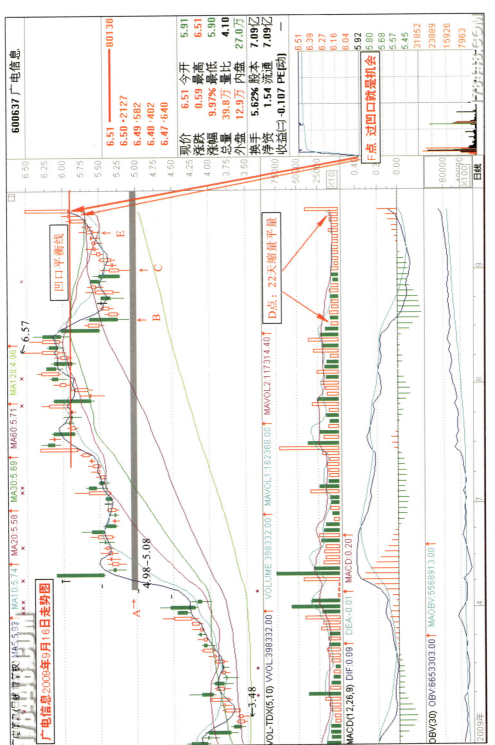

图18-2

（600637）2009 年 9 月 16 日走势图"。

图中有 A、B、C、D、E、F 六个标志，其中有五个要点：

第一，先看 D 点：底部缩量横盘长达 22 天，而且是百日低量，这种持续横盘，犹如卧龙伏底，一旦腾飞，必有惊人举动。

第二，再看这 22 根低量柱，都在 5 日均量和 10 日均量线下方，持平，一旦 5 日均量线向上突破 10 日均量线，就是爆发的时机。

第三，看 A 点：该股以 6 月 10 日的 5.08 元跳空缺口为支撑，即使 B 点（8 月 19 日）的大跌和 C 点（9 月 11 日）的大跌，都没有向下击穿这个缺口支撑线。其底部盘整的特性十分明显，一旦向上，势不可当。

第四，看 E 点（9 月 10 日）的放量上攻，突破 30 日均线就是一个契机，第二天 9 月 11 日再次突破 30 日均线，发出了第二次上攻信号。

第五，看 F 点（9 月 15 日）开盘即在"凹口平衡线"上方，是第一介入信号，今天（9 月 16 日）又在凹口平衡线上方开盘，就是难得的介入时机。

以上五个要点，点点都很重要。

第一是看量柱的组合。
第二是看量柱的比较。
第三是看下跌的底部。
第四是看爆发的位置。
第五是看爆发的时机。

作业：请大家结合上面的讲解，自己寻找符合上述条件的个股，并画图分析其即将涨停爆发的大致方位。

凹口有横斜，尽量抓斜勺

涨停无定式，涨停有规律。

真正的"擒拿涨停"，不是碰运气，而是凭规律。规律具有普遍意义，按照规律擒拿的涨停不是一只两只，而是一批两批，甚至是同一天时，同一地利，同一人和的齐刷刷的涨停。

2009 年 9 月 17 日周四，是笔者发布"凹口淘金预报"的第三天，黑马团队继前一个交易日擒拿两个涨停后，今日再擒三个涨停，参与"伏击涨停人民战争"的同学，大获全胜，擒了六个涨停！真是六六大顺！

9 月 16 日是凹口淘金预警的第二天，大盘涨幅榜首页的 29 只股票有 25 只是典型的"凹口淘金图形"。

9 月 17 日是凹口淘金预警的第三天，大盘涨幅榜首页的 29 只股票个个都是经典的"凹口淘金图形"。

当天群里有同学问："为什么别人抓的凹口股票都能涨停，我抓的凹口股票却不涨停呢？"

对此，《股市天经》之一《量柱擒涨停》有系统讲述。下面结合群里的讨论，谈谈"什么样的凹口股票才好涨停"。

请看 2009 年 9 月 17 日群里的讨论（大山即黑马王子）：

雪狼 11：04：07　您昨天点评的浪潮信息又涨停了！它的凹口好漂亮呀。

大山 11：11：55　说说看，东百集团能不能冲过凹口呢？

雪狼 11：15：33　这只股不会轻易冲过凹口的，第一点：这个凹口形成得太漂亮，就是因为前期下跌太快，所以上方的套牢盘没有机会出来；第二点：上方的筹码都太集中了，想一下冲过去，那庄家要大伤体力，除非庄家拉高后再作调整接货。可能会在此处来个急拉。

大山 11:17:35 对！其凹口平衡线刚好处于前期横盘的中轴线，所以冲过要有强大的实力，否则，要在这个平衡线下方把上方的筹码震荡出来才能过去。

雪狼 11:17:54 是的，这就是战术！

大山 11:18:36 所以，凹口淘金要选筹码稀薄的股票。

雪狼 11:19:06 是的，也就是说前期的下跌过程是比较温柔的，对吧？

大山 11:20:11 对！反而在横盘时突然掉下来的，这样的凹口不好过。

雪狼 11:22:02 是的，人们被吓得都急着要逃生，这时的人心是很散的，不好把握的。

大山 11:22:35 这里是横勺凹口，不好过；"斜勺凹口"才好过。

雪狼 11:25:12 是的，横勺和斜勺的凹口是两种不同的结构，斜勺肯定比横勺好。

今天的事实说明雪狼的判断非常正确。

为什么"横勺凹口"难得过，"斜勺凹口"却能轻松过呢？

请看下面的详细图解。

一、"横勺凹口"

图 19-1 是"东百集团（600693）2009 年 9 月 17 日走势图"。这是我们当天群里讨论的一只股票，有许多同学对此股发表了自己的看法，我认为雪狼同学的意见非常好！

图中由 A 到 B 的横线，是凹口平衡线，刚好与 B（横盘中轴线）平行，从 B 到 A 可以看成是一把"勺子"的"柄"，A 的下方就是一个"勺"，而且是一把"横躺的勺子"，我们称之为"横勺凹口"。

"横勺凹口"的特点是"阻力重重"，你看从 B 点到 A 点，所有的交易筹码都横在 AB 一线，致使从"勺底"向上的力量很难突破"勺柄"的压力。所以当天从 C 点启动时，受到凹口平衡线一带的抛压，股价不得不回落到 D 点。大家仔细看看，D 点是什么？它位于 8.76 元的当日均价线，而 B 点的横盘中轴线则刚好也是 8.76 元。

再看我们今日预报的三只股票：002227 奥特迅、600584 长电科技、002156 通富微电，为什么长电科技和通富微电涨停，而奥特迅却不能涨停呢？因为奥特迅是"横勺凹口"，而长电科技和通富微电都是"斜勺凹口"。现在告诉大家一个秘密：这天两市涨幅榜首页的 29 只股票都是"斜勺凹口"。

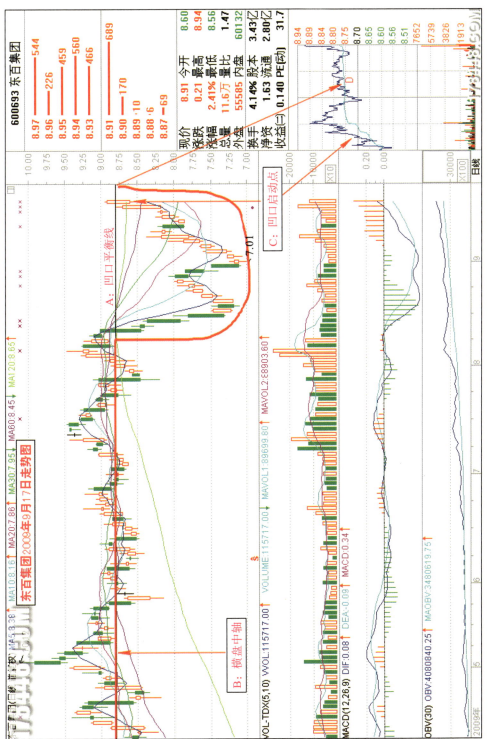

图19-1

二、"斜勺凹口"

什么是"斜勺凹口"？它为什么比"横勺凹口"好？

请看图19-2"士兰微（600460）2009年9月17日的走势图"。

图中的AB连线，与CD的凹口处仿佛一个朝上斜放的"勺子"。AB是勺柄，CD凹口是勺凹。这种斜放的勺子为什么比横放的勺子有涨势呢？

第一，其凹口的水平线上筹码稀薄，你看C凹最多只有20天的筹码阻力，而D凹口呢，只有2天的筹码阻力，所以，斜放的勺子很容易突破。

第二，AB连线是明显的上升通道，通道上积蓄的力量是上攻的，有一种向上的惯性，所以，突破凹口非常轻松。

第三，再看CD下方的量柱，在E处已呈百日低量柱，中途虽有一次"倍量"突破，但次日就以"缩量一倍"的量柱结束战斗，回到前面的低量状态。这种主动地上攻和后撤，蓄积了强大的势能，具有强大的爆发力，凹口的那点筹码怎么挡得住向上的冲力呢？所以该股当日能轻松涨停。

事实告诉我们，碰到"斜勺凹口股票"，你可以大胆地"擒拿"。当日两市涨停榜首页的29只股票，个个都是"斜勺凹口"。请看图19-3"2009年9月17日两市涨停榜首页列表"。

当王子发布"凹口淘金动员令"的第三天，在同一天以同一种涨停方式，29只股票整整齐齐地列队等待大家的检验，等待大家验证《股市天经》之一《量柱擒涨停》中"凹口淘金"的奥秘，这是何等的壮观，这是何等的壮美啊？

胜利永远属于科学，科学就是简单，科学就是实用。让我们张开双臂，去迎接更加壮美的凹口淘金战役吧！

附：2009年9月17日伏击物联网股票的实盘对话

白云10:23:36：002058威尔泰，斜勺，倍量加凹口对不对？又是物联，请高手们看看。

人无完人10:27:10：对，要飞了！

大山10:27:15：哇！威尔泰是谁先发现的？很规范的不错的斜勺哇！

白云10:27:35：在王子老师的表里看到的。

大山10:27:54：啊，好票！

艾艾10:30:50：现在可以买不？

白云10:31:29：我看到就买了，买得少。

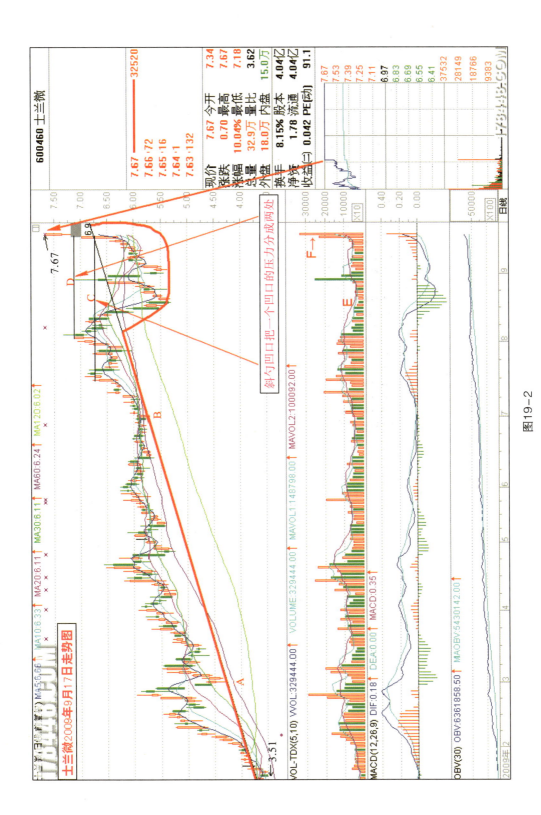

图19-2

	代码	名称		涨幅%	2009年9月17日涨停榜首页		
1	000056	深国商	×	10.08	5.68	5.68	—
2	600797	浙大网新		10.07	6.56	6.56	—
3	600726	华电能源		10.07	4.92	4.92	—
4	600661	新南洋		10.06	8.97	8.97	—
5	000970	中科三环		10.06	7.99	7.99	—
6	600093	禾嘉股份		10.05	7.01	7.01	—
7	600791	京能置业		10.05	7.23	7.23	—
8	600651	飞乐音响		10.05	7.23	7.23	—
9	600460	士兰微	×	10.04	7.67	7.67	—
10	002188	新 嘉 联	×	10.04	11.18	11.18	—
11	600614	鼎立股份		10.04	8.55	8.55	—
12	600584	长电科技	×	10.04	5.92	5.92	—
13	002156	通富微电	×	10.04	9.21	9.21	—
14	000997	新 大 陆	×	10.03	10.42	10.42	—
15	600203	福日电子	×	10.03	7.79	7.79	—
16	600658	兆维科技		10.02	13.61	13.61	—
17	002161	远 望 谷	×	10.02	22.72	22.72	—
18	000801	四川湖山	×	10.02	10.54	10.54	—
19	002091	江苏国泰		10.02	18.78	18.78	—
20	002080	中材科技	×	10.01	33.40	33.40	—
21	600056	中国医药		10.01	17.36	17.36	—
22	002232	启明信息		10.01	17.36	17.36	—
23	000851	高鸿股份	×	10.01	8.68	8.68	—
24	600643	爱建股份		10.01	12.75	12.75	—
25	002178	延华智能	×	10.01	13.30	13.30	—
26	002289	宇顺电子	×	10.01	28.14	28.14	—
27	600983	合肥三洋	×	10.00	15.62	15.62	—
28	600268	国电南自		10.00	18.26	18.26	—
29	600220	江苏阳光	×	10.00	6.05		

图19-3

　　图19-4是大山2009年9月17日10:13:45在明灯群发布的物联网股票信息。

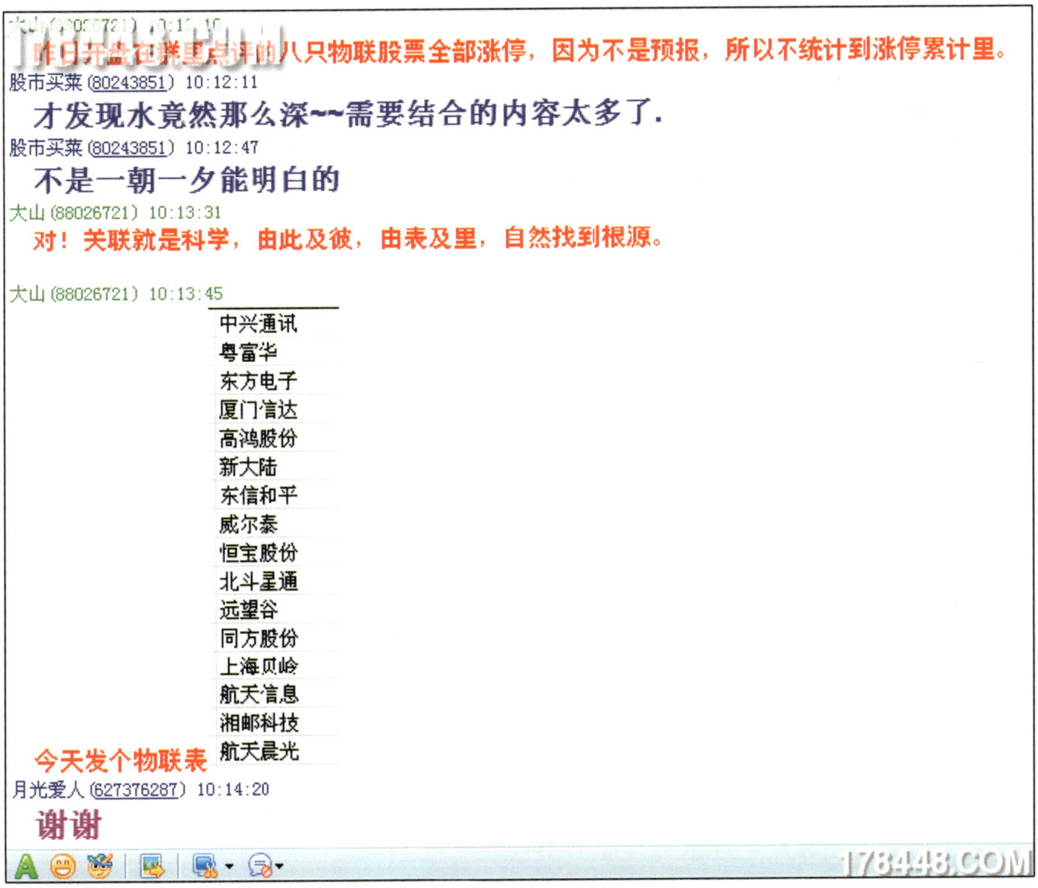

大山 (88026721) 10:11:10
昨日开盘前在鉴里点评的八只物联股票全部涨停，因为不是预报，所以不统计到涨停累计里。

股市买菜 (80243851) 10:12:11
才发现水竟然那么深~~需要结合的内容太多了.

股市买菜 (80243851) 10:12:47
不是一朝一夕能明白的

大山 (88026721) 10:13:31
对！关联就是科学，由此及彼，由表及里，自然找到根源。

大山 (88026721) 10:13:45

中兴通讯
粤富华
东方电子
厦门信达
高鸿股份
新大陆
东信和平
威尔泰
恒宝股份
北斗星通
远望谷
同方股份
上海贝岭
航天信息
湘邮科技
航天晨光

今天发个物联表

月光爱人 (627376287) 10:14:20
谢谢

图19-4

第20讲

缩图看大势，放图找量柱

2009年9月24日周四，黑马群中的学员结合《量柱擒涨停》一书，抓了三个涨停板。

第一个是"破了"同学早盘9：41时预报的"三日阴柱平量"股票苏常柴A，午后斜刺上冲，直至涨停，预报与涨停的当日涨幅为8%。

第二个是"人生弹指间"同学早盘10：40时预报的"黄金线上三平量"股票包钢稀土，尾盘封死涨停，预报与涨停的当日涨幅为7%。

第三个是"黑马王子"午盘13：03时预报的"缩量一倍＋增量一倍的湘邮科技"，午后斜升至涨停，预报与涨停的当日涨幅为5%。

还有"股市精灵""雪狼""拈花微笑"等同学推荐的思达高科、沃尔核材、巢东股份也有不凡的表现。同学们结合《量柱擒涨停》纷纷发言，开始体会到量柱擒涨停的特殊滋味。这个特殊滋味太美了，这就是"无论大盘涨跌，我自擒拿涨停"。

由于当日黑马工作群里有三只"平量柱股票"逆市涨停，大家对"平量柱"都有一种奢望，纷纷寻找平量柱，大有人人抢涨停的气概。

对平量柱情有独钟可以理解，但我有一个忠告：平量柱是量柱组合中的珍稀品种，很珍贵，但不要单一化，一定要结合其前面量柱的高低和个股走势的斜率才能准确判断出它的涨停潜力，切切不可见平量就抓。

下面结合"红枫叶"同学的现场提问，讲讲其中的几个注意事项。

"红枫叶"同学的截图和提问如图20-1"博盈投资（000760）走势图"：

"红枫叶"的这个问题提得非常好，非常及时。从他的截图中可以发现，同学们看盘的方法有点偏颇。我们提倡的看盘方法是，"缩图看势，放图看量"。这一点，"雪狼"同学在群里及时向大家作了说明。

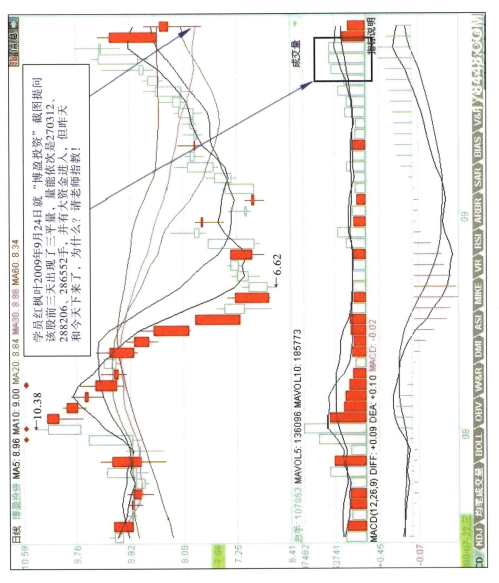

图20-1

一、缩图看势（一屏展示 128～166 根价柱为宜）。

"缩图看势"，就是在看盘时，把该股的历史走势调出来，先看一年的走势，再看近期的走势，最后停留在"能看到价柱形态"的走势。

所谓"能看到价柱形态"，就是当价柱成"线条状"时，再按"↑"键，使之出现"第一幅蜡烛状"，这样，屏幕上一般能展示 128～166 根价柱（因为方屏电脑、宽屏电脑和软件显示的区别，最标准的应该是 128 根）。也就是只能看到半年左右的价柱图。

如图 20－2"博盈投资（000760）2009 年 9 月 24 日截图"。

二、放图看量（一屏展示 28 根价柱为宜）

"放图看量"，就是在看盘时，把该股的当前走势尽量放大，放大到能区别最相近的量柱组合状态，一般情况下放大到一屏展示 28 根价柱为宜（即 20＋8＝1 个月零 8 个交易日）。也就是说，能刚好看清一个月零一周半的量柱价柱组合状态。如图 20－3"实益达（002137）2010 年 3 月 23 日至 2010 年 4 月 30 日的走势图"。

对照本节的三幅走势图来看，我们的心中就有数了。

图 20－1，"红枫叶"的图给人蒸蒸日上的感觉，大有冲过凹口的势头。

图 20－2，缩小后的图，给人重重压力的感觉，大有日薄西山的趋向。

图 20－3，展示 28 根价柱图，可以发现庄家的"小动作"。

可见，同样的一只股票，用不同的价柱数量来看，就能看到不同的未来走势。

请大家在今后务必注意"缩图看势，放图看量"的原则。

关于"苏常柴平量涨停"与"博盈投资平量下跌"有什么内在原因？请看下一章的分析。

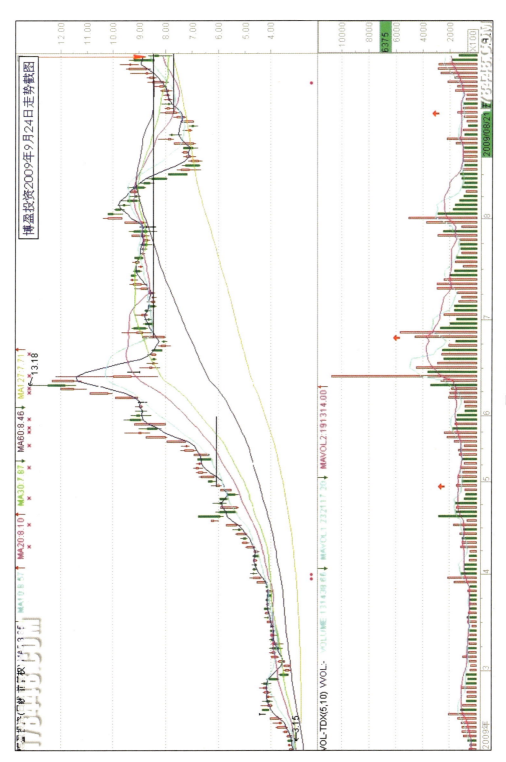

图20-2

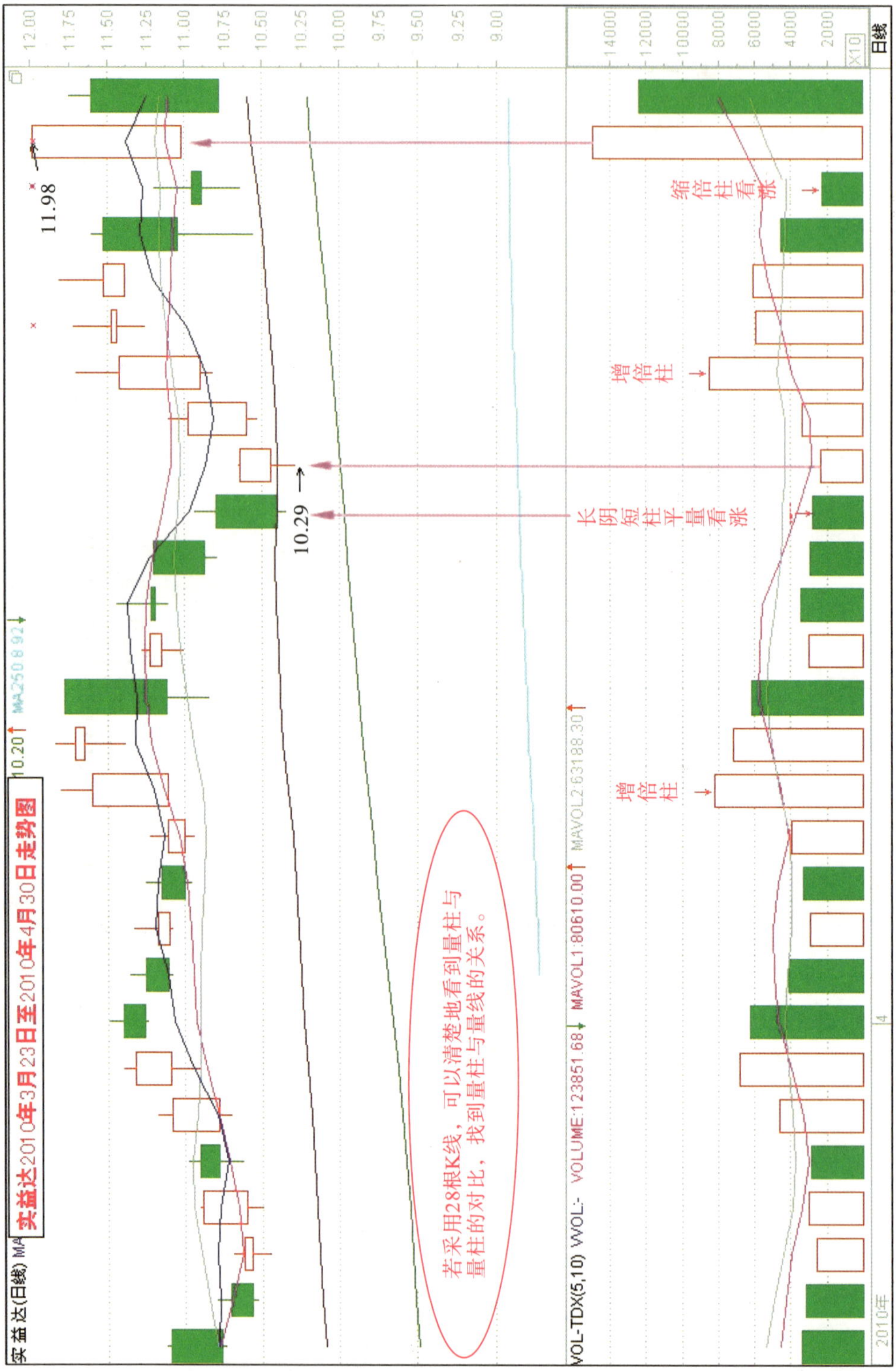
实益达(日线)
实益达2010年3月23日至2010年4月30日走势图
11.98
10.29
缩倍柱看涨
增倍柱
增倍柱
长阴短柱平量看涨
若采用28根K线，可以清楚地看到量柱与量柱的对比，找到量柱与量线的关系。
VOL-TDX(5,10) VVOL- VOLUME:123851.68 MAVOL1:80610.00 MAVOL2:63188.30
日线

图20-3

守住黄金线，打劫是良机

"月季花开001" 同学于 2009 年 9 月 29 日提问：

王子老师，如果按"价升量缩"去界定黄金柱，您在 2009 年 9 月 24 日讲座《平量柱"涨停三要素"》中的 000570 苏常柴 A 有误，因为图中的两根黄金柱 A 柱和 C 柱次日的量柱比黄金柱要高，为什么还要将 A 和 C 定为黄金柱呢？希望您给予回复指点，我现在正在抓紧时间看您的书！这也是我的疑问所在！谢谢！

附 9 月 24 日讲座中的"苏常柴 A"走势图（见图 21 - 1）。

王子解答如下：

你提出的这个问题非常好！说明你读书认真，看图仔细，我们首先要提倡这种精益求精的读书作风。但是我要提醒你，你的读书方法有点问题，可能是你习惯了过去那种零散的"股市技巧"图书，一页只讲一个小技术；而我们的《量柱擒涨停》是一个完整的体系，每一讲是一个独立的整体，你应该把相关的内容前后结合起来看，才能体会到这一讲的全部内容。请你再看看《量柱擒涨停》第三个原则，"先者优先"，你的问题就迎刃而解了。现在我想借你的话题，说说更深入的东西。

倍量柱＋黄金柱＝双重黄金柱

为了讲述的方便，给图 21 - 1 加上两个标注和两条量线，便成为图 21 - 2 "苏常柴 A（000570）2009 年 9 月 24 日截图"。

图中的 A 柱（2009 年 4 月 20 日）是倍量柱，次日的 A1 柱高于 A 柱，并且是本阶段的最高量柱，A1 后三日价升量缩，A1 就是典型的黄金柱。

那么，A 柱是不是黄金柱呢？请看三个特点：

第一，A 柱右侧的 A1 柱是"将军柱"，因为 A1 是 A 柱次日，具有"合力王牌柱"的资格，所以 A 柱是黄金柱。

第二，A 柱右侧三日的量价组合具备"价升量缩的市场意义"，且这三根量柱

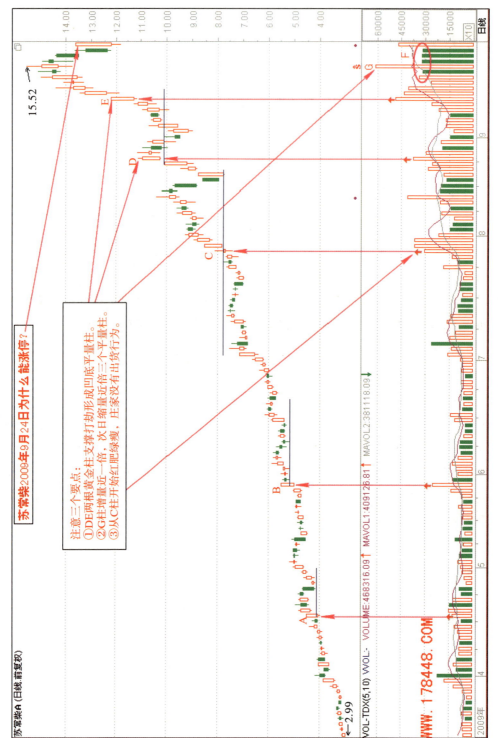

图21-1

苏常柴2009年9月24日为什么能涨停？

注意三个要点：
①DE两根黄金柱支撑打劫形成凹底平量柱。
②G柱增量近一倍，次日缩量近三倍三个平量柱。
③JC柱开始红肥绿瘦，庄家没有出货行为。

苏常柴A（日线 前复权）

WWW.178448.COM

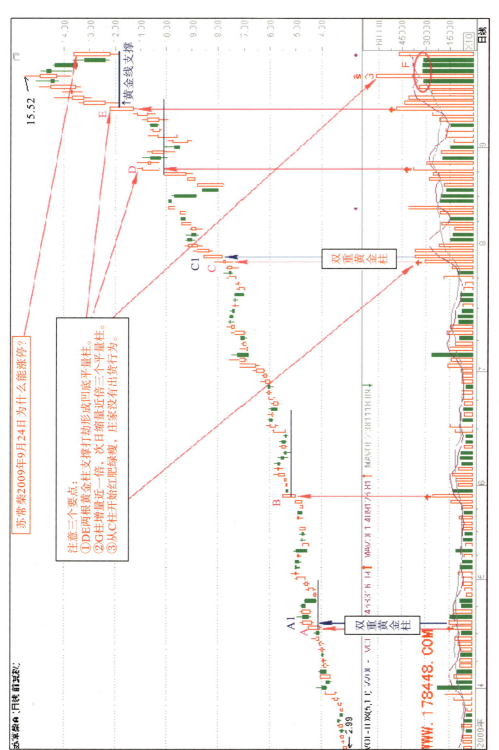

图21-2

逐步降低，所以 A 柱依然是黄金柱。

第三，根据"先者优先"的原则，当几个合格量柱同时出现时，应该首先确认符合条件的第一根量柱为黄金柱。所以 A 柱还是黄金柱。

根据上述分析，你再看看 C 柱，是不是也具有这三个特点呢？

从图 21-2 可以看到，C 柱与 A 柱的性质几乎一模一样。而且，由于 C 柱与后面连续两日的平量柱所形成的"双重黄金柱"更有支撑力度，所以，庄家在 C 柱后面的打劫远远超过 A 柱后面的打劫。

这里有一个窍门：黄金柱三日后并非是我们介入的良机（高手除外），但却是参与打劫的契机（新手也行）。

只要看准了黄金线，就能跟上主力的节奏。

第22讲

量柱用线量，活捉涨停王

2009 年 9 月 29 日周二大盘再度收绿，而笔者周五预报并介入的江钻股份（000852）再度涨停，许多网友来信来电询问，这只股票是怎么选出来的呢？

下面结合这只股票的筛选，讲讲"看量柱擒涨停"的三个步骤。

第一步，缩图（由小到大）

我们发现许多网友看盘时，喜欢把量柱和价柱图放得很大，这样看起来方便，但是不利于"审视全盘"，往往会掉进"以偏概全"的误区。缩图就是以"价柱的蜡烛状"为准，把它缩小成"线条"时按一下上箭头"↑"，这时的"蜡烛"一般是128～166根，由于看盘软件和电脑的不同，稍有出入也不要紧，能看到"由线状到烛状的第一屏"为准。

第二步，找柱（由近及远）

找柱就是抓重点，这一百多根量柱到底找谁呢？只找能"独当一面"的、能"起死回生"的"将军柱"和"黄金柱"即可。找柱的方法是"从右向左找"，因为最右侧的量柱是离下一个交易日最近的，可以决定下一个交易日走势的，这样就能由近及远、由表及里地分析。

请看图 22－1"江钻股份（000852）2009 年 9 月 29 日收盘截图"。

根据《量柱擒涨停》所讲的方法，我们由近及远地发现了 A、B、C、D 四根黄金柱，且"第一屏"只有这四根黄金柱。我们分别给它做上标记（也可用箭头做标记），找柱的任务就完成了。

第三步，画线（由远及近）

画线的重点是"取点"，《量柱擒涨停》有各种量柱的取点方法，最基本的方法是"以黄金柱后三日最低位取点"，例如江钻股份的 ABCD 柱都是取基柱第二天最低点画线。

画线的线条通常应该从左至右，也就是由远及近，其长度以黄金柱后最低波段

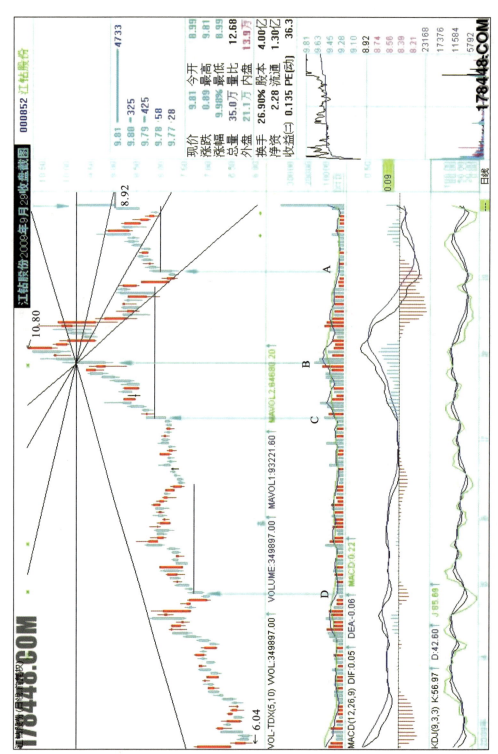

图22-1

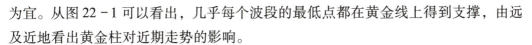

为宜。从图 22 - 1 可以看出，几乎每个波段的最低点都在黄金线上得到支撑，由远及近地看出黄金柱对近期走势的影响。

以上三个步骤，在实践中往往一气呵成，半分钟就能完成。关键时候只要找到 A 柱即可。

例如江钻股份就是 9 月 25 日周五在盘中交流时，雪狼同学最先发现其 A 黄金柱的黄金线支撑住了当时的大跌，然后发现当日成交量极度萎缩，然后发现周二、周三、周四是三根平量柱，这三个因素已足以说明该股跌到阶段底部，随时有爆发的可能。然后，又发现 C 柱的黄金线与 A 柱的黄金线几乎处于一条线上，于是我们预报并介入该股，至今连续擒了两个涨停。该股可能要成为近期的牛股。

第一，该股 2009 年一直是低量盘升，其上升的角度在 25 度左右。

第二，9 月 29 日开盘即冲击涨停，可是主力不封死涨停，而是任其回落，主买与主卖的差距从一万手，逐步上升为九万手，尾盘封死涨停，可见主力有逆市收集筹码的意图。

第三，当日的换手率高达 26.9%，这样的高位换手，外盘与内盘却是 21.1 万比 13.9 万。可能有什么利好被主力提前知晓，我们只能从盘面上观察。若未来的三天不跌破今日的最低点，该股将有一波不错的涨幅。让未来的走势验证吧。

如图 22 - 2"江钻股份（000852）2009 年 4 月 29 日至 11 月 19 日走势图"。该股果然成为 2009 年四季度的明星股（详见图中说明）。

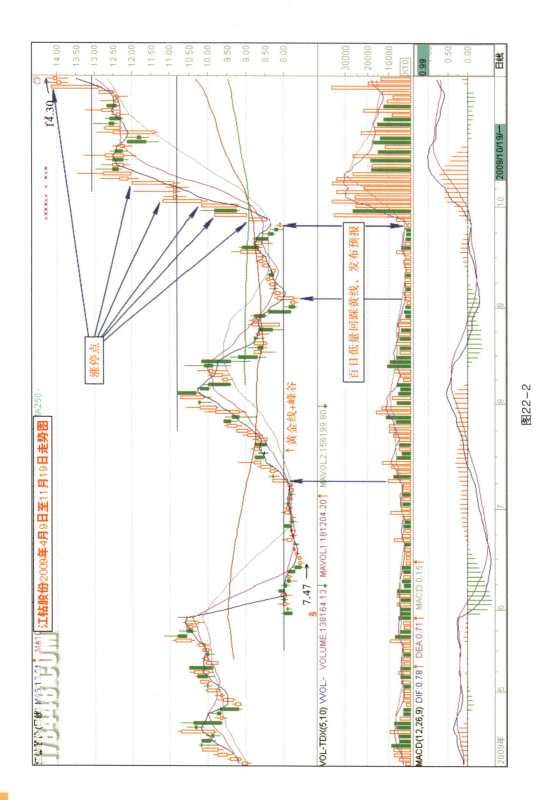

图22-2

大师小游戏，越想越有趣

沐浴着国庆 60 周年大喜，2009 年 10 月 3 日有幸与京城的三位高手以做游戏的方式，切磋了下面这只股票。这三位高手分别代表着 K 线、均线、波浪理论的较高水平。他们是怎么研判这只股票的呢？

第一节　高手对该股的研判

请读者先看看这只股票 2009 年 9 月 3 日的走势图（图 23－1）。

首先，均线大师发言：这只股票最上面的短期均线死叉中期均线，中期均线又死叉长期均线，并且在这两个死叉之间已形成"价压"，该股必死无疑。

接着，K 线大师发言：这只股票最后的 14 个 K 线是个小平台，且短期均线死叉中期均线后，又死叉长期均线，压住最后的 K 线，该股必死无疑。

最后，波浪大师发言：这只股票的浪形散乱，你根本就说不清楚它是什么浪形，也数不出它是第几浪，目前难上必下，该股必死无疑。

这三位大师的研判言之凿凿，有理有据；信誓旦旦，有板有眼。当我向他们展示这只股票后来的走势时，他们都朗朗大笑起来！大家乐得像小孩一样。

接着，我把这只股票的走势图发到 www.178448.com 论坛上，让同学们来做大师们做过的小游戏，题目是"请用你学过的'K 线、均线、波浪理论'研判该股在截图日是该买还是该卖"。结果是什么？请看：

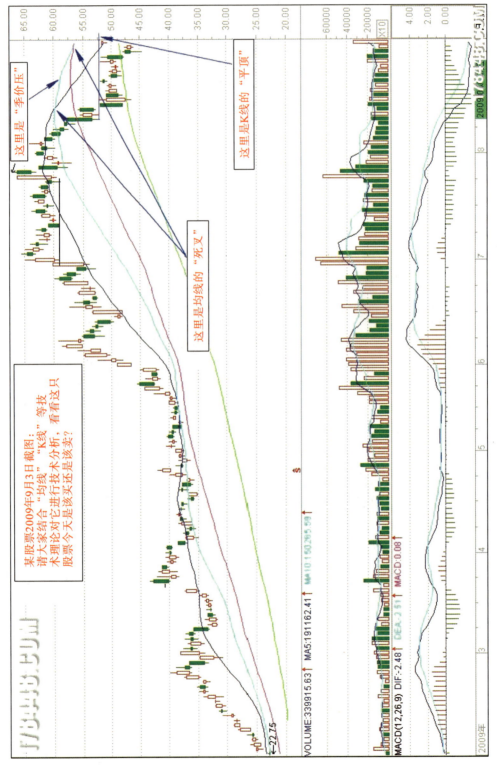

图23—1

第二节　同学们对该股的研判

第一位发帖的是"破了"同学，全文如下：

谢谢老师给我们模拟学习的机会。按唐能通老师的理论：只做2+3，针对该股的实战，是股价重上5线（均线）之际第一阳。见图23-2。

王子点评："破了"同学的发言，紧扣主题，用他学过的"均线K线"理论研判走势，决定买卖，得出了他认为正确的操作计划。从这种意义上讲，这是完全正确的。这种实打实的学习作风和研究作风值得大家学习。

第二位发帖的是"天地我心"同学，全文如下：

这个位置买的风险小于下跌的风险，收益大于下跌的风险。

理由1：正常情况下均线下的震荡平台向下突破是下跌趋势，问题是图中下跌以后又带量反转向上，证明向下是假突破，在这个位置追涨，最低价止损，收益大于风险。

理由2：图中MACD在低位即将金叉，也支持上涨一波。见图23-3。

王子点评："天地我心"同学的发言图文并茂，在原图上画出自己的研判重点，从"趋势线"的角度研判出"假突破"，从MACD的角度研判出"即将金叉"，思维的视角显得立体化，多维化，非常好！值得大家学习。

第三位发帖的是"blueone"同学，全文如下：

这个股票是可以做的。理由我来慢慢讲一下。

首先，现在很多人做股票有个误区，就是看均线。实际上做股票主要是看K线和量能和形态才可以。均线的优点是研判趋势比较直观。但是缺点也很明显。它经常被主力用来骗线，特别是欺骗一些有一定技术分析基础的散户。百试不爽！

实际上，研判K线和成交量的关键。就是为了分析主力成本和跟踪研判主力行为。通过K线和量能的变化，来分析主力的意图和筹码交换的趋势。

在大盘行情比较好的环境下，用均线做股票是很简单轻松的。但是一旦碰到大盘环境不稳定，震荡甚至下跌的情况下。很多股票的均线就往往会缠绕甚至短期向下。在这种情况下，如果一看大盘不好，个股也均线向下扭转。很多人就不敢动手而离场了。

而实际上，很多个股里面的主力是不可能一下出货完毕的，而且很多主力甚至也被套，或者说一些主力也借大盘调整，顺势就洗盘！所以这时候就需要对K线和量能有深入细致的分析跟踪。才能发现主力的意图。

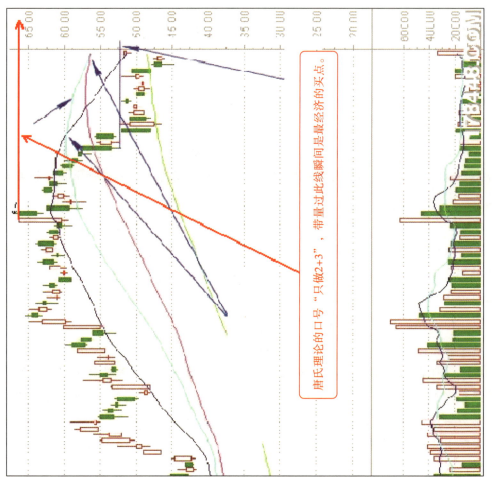

唐氏理论的口号"只做2+3"，带量过此线瞬间是最经济的买点。

图23-2

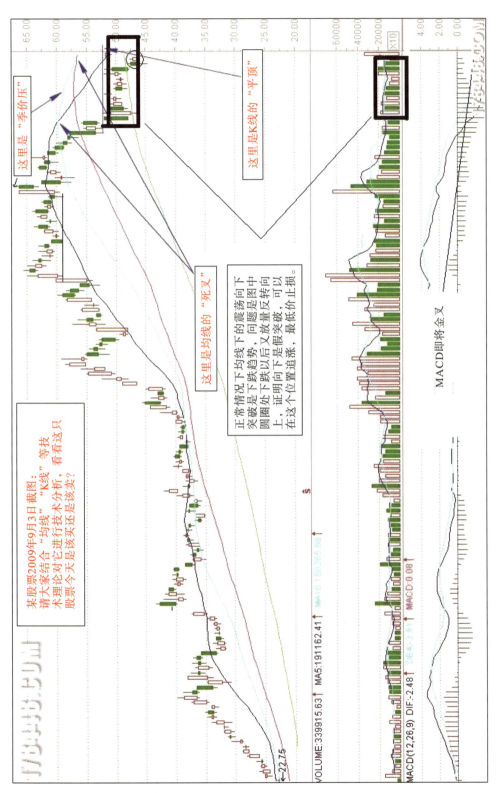

这里是"季价压"

这里是K线的"平顶"

这里是均线的"死叉"

某股票2009年9月3日截图：
请大家结合"均线"等技术对它进行技术分析，看看这只股票今天是该买还是该卖？

正常情况下均线下的震荡向下跌破是下跌趋势，同题是图中圆圈处下跌以后又是放量反转向上，证明向下是假突破，可以在这个位置追涨，最低价止损。

MACD即将金叉

VOLUME:339915.63

←22.75

MA5:191162.41 MA10 | MA265.66

MACD(12,26,9) DIF:-2.48 DEA-2.57 MACD:0.08

图23-3

如果仅仅看均线做股票，说真的，在大盘单边牛市上涨时候，谁都可以赚钱，哪怕什么技术都不懂。

好了，现在言归正传，说一下图23-3中的这只股票。从图中可以清晰地看到，这只股票在45元这个位置，前面放量出现很明显的倍量柱。而且45元这个地方是突破盘整平台向上加速的上涨。从45～58元左右。这里放量了很多。出现了堆量。那么很清楚，图表告诉我们，这里有很多增量资金入场了！那么这些资金的成本底线就是45元！

我们再看图23-3中右边最近几根K线，右边这波下跌过程中，量能萎缩很明显。而且刚好最近三天里面的一根K线的下影下探到45元后，就收回去了。注意看！这里有两个细节。

（1）前期这个图上涨突破45元这个平台的时候，有一个向上跳空缺口！而最近这个带下影的K线，刚好补了这个缺口。但是当日就收了回去。说明缺口的支撑是有效的。

（2）45元，正如我们前面分析的，是前期倍量柱出现的位置，也是增量资金入场的成本底线！所以这里应该也是支撑！

然后再看出现这个下探到45元随后收下影K线的第二天，又严重缩量一倍，收出一个小阳线。这个缩量就非常值得注意了！往往就是变盘的先兆。果然，第二天，这个股就大幅跳空向上！并且放大量！这里就是主力自救的开始！这又证明了45元这里的支撑作用，并且新主力没走，所以可以马上跟随介入！

王子点评：blueone 同学的发言内容丰富，思路开阔，边谈体会，边讲经验，在诱导中亮出自己的观点，特别是对于"45元平台"的研判，眼光独到，引证全面，抓住了主力"自救"或"顺势洗盘"的要害，很有参考价值，得出的结论非常正确，有提携后学的才干，望能经常帮助同学们共同进步。不足的是，发言中稍稍偏离了"用'K线、均线、波浪理论'研判该股"的主题，介入的结论是在量柱理论的基础上得出的。

第四个发帖的是"拈花微笑"同学，全文如下：

打开老师这只股票的原图看的时候，感觉这个票9月3日的走势很像老师在教材里讲倍量柱的实例中水渔业G点的走势（见图23-4）。

先从老师原图标识的那根线（我叫它2号线）位置看，在3号方框那根"巨量巨阳"后，有效跌破2号线所在的最低价，跌势成立。

我在老师画出的"价柱的平顶线"下方画了一条1号线，从图上看1号线所在的股价大约在48元附近，1号线与老师的价柱平顶线形成了一个11天的平台整理，在这期间1号线是个很强的支撑线，即便有跌破此线的时候也会很快被拉起，这说

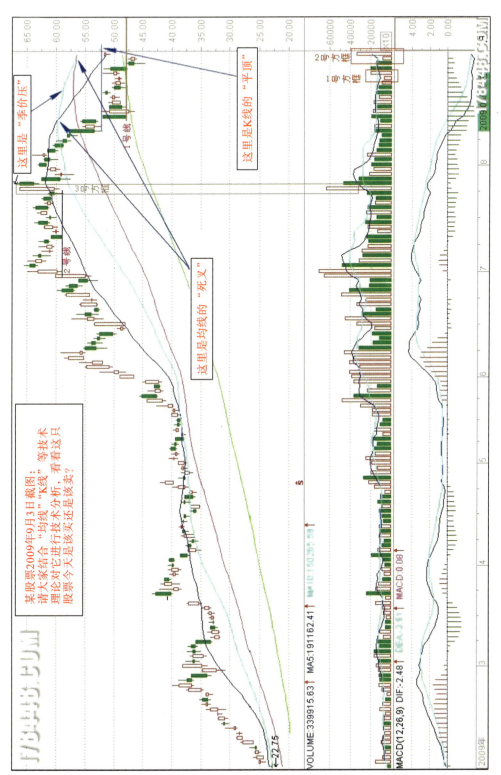

图23-4

明在这个位置上有庄家存在，或者说，在这个位置上有新庄进入建仓，从1号方框来看，一个缩量柱＋一个倍量柱，形成了一个黄金柱。

从图上来看，这个庄家是个歹毒而且是很小心的家伙，在形成第一个方框的黄金柱后，用老师的话说，抖米袋，紧跟着不是抖米袋，而是把米袋彻底地翻过来，一下子抖干净，从图上所示看，此时的股价到了45元附近，也就是庄家的最低成本价；紧接着形成了2号方框的一个缩量柱＋倍量柱的黄金柱。

从2号方框的那个缩量柱来看，最低点没有低过左边的那个最低点（股价45元附近），再次确认了45元是庄家的最低成本价；此时形成了9月2日缩量柱，但是这个时候我是不敢买进的，因为在1号线那还堆积了好多筹码，1号线此时由支撑线变成压力线。

根据老师说的倍量柱操盘启示：发现倍量柱的当天，是介入的最好时机，到了9月3日，再次形成了一个倍量柱，胆大的技术高超的老师们这个时候是敢于介入的，可是这个时候我还是不敢买进，因为在其上方还有老师画出的那根平顶线，这个时候平顶线变成了一个新的压力线；我要等到第二天，它有效突破左峰，形成凹口，也就是"过顶黄金柱"形成后，才敢于大胆放心地介入，这只股票若是到了9月4号最好能形成一个梯量柱，也就是：倍量柱＋梯量柱＝黄金柱，此时它的走势就完全会像《量柱擒涨停》第1版中图1-4-3"中水渔业"走势科图中G点后急剧飙升。

从老师的这个图中，综上分析后，我感觉有3个点位会是大家想上轿的时候：

（1）有效止跌的时候，也就是1号线确立的时候，但这个时候上轿，因轿子是在整理过程中，左摆右晃，上打下砸的会被整晕，特别是碰到9月1日庄家的破釜沉舟的下打，熬不住的会被晕下轿，所以说，这个点位不是介入的最佳时机。

（2）1号方框后面紧跟着的是一个平量柱＋缩量柱，这个时候进入有1号线原本的支撑线变成了压力线的压制，此时进入也不安全。

（3）到了9月3日，出现了一个倍量柱，很轻松地过了1号线，1号方框和2号方框形成了一个双重黄金柱，总算有了底气，前面说过，这个庄是个歹毒凶残外加小心的主，想跟这样的主赚钱，必须比他更小心，老师反复说不见凹口不进入，要耐住性子等到9月4日，若是开盘就很轻松地超过左侧平行峰顶的话，后市形成一个梯量柱，此时跟着进入，俺感觉这才是最安全最不难为心的介入点。

王子点评："拈花"同学的研判，图文并茂，思路缜密，证据充分，层次清楚，如果用"量柱理论"来衡量，应该得满分。但是与我们要求"用'均线、K线、波浪理论'研判该股"的主题相去甚远。这可能是受了前面两位同学的影响，逐步倾向于全部用量柱理论来研判该股了。

第三节　王子对该股的研判

从大家对该股的上述分析可见，客观地讲，用"K线、均线、波浪、趋势理论"来分析该股，都不可能得出"买入"的结论，只要稍稍学过《量柱擒涨停》的同学，只要抓住三个要点就能得出"买入"的结论。

现在，让我们揭开这只股票的真实面目。它就是600547山东黄金。请看它截至2009年9月17日的走势图（见图23－5）。

第一，图中的A点是我请大家练习的截图日，正如"拈花微笑"等同学所说的，A点是缩量为百日低量柱后的倍量柱拉升，这是第一个介入理由。

第二，图中的D点是倍量柱，次日C点是黄金柱，形成双重黄金柱，以C柱次日的最低点画黄金线，刚好与A柱前14日的平顶持平，而D柱的最低点与这14根K线的底部持平，可见这里是主力精心构筑的黄金攻防线，正如同学们指出的那样，跌破45元的那个瞬间，已暗藏了蓄力拉升的动机。

第三，图中BA之间的缩量打压，明显是依托DC黄金线的打劫行为，一旦触及D柱的底线就是拉升的前夜。

综上所述，量柱温度计可以直观准确地量出主力的意图和动机，即使主力在均线、K线、趋势线等方面可以迷惑投资者，但其实质性的计划和动作，怎么也逃脱不了量柱的衡量。

正是从这种意义上讲，量柱量线对股票的研判比其他方式更简单，更快捷，更提前，真是"一根倍量柱，量出大牛股"。

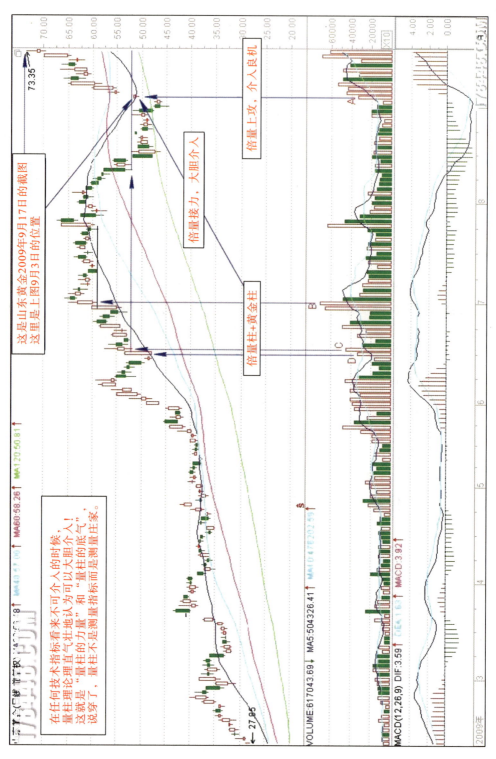

图23-5

73.35

这是山东黄金2009年9月17日的截图
这里是上图9月3日的位置

倍量接力，大胆介入

倍量上攻，介入良机

倍量柱+黄金柱

在任何技术指标看来不可介入的时候，
量柱理论直壮地认为可以大胆介入！
这就是"量柱的力量"和"量柱的底气"，
说穿了，量柱不是测量指标而是测量庄家。

27.85

第24讲

回踩黄金线，起跳在眼前

2009年10月9日同学们一口气擒拿了七个涨停板：有"天开一路"的中金黄金涨停、"路在脚下"的罗平锌电涨停、"我股丰登"的厦门信达涨停、"破了"先生介入后即停牌的华邦制药开盘涨停，估计还有涨停结伴而行。而"雪狼"同学节前介入的中金岭南、老凤祥、黄河旋风三只股全部涨停！可谓大丰收。

从这些涨停股票的走势来看，有一个共同特点，这就是笔者当天盘前预报中金黄金和山东黄金时提醒大家注意的"守稳黄金线，起跳在眼前"。注意：本文的标题是"回踩黄金线"，盘前预报的是"守稳黄金线"，二者的意思基本一致。"回踩"是"从上往下踩"，"守稳"是"从左往右守"，其本质都是把"黄金线"作为"起跳板"所进行的洗盘打压行为，目的是"起跳"。所以下面的讲述重点侧重于一个方面，望大家举一反三。

下面请看雪狼同学9月29日盘中点评并介入的000060中金岭南今天的截图（见图24－1中金岭南2009年10月9日截图）。

图中有A、B、C、D四个重要量柱，其中A、B、D为黄金柱，C为将军柱。按照《量柱擒涨停》的画线方法，我们分别给它们画出黄金线，就成了现在的四级台阶。从左往右看，每条黄金线上都有一个圆圈，这六个圆圈就是我们要讲解的内容。

这六个圆圈告诉我们，每当股价跌到黄金线附近的时候，都会有一定的反弹。其反弹的高度和力度，与线条所在区间的量柱有一定关系，大家可以先自我揣摩一下，现在重点讲解"黄金线→涨停起跳板"的功能。

先看A柱：为7月15日黄金柱，简称"0715黄金柱"，其他以此类推。按照《量柱擒涨停》的画线方法，此处应该在0715黄金柱的最高价取点，我们为什么要以其最低价取点呢？这里就是本书第26讲《预定黄金柱，提前测涨幅》要讲的内容。

现在简单告诉大家一个绝招：强悍的庄家，往往定位偏上；保守的庄家，往往

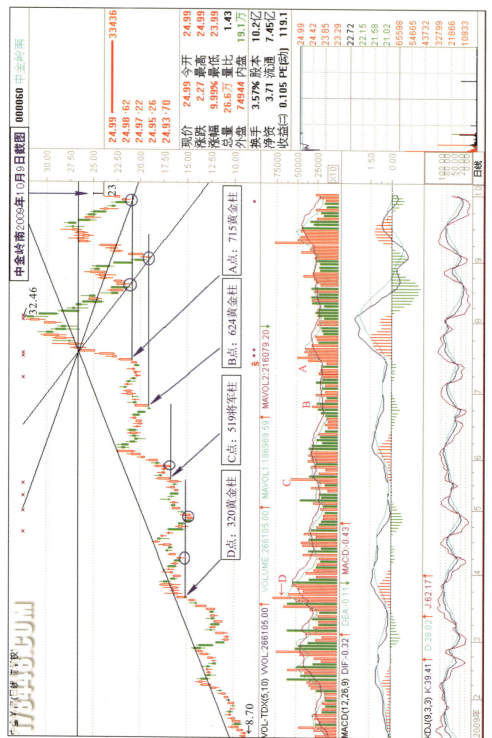

图24-1

定位偏下。当你在规范位置画好黄金线之后，若一旦股价跌破黄金线而没有止跌，你就应该将黄金线适当下移，在最低点画线。

当我们在 A 柱的最低点画线之后，就会发现一个秘密：股价两次触线即反弹，只有第二次跌破 A 柱黄金线，却在 B 柱黄金线触线反弹。它们三次起跳的位置都在黄金线附近。这就叫"守稳黄金线，起跳在眼前"。

类似的股票比比皆是，像最近的中远航运、中国远洋、正邦科技、云铝股份等等，都是这样的形态，大家可以先画线看看，体会其中的涨停奥秘。

第25讲

若现鹰嘴镐，可能创新高

下面是"龙行天下"同学 2009 年 10 月 17 日的一篇咨询帖子。

王子老师你好：

我是国庆节期间逛书店发现《量柱擒涨停》这本书的，买回来后如获至宝，反复看了几遍，认真研究学习，并对照书中的案例来实践。

在学习了《凹口淘金，十拿九稳》时，我关注的一只股票 002156 通富微电在 10 月 9 日时与书中的案例众合股份走势基本相同，按照"凹口取时"的"对称原则"，我在 0814 最低价取点画平衡线，该平衡线横穿 0611、0916 大阳线，您在《量柱擒涨停》书中说："平衡线上左侧的凹口处有强壮阳线的个股，其右侧才有强壮的阳线，否则，它将在凹口平衡线受阻回调。"因此，我断定近两天有大阳线出现，我就关注该股票，果然，10 月 13 日我在盘中买入后该股即涨停。因有大阳线的支撑，目前价平量缩正在整理，仍持有该股票。这是我看书后操作的第一只涨停股票。

10 月 16 日，我在盘中发现 000997 新大陆分时图 10:31 时突破 9:33 时的 14.76 元的高点，且成交量放大，按照老师书中"凹口淘金的分时介入法"，我在 15.09 元买入，该股在尾盘半小时封死涨停板。该股前期有很大的一波拉升，我之所以敢介入的理由：一是该股是强势股，强者恒强。二是成交量红肥绿瘦，9 月 25 日、9 月 28 日、9 月 29 三天的调整也是量缩，表明主力没有出逃。三是 10 月 12 日后三天没有跌破 10 月 12 日的最低价，股价横盘，且 10 月 15 日缩倍量股价横盘，明显是主力洗盘。四是 10 月 16 日又是倍量柱，后期关注是否能成将军柱决定买卖。这就是我买入该股的理由（见图 25 - 1 新大陆 2009 年 10 月 16 日截图）。

我想请王子老师对我以上股票的分析是否正确提出意见，以及针对目前这种类型的股票后期应如何操作。

（原文见 http：//www.178448.com/thread - 32504 - 1 - 1.html）

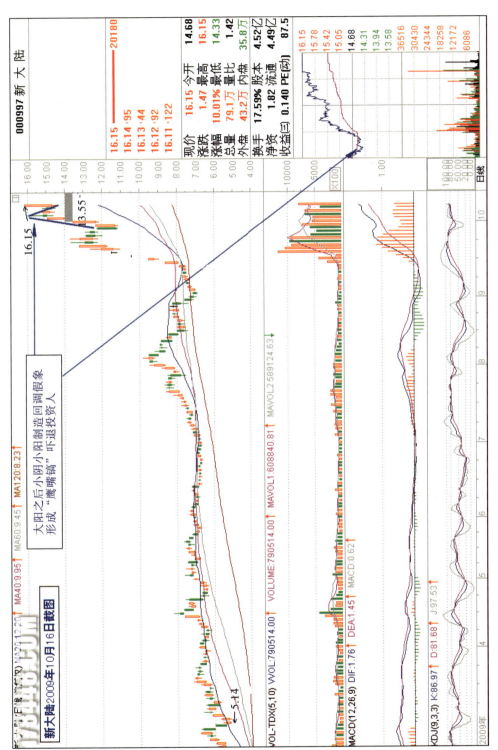

图25-1

王子点评：若见鹰嘴镐，可能创新高

遵循凹口淘金的原理，你买入的第一只股票002156通富微电，10月13日如期涨停，我替你高兴。该股从14日开始的三天调整，就是我们今天要讲的"鹰嘴镐"。见图25-2"通富微电（002156）2009年10月16日收盘截图"。

淘金工人每人手上都有一把"鹰嘴镐"，它小巧玲珑，能挖能刨，一有发现，就能轻易出手。股市上的庄家，也经常使用"鹰嘴镐"，就是在中到大阳之后，缩量调整，有时是小阴小阳，有时是假阴假阳，造成高位滞涨，或高位回调的假象，以吓退经验不足的投资人。

你的通富微电从14日开始的这三天"小阴小阳"，就是在吓人，因为量能一天比一天小，主力肯定没有出货，既然主力没有出货的迹象，他在干什么？肯定是洗劫其他人的筹码，既然是洗劫，那么它将有突然上攻的可能，你要冷静观察，科学处理。

怎样处理呢？我的做法是：

第一，设好止损点。我一般是以最近的黄金线（该股是1013黄金线）为止损点，只要不破8.10元（图中B点），就有上攻16.20元的可能。

第二，设好止赢点。我一般是以最近的筹码峰（该股是第一左峰的中点）为止赢点，该股的左峰中点在8.90元左右。

第三，随时做调整。上面的止损止赢点设好后，并不一定完全按此操作，如果有效站稳8.90元，我就把止赢点向上移动；反之，止损点也要相应调整。

（截稿验证：该股在B点下探8.10元之后，一路走高，2010年4月28日最高价为16.96元。）

如果结合你买入的第二只股票来分析，这个"鹰嘴功"的未来走势就更加清楚了。

如图25-1所示新大陆（000997）10月12日涨停后连续三天小阴小阳逐步向下，给人高处不胜寒的感觉，许多人纷纷交出筹码，可是第四天（10月16日）开盘就跌穿1012黄金线，仅仅十分钟后即放量拉升，尾盘半小时封死涨停板。你可能守住了，因为你讲的四个持股理由非常充分，可见你已读懂了《量柱擒涨停》的大部分内容，望你多多辅导后来者，让大家像你一样能轻松抓住涨停板。

我的这点雕虫小技，仅供参考。我在10月14日盘前预报时要求大家关注"小阴小阳调整的股票"，就是为今天的讲座收集实战资料，近几天与之类似的股票可以参看通产丽星、风神股份、银河动力等等，它们都是小阴小阳之后突然涨停的典型的"鹰嘴镐"股票。只是有的鹰嘴很短，有的鹰嘴稍长，我们要从中体会主力的"鹰嘴功"，不必拘泥"鹰嘴长短"。

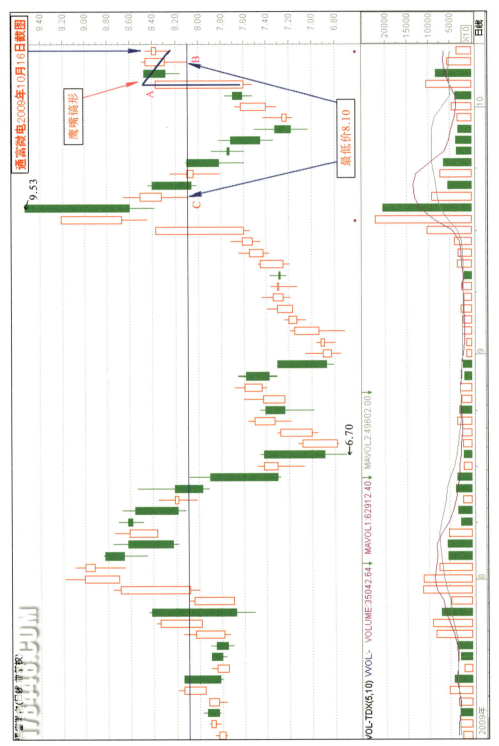

图25-2

　　（本文下面第17楼"缩量上涨"同学的读后感写道："王子老师的讲解，绝招不断啊，比如止损止赢点的设置，看似平常道来，实则高度浓缩，符合资金运行的规律，止损在破位之时，止赢在滞涨之位！谢谢！"）

第26讲

预定黄金柱，提前测涨幅

▼

下面是 2009 年 10 月 16 日"涨停"学员的咨询帖子：

感谢老师的无私奉献！我是国庆期间逛书店买的《量柱擒涨停》。看了两遍，并在 10 月 13 日利用书中的凹口理论在 7.20 元买了 002259。虽说目前还没有涨停，但三天也接近 10% 了。希望老师给点评一下！谢谢！学员"涨停"。

（参见 http：//www.178448.com/thread － 32334 － 1 － 1. html 第 191 楼）

王子点评：

这是一篇值得点评的帖子。因为它说得有鼻子有眼睛，让人一看就明白是怎么一回事，点评者就好点评。而有些读者的帖子，你怎么看也不知道他在说什么，猜半天也猜不出作者想说什么，所以也就难以点评。希望大家提问时向这篇帖子的作者学习。他的这个简单的帖子，至少有三个优点：

第一，说明"作者 10 月 13 日利用书中的凹口理论买了股票"，边学边用；

第二，说明"所买股票是 002259，价位是 7.20 元"，具体实在；

第三，说明"虽说目前还没有涨停，但三天也接近 10% 了"，尝到了甜头。

遗憾的是，作者唯一没有说明这个 002259 是什么股票，需要我打开电脑，启动看盘软件，然后在电脑上打出 002259 这 6 个数字，然后再让电脑把这个 002259 所代表的股票名称翻译出来，我才能知道这是"升达林业"股票，你们看，多么麻烦。这得浪费我多少时间啊？

再说，如果作者写出股票名称，我只要敲 4 下拼音代码，就能把这只股票找到，比敲 6 个代码是不是节省了 2 键？累计起来算算，节省的时间可以多看三只股票，多么划算！

这只是一个读者哦，如果大家都浪费我三只股票的时间，一天要浪费多少时间？鲁迅先生早就说过："浪费别人的时间，就等于谋财害命。"我这里是免费为大家讲解股票，希望大家能帮我节省一点时间，帮我多活几年，哈哈！

要学好一门技术，首先就得学会规范。规范自己的一言一行，规范自己的一票一价，必须斤斤计较，才能天天提高。这是忠告哦。

现在回到"正题"上来，看看升达林业这只股票的情况。

详见图26-1"升达林业（002259）2009年10月16日截图"。

首先，该股从4月29日的C点到8月20日的D点是借助4月29日黄金线随大盘进行的强力打劫行为，在整个打压过程中，红肥绿瘦，显然主力没有出货，而是打压吸筹。

然后，自8月20日的D点上升后，以9月7日的A点黄金柱拉升，回落到9月30日的E点触黄金线回升，三日后，作者在10月13日介入，不早不晚，恰到好处，所以有连续三日10%的收益。

作者介入后的次日（10月14日B柱）是近期高量柱，15日、16日价升量缩，黄金柱的趋势基本形成，预计19日的收盘价不可能低于14日（因为降幅在10%以上），14日（B柱）就是"预定黄金柱"了。前面的9月7日的A点黄金柱后连续八天上升，现在10月14日的黄金柱后也可能有相应的八天拉升，只有这样，才能突破其第一左峰（F点）的压力，向第二左峰（G点）挺进。8.40元左右可能有调整，若有效冲过8.40元，该股将达到8.80元左右。

这个案例告诉我们：

第一，黄金柱的确认（本例中的B柱），不一定非要等到"三天之后"，而是可以提前预测到"第三日的最大跌幅也不可能低于确认柱时"，就可以提前预知了。曾有同学提问："等三天后介入是不是太晚了？"我说："那要根据实际情况来决定。如果第一第二天涨幅已达11%，即使第三天跌停，也值得介入了。"

第二，回踩黄金线的确认（本例中的E线），也不一定非要等到"三天之后"，而是可以提前预测"第三日的最大跌幅不可能低于黄金线时"，也可以提前预知了。和上面的假设一样，只要前两天的涨幅在11%以上，就不必等到第三天了。

第三，有效介入点的确认（本例中B柱的前一天），也不一定非要等到"三天之后"，而是可以结合其他指标综合研判，作者在B柱的前一日介入，就是非常理智的。

事实说明他的介入是成功的。即使这三天没有擒到涨停，也应该介入。"取法乎上，得乎其中"就是这个道理。如果我们"取法乎下"，那就离"得乎其无"不远了。

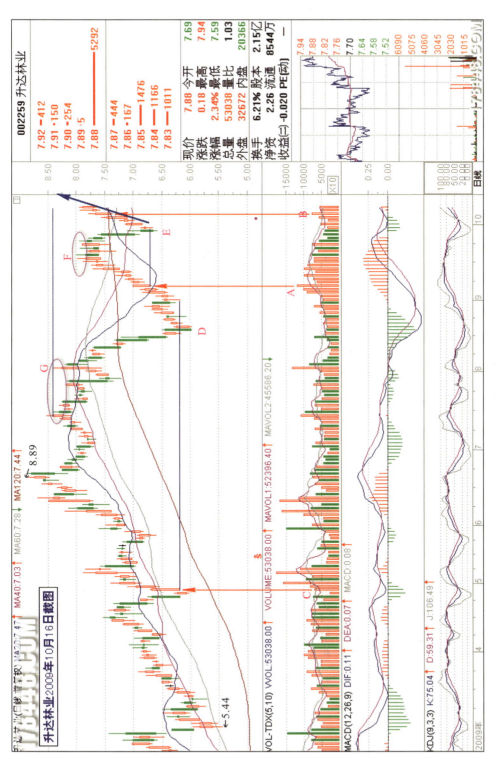

图26-1

第27讲

介入宜提前，测幅宜保守

王子老师：您好！

前段时间在书店无意中看到您的《量柱擒涨停》一书，觉得非常新颖、实用、简洁、明了，不像别的书那样难以揣摩。

根据书中的内容，我在10月27日涨停的位置大胆介入002021中捷股份，该股前日倍量柱对应的K线一举突破了五个峰顶，今天该股一度放量上攻，分时走势上呈涨时放量，跌时缩量态势，下午受大盘影响，缓步走低，但量柱明显低于昨天，走势健康。若下星期一能量缩价升收阳，则是标准的黄金柱。左边五峰顶和右边的黄金柱。

按老师书中的测幅理论，该股目标位应在12元以上。不知我的分析是否对头，望老师给予指导。谢谢老师。（lfanxin 同学 2009.10.28）

王子回复：您的来信看了，很具体，很有悟性。这样的咨询邮件才好回复。

您介入的时机稍稍提前点就好了，至少应该在过第一左峰时介入，至少可以多赚五个点。

您的涨幅预测没错，但我认为应该保守点，以0518量柱的后三日最低价为测幅基准好一点，因为这里是一个扎实的整理台阶，目标位定在4.68元×2＝9.36元左右，因为整数关口是个心理价位，多数人习惯以此为准，我们也应顺应多数人的心理。然后看势而为，顺势而定。

最近太忙，匆匆回复，仅供参考！

验证小结（2010年1月29日验证）

参见图27－1"中捷股份（002021）2009年5月12日至2010年1月29日走势图"。

"lfanxin 同学"是2009年10月28日来的信，王子于10月31日点评。现在是2010年3月1日了，回头再看看这个案例，对于"介入宜提前，测幅宜保守"的观

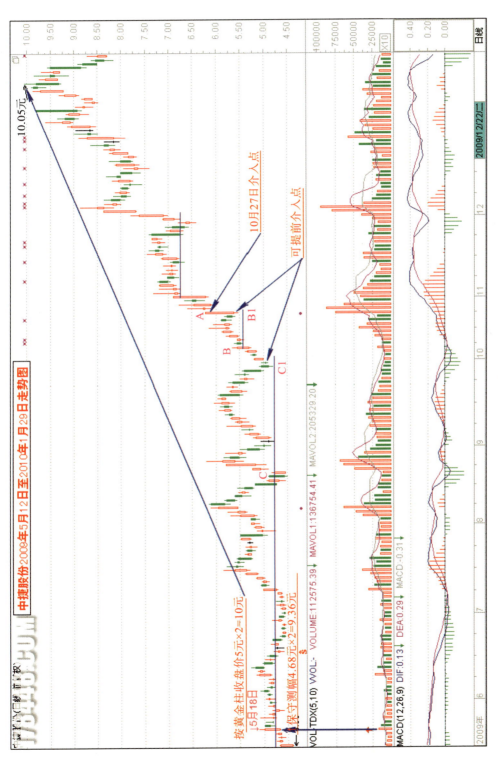

图27－1

中捷股份2009年5月12日至2010年1月29日走势图

10.05元

10月27日介入点

可提前介入点

按黄金柱收盘价5元×2=10元

5月18日

保守测幅4.68元×2=9.36元

VOLTDX(5,10) VVOL:- VOLUME:112575.39↓ MAVOL1:136754.41↓ MAVOL2:205329.20↓

MACD(12,26,9) DIF:0.13↓ DEA:0.29↓ MACD-0.31↓

2009年12/22二

日线

点大家应该有更新的认识。

第一，关于"介入宜提前"，在 B1、C1 回踩黄金线时是最佳时机，C1 是回踩 0518 黄金线的拐点，B1 是回踩 B 黄金线的拐点。

第二，关于"测幅宜保守"，我们当时以"黄金柱后三日最低价计算"，保守估计是"目标位定在 4.68 元 × 2 = 9.36 元左右"，如果按照 0518 黄金柱的收盘价计算，应该是"收盘价 5.00 元 × 2 = 10 元"，而本轮实际最高价为 10.05 元（见 2010 年 1 月 20 日）。

精准！科学是不容怀疑的。

靠线蓄势股，逆势飞天虎

一、盘中预警及时，躲过一场浩劫

2009 年 11 月 24 日的大跌，许多同学以 0730 量柱为参考刻度，准确地预测出大盘在发烧，并先后在 10:06 时至 10:50 时发出了出货预警（参见图 28-1 上证指数 2009 年 11 月 24 日分时图）。

下面是大家的预警信息。

别有洞天 10:06:28 盘中留言：短线 3362 以上注意逢高减仓出局，而不是追高。尽力使自己冷静些，管住自己的手。

大山王子 10:15:10 盘中留言：关注大盘的量能，如果有超过 730 量柱的迹象，还是出货为宜。

大道至简 10:25:24 盘中留言：10 点半可能形成今天高点！

钱多老师 10:50:33 盘中留言：今天上午的盘势有点类似 28 现象，非指标股早盘冲高之后很多进入回调状态，如果下午股指上升的时候，还没有起色，那就要小心点了。

下一个交易日将有什么样的走势呢？我个人认为，2009 年 11 月 24 日的大跌是由技术上的获利盘引导，由信息上的收缩论推动，由心理上的恐高盘加速造成的非理性暴跌，其下档支撑在 3180 左右。第二天的反弹不会很高，因为高了就可能诱发今日来不及出货的抛盘，打得太低也不可能，因为今天能出逃的不足 1116 上攻以来的十分之一。

我的操作策略是：当天在下午 13:45 成功出货，下午在尾盘又杀进七成仓位，也许这个做法不理智，但是它体现了我的操作计划和风格。我原来以为不会跌破人

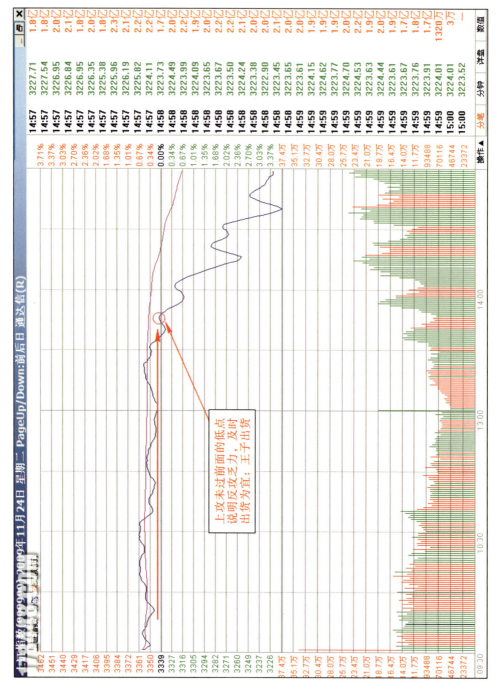

图28-1

214

线的，既然跌破了人线，我当然要介入。明天想在 3180 左右满仓，择机出掉今天的获利盘。如果大盘不给我机会，我将顺势而为。

二、大跌之中大涨，靠线蓄势真牛

个股方面，2009 年 11 月 24 日盘中点评的"冰冰"同学的友利控股很有特色，请大家调出它的图形看看，这是"在左峰水平线下主动调整"的典型，这样的个股就是"靠线蓄势"，不上不下，缩手缩脚，让人觉得"难以过关"，而它的量柱却透露了主力的动机是"蓄势向上"。

请看图 28－2"友利控股（000584）2009 年 5 月 5 日至 11 月 25 日走势图"，该股 11 月 12 日倍量后有 8 根量柱，没有一根量柱比它高，而对应的价格却悄悄涨，到 11 月 23 日价升得最高，量却缩小。所以第二天开盘 45 分钟内冲击涨停，尾盘受大势拖累依然大涨 6.48%。

这种"靠线蓄势"与前期讲解的"踩线蓄势"正好相反。"靠"是向上"靠"，"踩"是向下"踩"，目的都是向上。根据友利控股的走势，我们再看看今天的涨停股票，都有似曾相识的感觉。这样的图形，值得重点研究。

过去我们看过很多股票教材，它往往是就某一个案例讲一种技术，在此例中有效的不一定在彼例中有效，其可信度和实用性比较差。而我们的技术，要求能在"同一个时间，同一个空间，同一个形态"中冒出同样的"一批案例"，这才是科学研究的本色。

2009 年 11 月 24 日大盘大跌 115 点，两市只有 10 只个股涨停，可是就有七只个股和友利控股相同或相近，逆市涨停。这是在大跌之中显身手的飞天虎。例如：

莲花味精：从 1105 的倍量柱到 11 月 13 日，6 个交易日"靠线蓄势"，然后一飞冲天；

长春燃气：从 1030 的倍量柱到 11 月 16 日，11 个交易日"靠线蓄势"，然后一飞冲天；

再看卫士通、信达地产、云南城投、大橡塑、安阳钢铁，都是如此蓄势而起。这样的股票应该都还有机会。

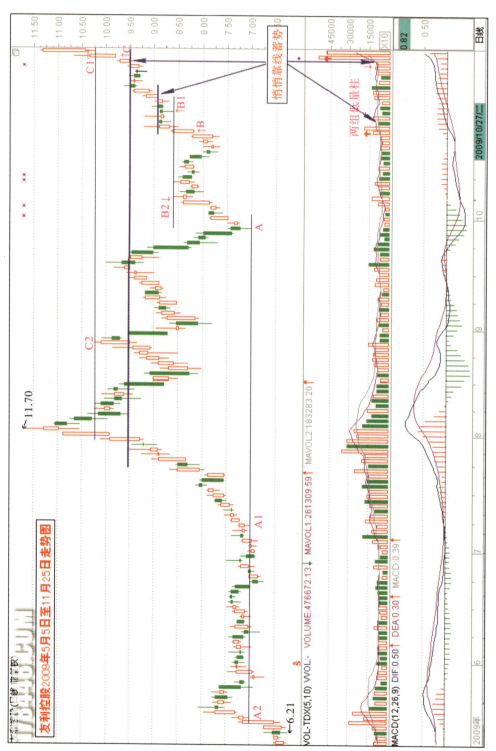

图28-2

领悟灯塔线，奥秘在心间

一、大盘灯塔线，精准每一天

人世间，做一件两件好事并不难，难的是每一天都做好事；

股市上，准确预测一天两天的走势并不难，难的是准确预测每一天的走势。

凡是跟踪"股海明灯论坛"的朋友可以见证：从 2009 年 3 月至 11 月，我们的"灯塔线"问世整整 8 个月了，准确预测了 8 个月来每一天的走势，连"灯塔线"的发明人也感到意外。

尤其是当 2009 年 11 月 13 日，更令人大开眼界：

当天（周五）的上证指数，神奇地在灯塔线零轴线止跌反弹，令许多股评家大跌眼镜。

当天（周五）两市仅 14 只涨停股票，同学们就擒了 10 只，更令许多人大跌眼镜，请看同学们的业绩：

同学们自 2009 年 6 月 16 日以来至 11 月 13 日伏击的第 236 个涨停问世。

伏击者	涨停日	伏击日	股票名称	伏击理由	累计
老葛	11.13	昨日	银座股份	超倍量过左峰创 15 年来最高	236
杨阳阳	11.13	昨日	ST 宏盛	缩倍量上涨必有新高	235
老鹰98	11.13	昨日	海信电器	今天破历史新高，回档买进	234
老鹰98	11.13	11.03	通策医疗	梯量过左峰（回踩黄金线）	233
xugrance	11.13	昨日	四川长虹	倍量过左峰	232
大漠长风	11.13	当天	硅宝科技	低量后倍量	231
大漠长风	11.13	当天	ST 马龙	百日低量＋缩量涨停，有望连续	230
股市之鹰	11.12	当天	中国服装	将军柱＋黄金柱＋倍量过左峰	229
DFP	11.12	五日内	ST 东电	梯量＋倍量	228
arhong	11.12	当天	ST 马龙	百日低量＋缩量涨停	227
老鹰98	11.11	11.02	吉峰农机	高量后缩量创业龙头	226

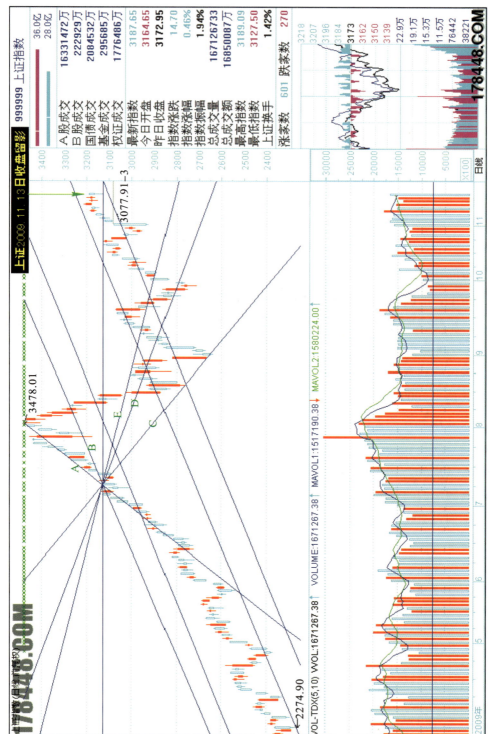

图29-1

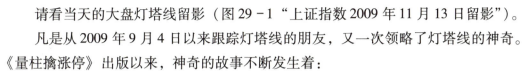

请看当天的大盘灯塔线留影（图29－1"上证指数2009年11月13日留影"）。

凡是从2009年9月4日以来跟踪灯塔线的朋友，又一次领略了灯塔线的神奇。《量柱擒涨停》出版以来，神奇的故事不断发生着：

由此上溯到2009年7月16日以来，跟踪我们0709灯塔线预测的朋友们，无不称奇。

由此上溯到2009年4月9日以来，跟踪我们0409人线预测的朋友们，无不道奇。

再由此上溯到2009年3月3日以来，跟踪我们0303地线预测的朋友们，无不叫奇！

从地线到人线，从人线到灯塔线，8个月的历程，8个月的走势，8个月的开盘收盘，8个月的高点低点，没有一次不在灯塔线的掌控之中。

二、个股灯塔线，令人大开眼

在7月31日之前，也就是《量柱擒涨停》正式出版之前，我们都是用"盘前预报"的方式预测大盘的走势，其精准精确，有目共睹！奥秘在哪儿？在灯塔线！

在9月4日公布灯塔线之后，我们每隔两天公布一张大盘的开盘收盘的灯塔线留影，图示一清二楚，桃李无言，趋势自现。奥秘在哪儿？还是灯塔线！

在此期间，我们也公布过江钻股份等几只个股的灯塔线，大家可以找来加以对比。见图29－2"江钻股份（000852）2009年11月13日灯塔线"。

四个月前笔者曾预言：大家跟踪灯塔线走吧，4个月之后，我们将在11月16日公布一个惊喜，今天是11月13日周五，灯塔线的奥秘离16日仅仅两个休息日，我们是静等还是揭示？请大家发表感想。哈哈，我希望不是"一句话的留言"，也希望不是"一句话的邮件"。我喜欢以心换心，以心交心！希望有心的朋友，以9月4日文章中的取点方法在你的电脑上画一画，看看灯塔线的神奇魅力，想想灯塔线的魅力来源。

（**注**："0303地线"和"0409人线"的画法详见《量柱擒涨停》2014修订版第18讲有关"黄金道"的内容。"0709灯塔线"的画法在本论坛9月4日的文章中查找。详见：http：//www.178448.com/viewthread.php？tid＝30687）

关于灯塔线的画法和体会，"钱多多"老师在2009年9月10日也有一篇文章，大家可以查看。

顺便提示如下：灯塔线不是凭空乱画的，它必须以量柱为依托！灯塔线的O轴，也不是凭空乱找的，它必须以黄金柱为基础。学好了《量柱擒涨停》中的黄金柱，领悟了《量线捉涨停》中的"斜衡线"，灯塔线的奥秘基本上可以无师自通。

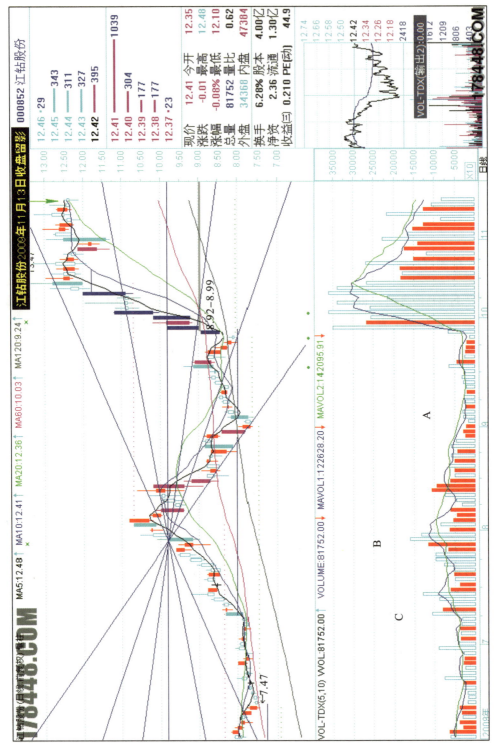

图29-2

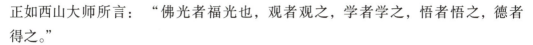

正如西山大师所言："佛光者福光也，观者观之，学者学之，悟者悟之，德者得之。"

简单地讲，灯塔柱取的是黄金柱，灯塔线的 O 点就是取黄金柱的实顶，灯塔 A 线取 O 点与基柱后第三日的价柱实顶或实底，B 线则是 O 点与基柱后第二日的价柱实顶或实底。参见"股海明灯论坛"的周末讲座文章。

三、悟解灯塔线，奥秘在心间

第 3 楼"ttxy"同学留言：老师，拜读了你的作品以后，使我恢复了信心，虽然我从看到书本到现在，只抓了两个涨停，但我相信按书中说的去做，不久的将来也会悟出灯塔线的奥秘（我今天又邮购了两本书送人），谢谢王子老师。

第 6 楼"卫东方"同学留言：王子老师，你的灯塔线很好，我用通达信也试画了一张上证的大盘灯塔线。只是地线和人线画出来与老师的不一样，我就自己改了一下。我想请教老师，画个股是不是也要一个一个的画，有没有个公式，只要在圆点处点一下，确认圆点就能画出灯塔线。我们将跟随着老师用灯塔线，一起见证今后大盘的发展。今天大盘的低点在灯塔线上止跌，再一次证明了灯塔线的神奇。

第 9 楼"weijun119"同学留言：王子老师好，我刚刚拜读大作，已经被书中的每个字句和每个符号所吸引。每天看王子和"多多"老师的盘前分析，被老师们准确的预报所折服，也被老师的那些精英学生们抓的涨停板所折服。尤其是今天，再次被灯塔线准确预报的点位惊呆了，709 的 O 点水平线强有力地支撑住了大盘，简直太完美了。

第 12 楼"weixiaoyou"同学留言：老师，我看了灯塔线之后，震惊之心久久不能平息。对 O 点的取点，想了很久，觉得应该是以黄金柱为取点依据。取点的 K 线应是整副图中有黄金柱的最高位置的 K 线，以收盘价为基准点画线。但对于另外 4 条线的依据却没想通，我相信只有自己真正领悟到了才是懂了，所以我不希望老师公布。股市中有休克疗法，学习炒股也应如此。老师给我们的已经很多了，指明了道路与方向，应知足了。再次感谢老师无私的奉献，祝老师好人一生平安。

第 22 楼"ywszesqx"同学留言：学习王子老师的理论大有收获，在此表示衷心感谢。王子老师善于把貌似复杂的事物，用非常通俗易懂的语言表达出来，绝不故弄玄虚，颇有大师境界。祝王子老师健康快乐，万事如意。

第 23 楼"weixiaoyou"同学留言：看了老师的提示又把黄金道理论学习了几遍，我有点明白了灯塔线的奥秘了，确实大道至简、大势至明。书读百遍，其义自现。老师说的三个月不知肉味，我现在也有这感觉了。为伊消得人憔悴，蓦然回首，那人却在灯火阑珊处！

第28楼"王子米"同学留言：王子老师，感谢您的无私奉献，让我们小散有一个系统的学习机会。灯塔线我反复研究了，并且把您的文章汇总结合量柱教材，我将000852江钻股份的灯塔线画出来了，让您指教：

(1) 选取7月30日的高量柱形成的黄金柱为基点，画O轴；

(2) 连接7月15日的最高价与基点形成A线；

(3) 连接5月19日的最高价与基点形成B线；

(4) 连接8月10日的最高价与基点形成C线；

(5) 连接8月10日的开盘价与基点形成D线；

(6) E线为后期增加的，暂时画法不能确定；

灯塔线的一点四线的画法就这样确定，不知是否正确，期待老师的指教。

第30楼"旧船票"同学留言：老师的理论显现出无穷的奥秘，但又不是天书，也不是那样轻易可得，不花点时间，没有钻研，仅靠取巧是难得真经的。

第43楼"潜伏"同学留言：老师您好！我正在细读《量柱擒涨停》。我读得慢却很惊喜，这是成千上万的股市书籍中非常难得的一本好书，很实用，也很易懂。您把杂乱无章的量柱剖析得如此清晰，太棒了，太了不起了。这两天我又关注"灯塔线"，的确很神奇。祝各位老师身体健康，合家欢乐！

第45楼"香水百合"同学留言：深深为老师的灯塔线所折服，自己试画了一下，没成功，偏了那么一点点都不准，实在不懂，但老师教给我们的已经很多很多了，从原理入手，一步一步地阐述个股涨跌的秘密，直到逮住涨停。我现在看股票不再是看山不是山，看水不是水，涨也有点明白，跌也有点明白了。这都是跟老师学习的结果，在这里衷心感谢王子老师的无私奉献，带我们走进这神秘的殿堂。

第48楼"鹤心境"同学留言：首先感谢老师，读老师的书收获非常大。老师的《量柱擒涨停》不同于一般的书。一般的股市书籍多是讲小技巧，都属于感性的东西；而老师的书是讲大规律，有独到的理论作基础。我觉得"三先规律"，尤其是"价在量先——量价平衡律"是核心的核心，是基础的基础。由此展开的量柱理论，能使读者尽快摸到股市运动的经络，所以能有这么多的人在读书后很快就能斩获涨停。在股海明灯网站，看到老师的言论，感受到老师技术的高超、教诲的认真、心胸的坦荡、做人的真诚，发自心底的敬服老师。广播福种之人，必有厚福相报。

第105楼"乐山乐水"同学留言：读老师的书，确实使我思路清晰很多。说实话，多年来我也看了不少炒股的书，每次读完都有一些收获，但还是感到迷茫。这次读《量柱擒涨停》，感觉大不同前，的确有似在茫茫大海中发现航标灯一样的兴奋。

第 177 楼"liuzhao5678"同学留言：王子老师，灯塔线实在太神奇了，简直是鬼斧神工！对照大盘和江钻股份的灯塔线，弟子想了很久，O 点的取点还能看出点门道，另外几条线，百思不得其解。希望老师公布灯塔线的画法。老师让我想起了孔老夫子，传道授业解惑也。造福千万小散，明灯照耀前程，我们无所畏惧！

第 221 楼"清静"同学留言：老师，同学们看书真快啊，我听"钱多多"老师的话，一副副图仔细复盘，标注。我一边学一边记，看得慢了。灯塔线太神奇了，每当大盘举棋不定的时候，我就把老师的灯塔线调出来，稳定一下自己的判断。这个技术太神奇了！

第30讲

找准平衡线，惊盘也悠闲

一、分时看量柱，随机画量线

2009年12月4日周五的盘势紧张而惊悚，却如期"站稳十日线，上攻三千三"。可惜的是网站流量太大，在最惊悚的时刻，网站堵塞，盘中交流发不成，只好在群里交流。

盘中大跌时明灯群里有人问王子："老师，怎么不大呼上当呀？"

王子答曰："哈哈，没有上当，只是上瘾了。"

为什么"上瘾"？请看2009年12月4日大盘的分时图（见图30-1）。

图中注①是11:17时大盘疯狂杀跌开始的绿柱，这时的绿柱增高，放量杀跌，许多筹码夺路而逃，可是这些筹码杀到哪儿去了呢？

图中注②是跌到最低点13:16时的绿柱，这时的绿柱明显低于①处，这是无量杀跌，根据量柱温度计的原理，无量杀跌，必然上涨！

图中注③是最重要的，这条最宽的横线，是我们盘前预报时预测的三三地线当日的当值，即10日均线位3240点的平衡线，大盘如此恐怖地杀跌，到平衡线下方仅仅半个小时，绿柱缩短，指数向上，形成大大的喇叭口，这种典型的诱空技法，在量柱温度计下被测量得清清楚楚，明明白白。我们在看日线图时如此重视喇叭口，在看分时图时也应重视喇叭口哦！

看懂了上述三点，谁能不"上瘾"？量柱和指数的互动，充分展示了主力盘中洗盘的伎俩，正如股市明灯群有个同学说的，"今天让主力赚大了"。的确如此。如果记住我们盘前预报的两句话"站稳十日线，有望三千三"，大家就不会这么紧张了。

二、如何才能处变不惊

第一，遵守时效原则。以盘前预测的关键点位为参照，确认站稳或突破的时间

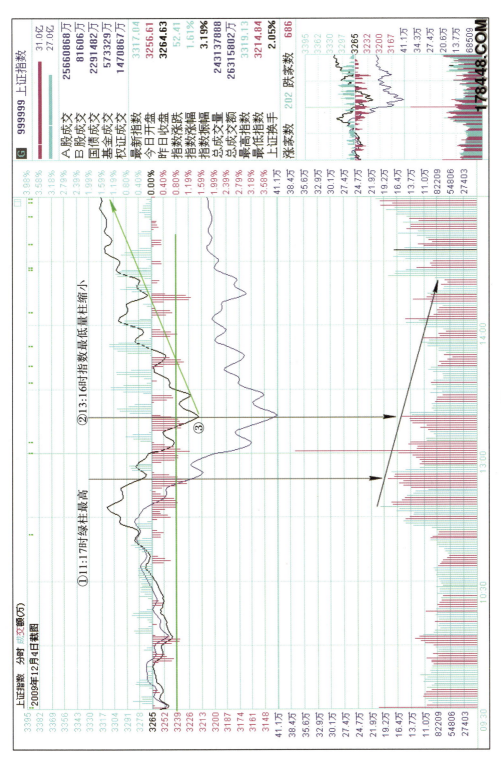

图30-1

一般应定为 30 分钟，我们在论坛上曾经多次强调过这个观点：无论向上或向下，30 分钟为有效。

第二，遵守方向原则。以量柱和指数的互动点为参照，确认上升或下跌的趋势一般应采取量柱温度计的刻度和指向来定夺，量柱与指数的背离，必然产生趋势的背离，即下跌时应看涨，上升时应看跌。

第三，遵守主导原则。就是在第一原则和第二原则产生矛盾时，以当时的主导趋势来决定方向。

以 2009 年 12 月 4 日的盘势为例：13:16 时为疯狂杀跌的最低点，这个最低点在 3240 平衡线下已满 30 分钟，按照时效原则应该看跌；但是，就在这个 30 分钟的最后时刻，量柱与指数产生了明显背离，趋势看涨，这时我们就要以"主导原则"来操作，这时的持股或抄底就是正确的了。

这就是"一线定大势，盘惊我不惊"。要想用好这一招，最重要的是预先确立正确的点位，事实说明，我们当天盘前预测的 3240 点非常准确；然后要确认发展的方向，特别是在盘中大跌时要能从量柱与指数的互动，看出盘面的苗头，从而作出正确的判断。

上述三个原则，在过往的盘面分析中经常应用。在此再次强调一下，以利大家今后的研判或操作。

这天我的操作是：在上午 3300 点时抛了 600593 大连圣亚，其他证券股没有抛；到下午临近收盘时在即将涨停的次高位抛出 600369 西南证券，然后买入另一只即将启动的期货股票 000628 高新发展。今天的操作不算完美，但我是严格按照盘前预报的点位和方案操作的。

自我感觉可以及格吧。欢迎高手指点。

三、2009 年 12 月 4 日王子与战友们的对话

第 36 楼"ttxy"留言：今天主力的操作手法堪称经典，但有量柱温度计就不怕。

王子曰：量柱是股市运动的基石，站在基石上，你还怕什么？

第 50 楼"其瓦额"留言：大师分析得真精彩！10:00 左右，我们深圳的同学，就看不到"股海明灯"。我们担心网站的安危！在深证成指分时图上，10:30 白、黄线分开，10:58 白线上行，黄线下行，我认为是蓝筹掩护中小股票出逃，我也杀出了部分筹码，13:30 我看到底部已经探明，立即回补杀出的筹码，做了一个 T+0。

王子曰：你是高手，今天敢于抄底的都是高手。

第51楼"大漠孤烟"留言：老师对量柱的研究对实战真是非常有用，股市上很多方法都可以作假，可以骗人，但是成交量是无法骗的，老师抓住的是精髓，量柱就是资金的写照。该方法值得我们去用心观察实践。大盘今天出现的如此明显的二八现象，在以往的股市上也少见，今天可以看出主力玩弄大盘于股掌之间，说明中国还是个政策市，完全要按市场规律来还有很长的路要走。

王子曰：你到底是金融专家，可以看出"股市上很多方法都可以作假，可以骗人，但是成交量是无法骗的"。我们就是要从不可骗人的量柱去洞察可以骗人的把戏，我们就能处变不惊了。

第79楼"szcall"留言：老师的理论，非常牛，我以前接触的理论为：下跌时不用放量，致使我错误地操作多次。

王子曰：随着时间的推移，你将会发现更多伪理论，我就是这些伪理论的受害者，最终摆脱了伪理论，向实实在在的量柱靠拢，就是向实实在在的利润靠拢。

第120楼"晕股者"留言：老师好，今天的10日线在收盘后是3240.17，但盘中动态10日线应该为3231.63。

王子曰：这个问题提得非常好！均线的异动太大，而量柱的异动很小，昨天的预报是根据三三地线测定的10日均线在3240左右，一线定位，不能因为今天的动态指标改变昨天的预测，否则，昨天的预测就没有意义了。

第165楼"金慧"留言：非常精彩，大道至简！

王子曰：对！至简的才是实用的。今天只要盯住3240一线即可悠闲自在！

第251楼"子牙5"留言：老师对大盘的分析太精彩了！以前看了几十本书就有许多的不明白，还有许多是当时明白，过后就不明白。现在读了老师的书，当时明白，过后明白，实盘也明白。思考了老师对12月4日大盘的分析，觉得以前许多的不明白，现在竟然有了不少的明白。

第269楼"L721836"留言：王子老师精辟论述、精彩语言：摆脱伪理论，向实实在在的量柱靠拢，就是向实实在在的利润靠拢。我等当铭记在心，深刻理解，坚持实践，深入体会！

第275楼"longzi_ Wg"留言：哇！老师，量柱理论还可用到分时图上啊，第一次见哦。

第276楼"zzsong2007"留言：分析得很好啊，看来炒股"进出有据"才能"处变不惊"啊，努力学习中！

第299楼"yrgen"留言："向实实在在的量柱靠拢，就是向实实在在的利润靠拢！"说得太好了！

第318楼北京"高大鹏"留言：王子说的"权重股蠢蠢欲动"，果然兑现。4

日一些中小盘个股庄家在进入拉升前借权重拉抬顺势急跌洗盘，手法堪称经典。前期部分低迷且调整到位的小盘个股将借大盘之势一搏云天。庄家阴谋阳谋在量柱理论面前无所遁形。向王子大师致敬！量柱理论登峰造极！

第450楼"老老老"留言：看老师的操作，犹如观其形，辨其意，审其时，度其势，动于阴末，止于阳极。其心如山之不动，其性如水之无常。以无法为法，法法相济。服！

第31讲

回踩精准线，起飞在眼前

一、关注一个神秘的点位

哈哈！2009 年 12 月 23 日周三的大盘，被王子唤醒了一会儿（开个玩笑），但还是半睡半醒，蒙眬惺忪。大盘还是要脸的，但就是不晓得怎么要脸。就像毛泽东说的推驴子上山，非得在后面猛抽它一下。谁来抽？肯定是主力资金。但是，现在的主力资金在干什么呢？从最近打新的情况和盘面的情况来看，它们响应号召打新去了！反正行情这样了，抽出资金打新，免得挨跌，赌得一把是一把，总比放在股市缩水强。那么，后面的戏怎么唱，就得看打新资金解冻的时机了。目前的市况，是个股分化的关键时刻，如果我们踏准了，正好换股迎新春。

24 日就是洋人的圣诞节前的最后一个交易日，也是 3050 止跌以来的第二个交易日，中国人会怎么看怎么想，那都是崇洋者的把式，也是趁机造机发财的把式，王子个人认为，稍稍发红的可能性大，如果要打压，能在 3039 稳住就是假打，那么向上到 3108 就是阿弥陀佛，如果发点善心，站到 3123 就得歌功颂德了。

为什么强调 3039 点？王子在当天盘中交流时曾强调过：只要不跌破 3039 点就是多方的胜利。为什么？看下文你就知道了。王子现在依然强调 3039 点的重要性。

2009 年 12 月 24 日周四，大盘真的醒过来了！王子一声吼，大盘往上走，本来想写"大盘往上抖"的，怕这个"抖"字不吉利，换成"走"字，哈哈！23 日那天说过，推驴子上坡，是要吼几声的。中国文字的丰富，让许多股评人士变得油嘴滑舌，模棱两可，有的则是扯着嗓子空喊，没有一点技术含量。

毫不谦虚地说，咱王子是中国股市唯一的一个敢于讲真话、敢于毫无保留奉献技术的人。有人说，你把这么多绝技奉献出来，不怕"教会徒弟，饿死师傅"么？我说，如果没有一桶水，我会给你一碗水吗？如果没有找到水源，我会源源不断地送水吗？那些有一技之长就把尾巴翘到天上去的人，还是收敛一点好！西山大师长

袖一抖，你的那些把戏全都不值一文。

二、关注一串神奇的巧合

就说"精准线"吧，天底下只有王子在讲，可不一定有人信。常言道："绝技好学，一窍难通。"王子向西山大师学习"精准线"，至少面壁三个月，一语道破时，才恍然大悟。

王子在 2009 年 12 月 23 日盘中交流时强调：只要不跌破 3039 点就是多方的胜利。为什么？当时盘中来不及细讲，现在重点介绍一下我的思路。

2009 年 12 月 22 日周二上证最低点为 3039 点。我们以此点画一条水平线，惊奇地发现一串神秘的节点（见图 31 − 1 "大盘 3039 精准线"）：

①0814 的最低点是 3039 点；

②1019 的最高点是 3039 点；

③1028 的最高点是 3038 点（低 1 个点）；

④1222 的最低点是 3039 点；

⑤1223 的最低点是 3041 点（高 2 个点）。

横跨四个月的水平线，居然有五个点位处于同一个位置，最多仅相差两个点位，如此精准的刻度，有人肯定会把它当作主力的杰作，其实，这绝非主力有意为之，而是市场多空双方格斗后自然形成的力量平衡点。这样的多点平衡，往往是一个重要的点位，这里很可能是 1124 和 1207 两个高点形成的 M 头的底线。所以，王子在盘中交流时格外强调 3039 点的重要性。

三、关注一批神气的涨停

2009 年 12 月 23 日让大家关注的 3039 点，2009 年 12 月 24 日周四的大盘走势，证实了这个精准线的实力。

大盘的精准线比个股的精准线实在得多，个股的精准线却有一个特殊功能，特别是在"并肩精准线"上，往往会迅速起跳。

请看 24 日两市涨停的 20 只股票中，有 12 只股票都是在"精准线"上起跳的，请大家调出如下股票：龙溪股份、东华软件、海陆重工、三安光电、一汽富维、维科精华、湘鄂情、世联地产、银星能源、焦作万方、江南化工。

这 11 只股票的走势，无一例外都是"精准线上冲涨停"，它们有的是"并肩精准线"，有的是"隔日精准线"，低价股一般相差 1 分钱，高价股可以相差 5 分钱。希望大家把它们全部截图留存，印在脑子里，随时可以发现金子。

如图 31 −2 "龙溪股份（600592）2009 年 10 月 19 日至 12 月 24 日走势图"。

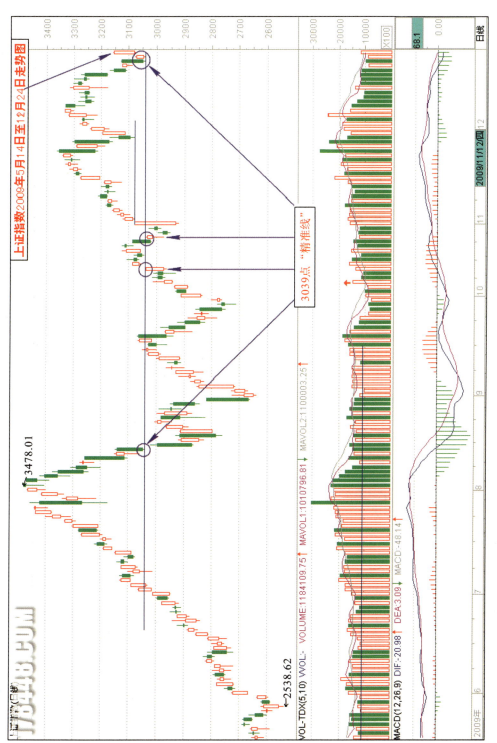

图31-1

图31-2

看准大方向，破解回马枪

2010 年的大雪给我们这个世界增添了许多故事，围炉听古书，拥雪话英雄，枪挑小梁王，拖刀斩华雄，那是当年随父下乡的温馨故事。我一直在想，回马枪真的有这么厉害吗？如果我能破解这"回马枪"，那我岂不是更英雄吗？

哈哈，昔日故事，今日翻版，而今股市最精彩的故事，应该是王子对新年开盘这五天的准确预测了，可以说是：说跌就跌，说涨就涨，言听计从，毫不含糊。

为什么有这么准确的预测？对我们日后有什么教益？请听我一一道来。

一、大盘做短差，主动回马枪

2009 年的收盘，将 30 月线刺穿，将 120 周线突破，与年线收盘持平，这是含蓄向好的发展趋势，说心里话，2009 年的最后一天应该突破这三关，站上 3300，因为只有咫尺，为什么不突破呢？

元旦前夕，大盘已连续七天上涨，从我们预报的 3039 点一路飙升至 3282 点，当时的消息面已是春风习习，得意扬扬，市场一片叫好，但是最后一天（12 月 31 日）的走势，与人们的喜庆完全两样，欲上不上，欲下不下，整天横盘，我的第一感觉是，主力有借利好杀回马枪的打算。即利用利好，拉高出货，打一个"短平快"的短差。

节日期间，利好不断，但是这些利好都是对节前已经流传的消息的兑现，我认为，A 股的大势虽然向好，但在开年的头几天将可能出现折腾，最大的可能是从人们期盼的"开门红"中夺取利润。所以发出了"不要被利好冲昏头脑"的预报。说实在话，我当时也被利好冲了一下，将年前自己预报的 3300 点提高到 3308 点。结果，周一最高只到 3295 点即返身向下。

周一是在没有摸高 3300 点即反身向下的，说明主力思路不统一，如果上摸 3300 或 3308，先高后下的急挫，才能引人入套，所以周一的这个回马枪杀得不到

位。既然不到位，就要重整旗鼓，修复思路，把人们引回年末的喜庆状态。看到这一点，我们发出了盘前预报"正常调整中，牛股照样牛"，周二即大红大紫，最高上摸3290点。

周三的盘前预报是很难的，因为我们不知道主力将把这出假戏唱到哪里，只晓得它们肯定要杀回马枪，所以只能这样预报："管它能涨多高，我自逢高出货。"事实上逢高出货是对的，大盘回落近30点。

周四的盘前预报也比较难，因为我们只知道这是回马枪，但不知道其杀回的准确时间，所以发布预报说："天上的仙鹤，不如手中的山雀"，希望大家捏稳银子，"看准了就放它一枪"，看不准时不要动。

周五的盘前预报是最难的，如果打到灯塔线的O轴而不回升，就是大势向坏，请大家看看近两年的走势图，只要连续两天下杀第三天回升的，基本上都是回马枪的格局，只要连续三天下杀，那就大势不妙，这也是《量柱擒涨停》中强调的"三日确认原则"，个股如此，大盘也是如此。所以我们一方面强调可以抄底，一方面瞄准3124的保险杠，盘前预报的主题是"压缩的弹簧，反弹的脊梁"，"手中还有银子的，明天将是你大捞一把的时候了"。事实说明，预报正确。

我们这五天的预报为什么天天精准，就是"看准大势向好，局部可能回马"，只要掌握回马的尺度和回马的时间就行了。如果我们拿不准大的方向，就不可能在小的局部动荡中占据主动。

二、个股高压下，顺势回马枪

要说我们预报中的失误，就是低估了电子信息股的后劲，高估了地产股的反弹，我们2010年1月8日周五预报的两只地产股最高只有阳光股份涨了5个点，浙江东日涨了2个点，应该说，这是地产股在高压调控下的不错表现了，我们预报的"自仪股份"却下跌2.80点。

它为什么失败呢？其失败原因很简单，黄金柱后第三日是确认日，其最低点与1月5日开盘价持平，长阴日K线对应的量柱却很小，只要日后该最低点位不破，这个涉及核电、低碳、世博、文化办公、机械的股票，应该有好的表现了。为什么？因为这里埋伏着一招"回马枪"。大盘回马枪，两日拖阴，一日大阳是也。个股也是这样。

请看图32－1"自仪股份（600848）2010年1月8日截图"。

A线：图中右侧第一个箭头标示的是该股2010年1月5日的将军柱，其最低点画水平线，刚好与左侧2009年11月3日的次将军柱攻防线"无缝重合"，更为难得的是，该线与2009年11月5日的黄金柱的最低价位重合，是为A线。

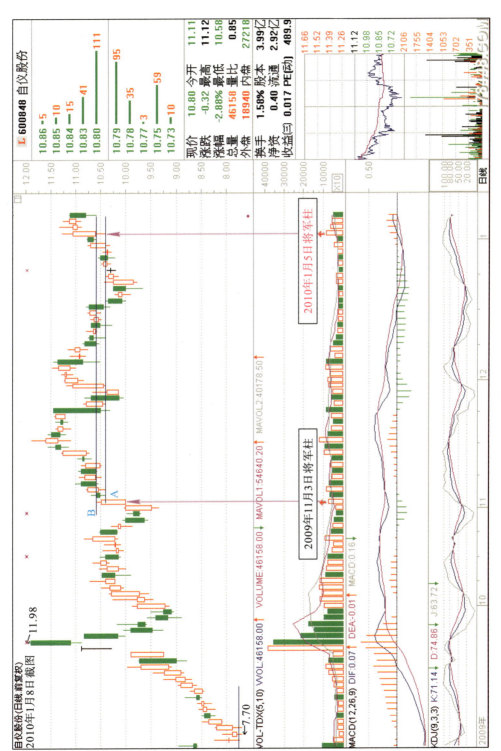

图32-1

235

B线：图中最右侧是 2010 年 1 月 8 日的阴线，其最低点与 1 月 5 日开盘价重合，向左画水平线，刚好与 11 月 3 日最高点"无缝重合"，是为 B 线。

A线与 B 线在这里形成双重防线，主力可以大胆施展其"回马枪"，最右侧的 K 线这么长，对应的量柱却那么小，显然是主力打压吸筹。只要最近三日不跌破 B 线，就有好的上升趋势。

再看从 2009 年 9 月 23 日下跌以来，该股一直缩量调整，量形波澜不惊，K 线收放自如，含蓄稳重，毫不张扬，该股可能有大的动作。

破解回马枪，要注意以下几点：

第一要趋势不变，即使动作大点也不失大方向；

第二要预测它最多在什么位置回马；

第三要随时盯住那回马的一瞬间，顺势补它一枪。

只要能做好以上几点，无论多么狡猾的主力也要为您抬轿，向您求饶。且看该股下周的表现吧。

验证情况见图 32 - 2 "自仪股份（600848）2010 年 1 月 20 日截图"。

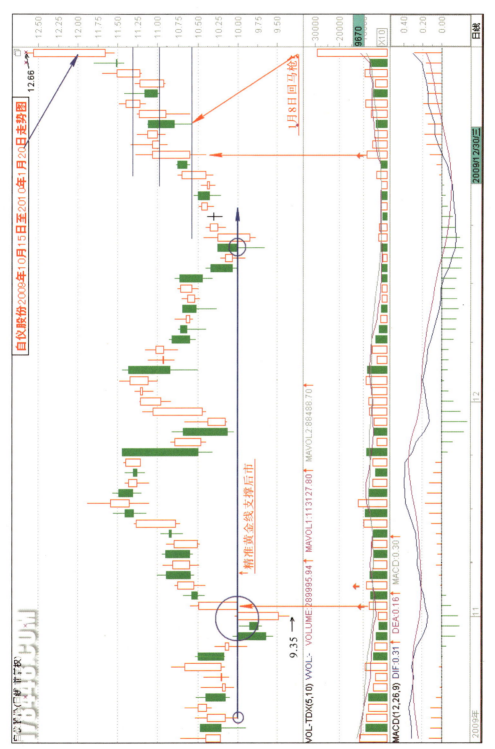

图32-2

第33讲

势变我亦变，一步一重天

第一节　经典的移步换形案例

让我们欣赏一下柳宗元的《小石潭记》。这是一篇极富诗情画意的山水游记，却对看盘大有裨益。作者开篇写道："从小丘西行百二十步，隔篁竹，闻水声，如鸣佩环，心乐之。"文章一开头，便引导我们向小丘的西面步行一百二十步，来到一处竹林，隔着竹林，能听到溪水流动的声音。"篁竹"就是成林的竹子；"如鸣佩环"是形容流水的声音清脆悦耳，犹如玉佩玉环相互撞击时发出的声响。

文章移步换形，势变我变，由景及情，写来极为自然。然后"伐竹取道，下见小潭。"在浓密的竹林之中，砍伐出一条小道，顺道下行，终于见到一个小小的池潭。

这一番由小丘到篁竹，由篁竹到水声，再由水声寻到池潭，既是讲述了发现小潭的经过，同时也充满诱人的悬念和探奇的情趣，逐渐地在人们眼前展开一幅美妙的图画。这种移步换形、因势利导的写作手法，给人步步露鲜、处处透奇的感觉。

由此想到，股价的走势也如"闻声、伐竹、取道、见潭"一样，充满了诱人的悬念和探究的情趣。为什么有的人能准确预测股价的走势？因为他们先我们一步"闻声、伐竹"，所以才能"取道、见潭"。

请看大盘走到目前这个位置（见图33－1），该如何发展呢？

如图33－1所示：我们2009年7月9日选定的3123点作为大盘的灯塔线零轴线，以及由此生成的灯塔线，准确地调控了从2009年7月9日至2010年1月20日的指数，时间长达六个多月。但是，大盘自1月20日（周三）大跌以来，周四周五连收两根假阳，当天收盘点位勉强站在我们预测的3123点上方，即收在3128

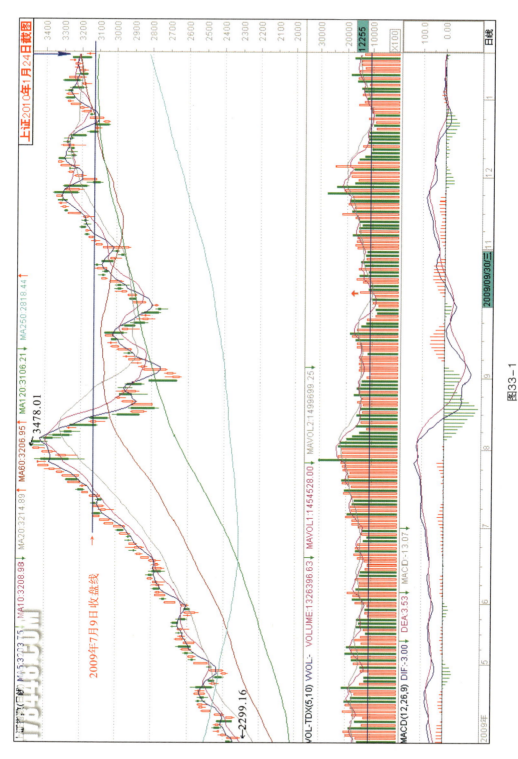

图33-1

239

点，这样的预报相差 4 个点，应该是比较准确的。

　　但是，3123 点是 2009 年 7 月 9 日的收盘位，也是我们前期灯塔线的零轴线位置，一旦跌穿这个点位，就要密切关注指数的运行方向和运行方位，就要学古人"移步换形"，修正和规划出新的预测量线。

第二节　大盘的移步换形预测

　　大家知道，量线是"指数点位"或"股票价位"在某个特定时段的特定关联，它由关键时段的关键点位映射而成，反映了特定时段的指数或股价的运行轨迹，是我们预测指数和股价波动的脉搏仪。例如峰顶线、谷底线、精准线、通道线、黄金线、攻防线等等，无不折射出当前指数和股价的运行方位、运行节奏、运行幅度、运行斜率。有了这些线条的映射，我们的预测才有方向感和分寸感。许多战友通过学习和实践，都有"稳坐钓鱼船"的感觉。这就是量线脉搏仪的作用。否则，我们的预测就是凭空臆想、追涨杀跌。

　　特定的量线生成之后，是不是可以一劳永逸呢？答案是否定的。任何一根量线的生成，都是多种因素的集成，当新的因素参与进来的时候，原有的量线必然产生新的变化，新的因素参与越多，量线的变化就越大。我们就要"顺势而变，移步换形"，在变化中规划新的量线。

　　量线的修正和规划，绝不能抛弃前期成功的量线，而是以成功的量线为基础，以"三日确认原则"为指导，寻找与之相关的新的量点。我们从本周开始的盘前预报，就是在"量线修正"中逐步接近真理的实践，本周五天预报，三精准一正确一失误。我们是如何修正量线的呢？

　　第一次修正在 2010 年 1 月 24 日，请看图 33－2。

　　当时的思路是：大盘从 2009 年 8 月 4 日的 3478 点到 2009 年 11 月 24 日的 3361 点形成了下降通道，我们以这两点连线形成"1124 下降趋势线"，大盘三次上攻该线却攻而不击（即 2009 年 12 月 7 日，2010 年 1 月 4 日和 1 月 11 日三次即将触线都无功而返）。根据"事不过三"的原则，大盘很可能有大幅调整，其调整的第一目标位在哪里呢？按照"下跌找大阴底部"的原则，我们选择了 11 月 26 日大阴线的最低点，然后与"1124 下降趋势线"画出平行线。

　　如图 33－2 所示，以 AB 连线与 C 画平行线，预测的最低点在 3090 一线，实际验证：当天最低点为 3092 点，误差 2 个点。

　　第二次修正在 2010 年 1 月 25 日。请看图 33－3（比图 33－2 多了一根线）。

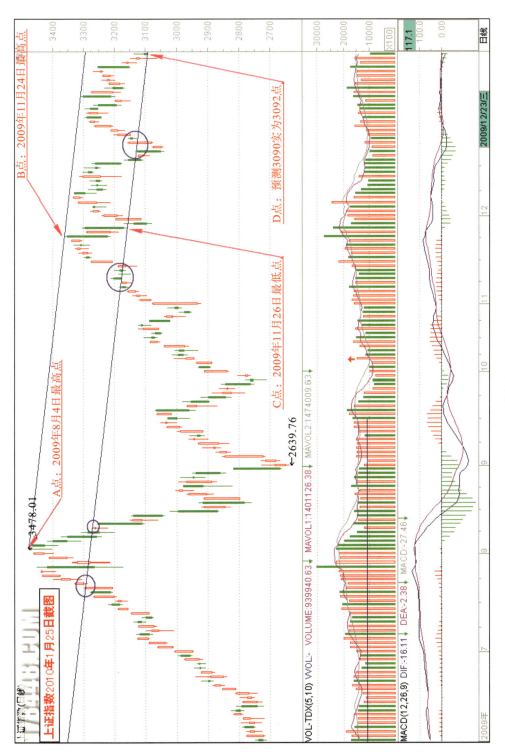

图33-2

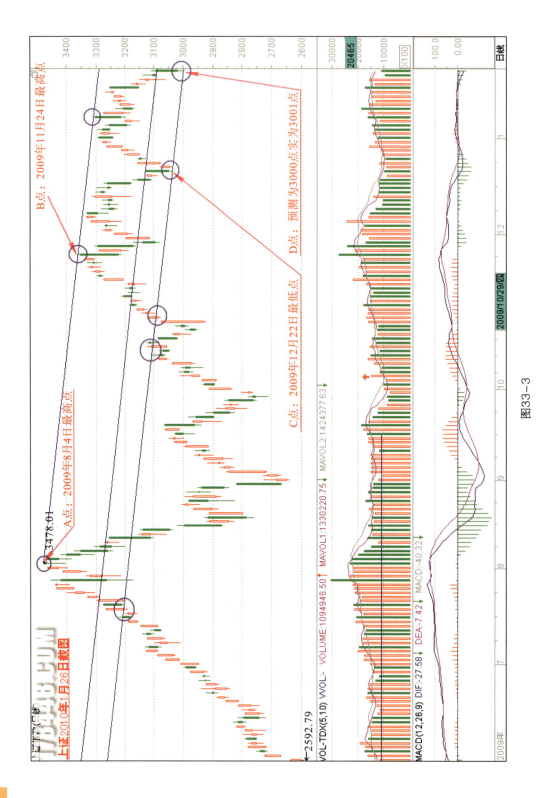

图33-3

当时的思路是：因为周一的收盘刚好在"1126平行线"上，还有下降的可能，那么，下一个支撑位在哪儿呢？根据"跌势找大阴底部"的原则，我们找到了2009年12月22日的大阴底部C，与AB线画出平行线，预测其第二支撑位在3000点左右。实际验证，当日最低为3001点。

第三次修正在1月26日，因为前两次的修正虽然准确，但是次日都跌破支撑线了，考虑到其下跌惯性，我们必须画出下跌的第三支撑位，乃至第四支撑位。当天晚上，我们选择了左峰的最高点即9月18日大阴线的顶部，与AB线画平行线。同时考虑到若大盘继续下跌，应该找到本轮下跌的最后支撑位。于是我们以7月9日的收盘价与AB线画出第四支撑位。因为这个位置是本轮下跌的极限位。一旦跌破，不堪设想。

于是我们确定了第三、第四支撑位，见图33-4。

综上所述，我们连续三次修正量线，连续三次应验，都是根据"最近原则"来决定的，第四次预测的失败，原因就是"没有继续寻找最近的点位"。从主观上讲，我们犯了主观主义的错误，以为跌了这么多，"应该到位了"，事实上，我们的视角如果稍稍打开一点，对大盘更尊重一点，我们就不会犯此错误了。

总之，量线修正必须遵循如下原则：

第一，以关键点位的攻守成败为契机。

量线是一个完整的系统，每一个环节都可能影响到一个整体，每一个动作都可能影响到下一个动作，所以，正确地寻找离当前点位最近的关键参考点位，才能保证量线的质量。

第二，以关键点位最近的大阴为参考。

"跌势量线规划法"与"升势量线规划法"相反，"升势量线规划"是以左侧长阴顶部画线，而"跌势量线规划"则是以左侧长阴底部画线。按照这个原则，我们在周一的下跌之初，就应该把这四根支撑线画出来。

第三，避免思维的死角和思维的惯性。

思维上的死角往往是"主观主义"造成的，在股市上，大跌之后往往会产生反弹的臆想，大涨之后又往往会产生大跌的臆想。所以有人买跌，越买越跌；所以有人卖涨，越卖越涨。我们周四的预测失误，就是主观保守造成的。如果我们以2009年8月4日的最高点3478点与2009年11月24日的最高点连线，再与2009年7月29日大跌的最低点画平行线，2010年1月28日周四的最低点2963点就刚好触及该线。因此，量线修正的第三个原则比前两个原则更为重要。大盘如此，个股也是如此。大家可以举一反三，谈谈自己的体会。望大家结合我们的讲述，认真复盘，一定会有收获。

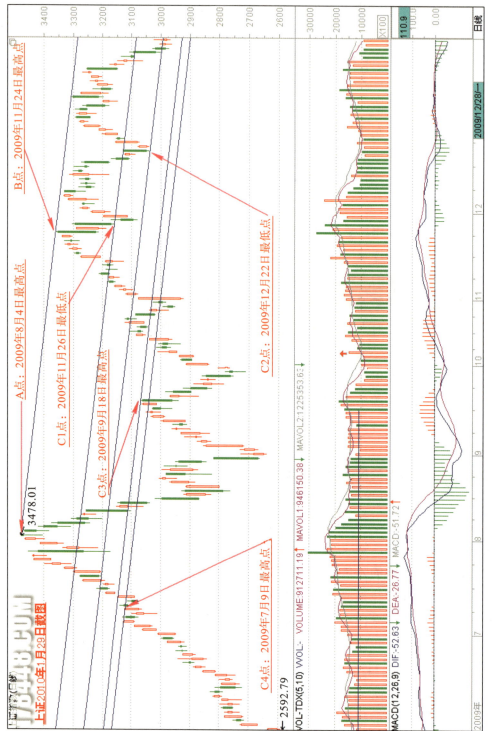

图33-4

也许这五天的正确预测放到更大的环境下是错误的，任何写书的作者都不会也不敢像我这样"边实战、边写作、边公开验证"，但是我们有勇气把这五天的实践思路公之于世，因为我们要抓住这个契机，验证我们的理论，相信后人自有公断。

第三节　个股的移步换形预测

下面是本帖第 207 楼"喜喜"同学的留言：

王子老师，您好！我周三（2010 年 1 月 27 日）去深圳中心书城发现了您的《量柱擒涨停》，让我如获至宝，当晚啃至两点半，然后调出当日倍量上攻的华帝股份（002035），觉得有戏。依据老师所说的，庄家应该处于震仓盘尾的启动阶段，于是，第二天（1 月 28 日周四）大早就进了这支华帝股份（002035）！当日 9：25 就有 1.2 万多手压在开盘前，还有人直接高开价 10.00 元挡在前面。而我按预报价 9.50 元进货，结果 9：30 如愿进入了。

这一天（1 月 28 日）K 线高开低走，假阴真阳，涨 6.34%。晚上重读《量柱擒涨停》，感觉这是庄家在糊弄我们，肯定明日有好戏。第三日（1 月 29 日周五）开盘就感觉它走势很稳，我在下午回落的 10.48 元又大胆补仓，结果第一次预料中的涨停出现了！

当时收盘后真是太激动了！老师谢谢您呀。我身边有 4 位好友听了我这一过程和分析，都订了这本书。

我还有一个小疑惑，就是周四与周五是平量柱，但应该是放量平量柱，不知会不会有麻烦？根据这只股的前几天成交量，我感觉应该没问题，因为这几天放量不算巨量。敬请指点！

王子点评：

"喜喜"同学你好。你是在 A 点（1 月 28 日周四）介入的"华帝股份"的，你和我们的盘前预报不谋而合，说明你看书认真，悟性很高。我们为什么要预报这只股票呢？

请看图 33－5"华帝股份（002035）2009 年 9 月 17 日至 2010 年 1 月 29 日走势图"。

请看左侧的 C 点：这里有 2009 年 11 月 13 日的两个黄金柱支撑，形成了双重黄金线，从双重黄金线的效果看，任何一次跌破第一黄金线都是介入的机会（见图中 D 注）。

正如你说的，该股 1 月 27 日倍量拉升，长阳短柱，说明庄家控盘良好，所以你敢于大胆介入。一旦介入，就要做好防守的准备，这时就需要"移步换形看量

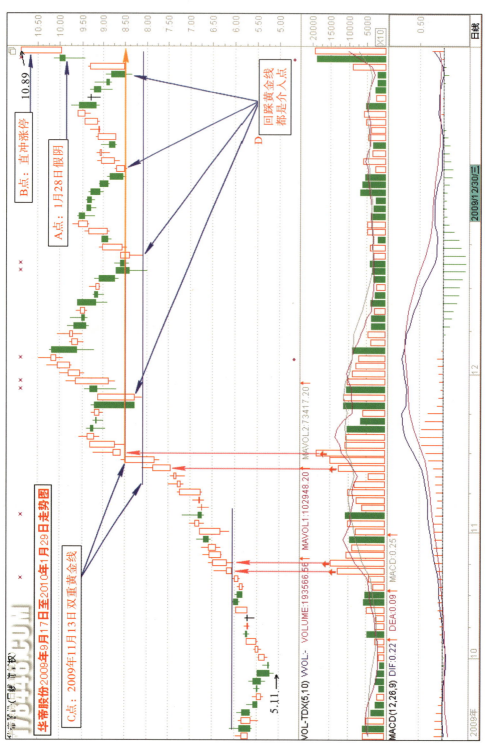

图33-5

华帝股份2009年9月17日至2010年1月29日**走势图**

B点：直冲涨停

10.89

A点：1月28日假阴

C点：2009年11月13日双重黄金线

D点 回踩黄金线 都是介入点

5.11.

VOL-TDX(5,10) VVOL:- VOLUME:-193566.56↑ MAVOL1:102948.20↑ MAVOL2:73417.20↑

MACD(12,26,9) DIF:0.22 DEA:0.09↑ MACD:0.25↑

2009/12/30(三)

日线

线"了。

该股 1 月 28 日的"假阴真阳"你看得非常正确，但是有一点你没有看透，就是当天的收盘价没有跌破其左侧的两个驼峰，我们把十字线靠上去，"移步换形"，我们的防守线就能移到"驼峰水平线"上了。

你问"周四周五是放量平量柱，会不会有麻烦"，其实就是"移步换形"找攻防线的问题。按照量线理论，日后只要不跌破 B 柱（1 月 29 日）的开盘价，该股就能形成第三道黄金攻防线，你就守住这只股票创新高吧，按照图中第一处黄金柱是黄金线测算，该股第三波至少应该冲到 12.96 元左右。

以上意见，仅供参考。

（2010 年 4 月 1 日验证：该股 4 月 1 日最高冲到 13.80 元）

第34讲

触底欲起飞，看准第三位

2010 年 3 月 2 日周二的大盘走势，让人不得不佩服量线的神奇。我们盘前预报的支撑位在 3060 点，阻力位在 3100 点，结果，最低点果然是 3060 点，一点不差；最高位 3095 点，仅差 5 个点。

当日盘前预报《关注地域板块，注意波段调整》，结果，当日跌幅榜最前面的全是地域板块，它们分别是海南、西藏、青海、重庆、广西、新疆。地域板块的调整可能还会延续，但个别板块还要表演。

从当天收盘的情况看来，大盘的量柱稍有缩小，点位稍有下跌，是"顺边"的走势，好在当天最低点刚好处于 929 通道线的当值，说明 929 线上已有两天站稳，只要周三能站稳 3060 上方，大盘将继续攻击 3100，或者向 3124 挺进。个股方面，市场短期内将有调整，操作上不宜追高。

最近选股，应该从探底站稳谷底线的股票中去寻找机会。

"触底欲起飞，看准第三位"选股法，就是以谷底线为观察起点，以左侧的"大阴线顶部"画线，若突破第一阻力位、第二阻力位的股票，形成向上小平台后，在第三阻力位往往会拉出中到大阳，甚至冲击涨停。

我们多次强调过：涨停无定式，涨停有规律。一种技法，不仅只适合一只两只股票，而且要适合一批两批股票，更要适合同一时段、同一空间、同一形态的全部股票。

苍天不负有心人，请看 2010 年 3 月 2 日两市涨停的 13 只股票，全部都是在"第三阻力位起飞"的股票。

请先看涨停的雪莱特（002076）。

如图 34 - 1 所示，雪莱特的阻力位是：

第一阻力位 C 线，是 2 月 2 日的阴线实体顶部；

第二阻力位 B 线，是 2 月 1 日的阴线实体顶部；

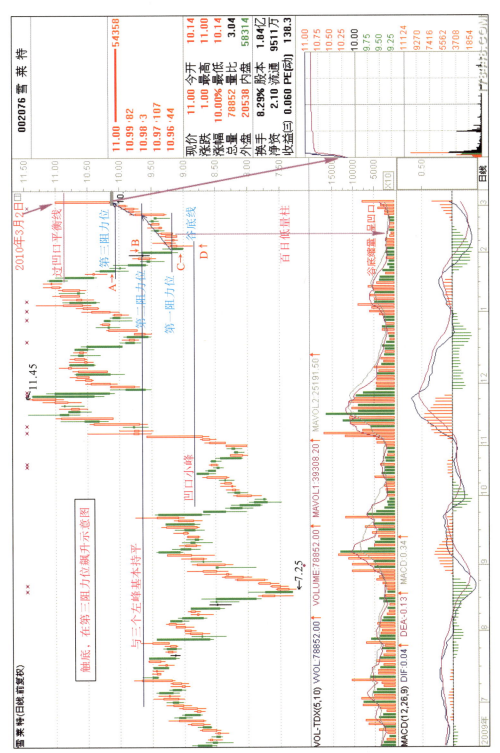

图34-1

第三阻力位 A 线，是 1 月 26 日的阴线极点顶部（因为其实体顶部离第二阻力位太近，所以根据辩证取点的原则，取其虚线的顶部）；

该股的触底反弹非常有节律。

首先，在 D 点（2 月 3 日）触底回升非常果断，迅速突破第一阻力位，然后在第一阻力线上方横盘五日，接着，以"n 型上攻失败"的假象横盘五日。

然后，在横盘的第十一天（即 2 月 24 日），突然倍量冲过第二阻力线，碎步盘升三日，第三日的最高点刚好与第三阻力线持平，显出力不从心的样子，麻痹了许多人。

最后图穷匕见，在过第二阻力线的第四日（即 3 月 2 日），突然跳过第三阻力线，直冲涨停。

这种"第三阻力位腾飞"的股票，如果一天只有一只两只，可以说是巧合，可是 2010 年 3 月 2 日两市仅有的 13 只涨停股票，全部都是"第三阻力位腾飞"的股票，那就不是巧合而是规律了。它们齐刷刷地排在我们面前：江苏阳光、德赛电池、湖北金环、北矿磁材、四川路桥、太原刚玉、远望谷、水井坊、深赛格、华资实业、孚日股份、深深宝等 13 只股票全部都是"第三阻力位腾飞"。请看江苏阳光。

如图 34－2"江苏阳光（600220）2010 年 3 月 4 日走势图"所示：

江苏阳光于 A 点（1 月 22 日周五）无量大跌，至 E 点（2 月 3 日周二）探底回升，其阻力位如下：

第一阻力位见 D 线，是 2 月 2 日大阴线的实体顶部；

第二阻力位见 C 线，是 1 月 27 日大阴线的实体顶部；

第三阻力位见 B 线，是 1 月 26 日大阴线的实体顶部。

三道封锁线可谓阻力重重，难以逾越。但是，该股突破第一阻力位后，悄悄向第二阻力位靠拢，然后突然倍量冲过第二阻力线，在第三阻力线下横盘三天，形成一个小平台，给人以欲上无力的假象，其"攻守冲防"的节奏和幅度拿捏得非常到位。就在第三阻力位横盘防守的第四天（3 月 2 日）突然爆发，倍量冲过第三阻力线，尾盘封于涨停。

这就是"第三阻力位，突破兼腾飞"的经典案例。

但并非所有第三阻力位的股票都能腾飞，关键要看它探底前的打压动作是真的还是假的。该股探底前的"无量下跌"和"百日低量群"，是它腾飞的前奏，没有前面的"长阴短柱"和"连续假跌"，它是不可能触底起飞的。

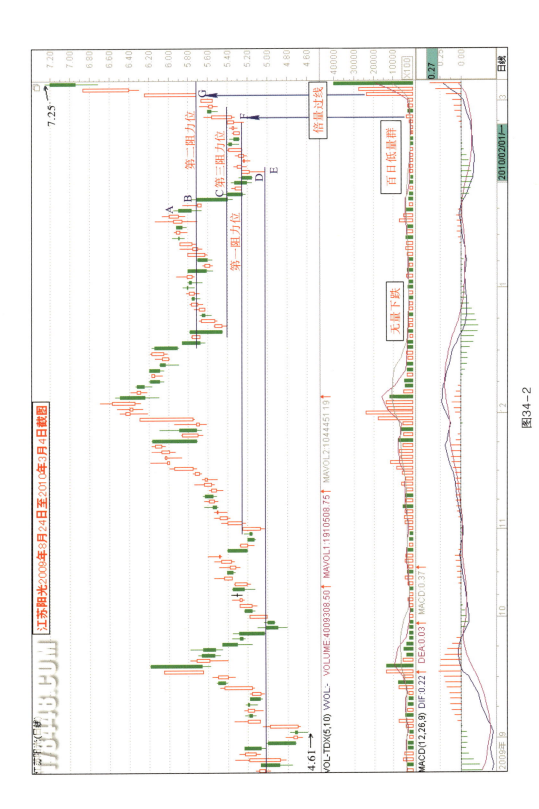

图34-2

股市天经（之二）

量线捉涨停（全新彩印版）

第四章

量线捉涨停的心术修养

LIANGXIAN ZHUO ZHANGTING DE XINSHU XIUYANG

欲擒涨停板，重塑涨停观

为人处世，有世界观；你有什么样的世界观，就有什么样的为人处世的结果。

擒拿涨停，有涨停观；你有什么样的涨停观，就有什么样的擒拿涨停的结果。

初看起来"擒拿涨停"是技术问题，其实是思想素质问题，是个性修养问题。诗人写诗的极致是"功夫在诗外"，擒拿涨停板的极致，也是"功夫在涨停板外"。下面是我们在擒拿涨停的过程中总结出来的经验教训，都是结合实战的实实在在的感触。希望对本书的读者有所帮助。

第一节 变偶然为必然，变或然为赫然

2009年10月22日周三的牛股预报，要不是周一盘前预报的佛塑股份连续三个涨停给我撑面子，今天又要剃光头了。惭愧不？惭愧！这就是我今天开盘时连续提醒大家三句话的本来含义。今天一开盘，我就发现盘前预报的三只股票没戏了，当时我说了三句话。

大山10:35:21：侥幸的胜利不要高兴，要从胜利中找到失败。

大山10:37:10：失败也不要沮丧，要从失败中找到胜利。

大山10:38:04：如果胜利了就以为是自己的能耐，那就离失败不远了。

为什么王子盘前预报的股票连续三天没有涨停的？这里藏着"偶然"与"必然"的哲学，藏着"或然"与"赫然"的财富。我们昨天"偶然"擒到了涨停，不能代表明天"必然"擒到涨停；也许"或然"擒到的涨停里面藏着"赫然"的涨停原理。这就是擒拿涨停的辩证法，这就是我们提倡的"涨停观"。

市场永远是变化的，市场永远是正确的。我们每天的盘前预报是根据当天的市场环境预选的股票，过了一夜，庄家和主力会根据周边市场的氛围和当天收盘后的

市况来调整或修改次日的战略战术，所以，预选股必须根据次日开盘前后的情况来做调整和取舍。预报是死的，市场是活的，人是灵的。我们绝对不要做"砍倒大树捉乌鸦"的蠢事。

通过学习《量柱擒涨停》，有许多同学抓到了涨停，很高兴；也有许多同学没有抓到涨停，很沮丧；希望大家不要被暂时的胜利或失败搅昏了头脑，要不断地总结，不断地用高标准来要求自己，从偶然中找到必然，从或然中找到赫然，才能不断刷新自我，亮堂自我。

这话的含义是：如果你发现成功是偶然的，就要从偶然中寻找必然；如果你发现失败是必然的，就要从必然中找到偶然。变偶然为必然，你才能悠然；变或然为赫然，你才能泰然。

上面的话是说给我自己听的，也希望对大家有所启发。2009 年 10 月 22 日论坛上的盘中交流帖子，我都看了，非常感动，特别是新学员"耐心等待"的帖子，他总结自己的股票"为什么没有封住涨停的体会"，就是从"或然"中寻找"赫然"，把朦胧的认识变成清醒的顿悟。他还进一步提出了每天一小结，每周一总结的建议，有这样认真的学习态度和研究态度，一定可以促使他尽快成为高手。

事实说明，王子不是万能的，大家要相信自己，不要迷信王子，并且要挑战王子，超过王子。

第二节　天上的仙鹤，不如手中的山雀

2010 年 1 月 6 日周三的大盘如期调整，许多同学尝到了"管它能涨多少，我自逢高出货"的甜头。开年头三天的走势，被我们算定了：

1 月 4 日，我们让大家"逢高出货，不要被利好冲昏了头脑"。

1 月 5 日，我们的预报是"正常调整中，牛股照样牛"。

1 月 6 日，我们的预报是"管它能涨多少，我自逢高出货"。

三天三个节奏，从高抛到低吸，从低吸到高抛，这就是炒股。如果三日能够这样做，只是万里长征迈开了一只脚；如果三个波段这么做，才是万里长征走出了第一步。下面，就是考验我们第一步的时候了。今天盘中交流犯了个错误，以为地产就要动了，幸亏雪狼和大漠及时纠正。特向二位致敬！

当天两市共有八只涨停股票，同学们擒获了五只涨停，当然这是预报。列宁说过："天上的仙鹤，不如手中的山雀。"炒股也是这样，我们能预报的，不一定能买到，这就在考验我们的"知"与"行"的统一。什么时候"知行合一"了，才能

大胆地朝前走。

新来的同学越来越多，开始往往不知道看哪些帖子，我告诉大家一个窍门，我的帖子只是引路的，看看可以，迷信就不好了，真正值得研读的帖子，在"伏击涨停板"专栏，这里金光闪闪，大家一定要认真浏览，这里充满了心智与聪慧的光芒，充满了学习与实践的光华，在"伏击涨停板"栏目里，凡是"浅红色标题"的帖子，都是首次涨停的预报，凡是"粗红色标题"的帖子，都是再次涨停的预报，凡是"紫红色标题"的帖子，都是三次涨停的预报，表示"红得发紫"了。擒住涨停的同学用论坛短消息向"今晚下雨"老师申报涨停，所以"今晚下雨"老师的帖子是"涨停集中营"，一定要认真体会这些涨停的奥秘。

我们认为 1 月 7 日股指可能再次确认 3220，试探 3300。我觉得 11 月 24 日下降压力线成了主力折腾散户的恐怖线，12 月 7 日、12 月 8 日连续两天攻而不击，12 月 14 日、12 月 15 日、12 月 16 日连续三天攻而不击，1 月 4 日、1 月 5 日、1 月 6 日又是三天攻而不击，这样若即若离的走势，的确折腾人心。

但是，我们要看到一个事实，新年头三天的走势是在地产股遭遇三道金牌打压后的走势，如果不是地产股拖累，大盘早已站到 3300 上方了；如果不是央行连续半个月回收流动性，大盘早已站到"303 地线"上方了。所以，我们目前关注的焦点应该放在银行、地产、钢铁三巨头，这三大板块任意一个板块启动，大盘就要冲过 3300，如果这三大板块不动，我们就要重点关注石油、有色、年报三大特色，这三大特色的任一特色启动，3300 也就是一层窗户纸。

如果这两组板块都不动，大盘的走势将向下无疑，而其中值得关注的牛股可能就集中在"LED 新能源""区域振兴"和"年报高送转"题材了。

伟大的列宁说得好："天上的仙鹤，不如手中的山雀"。无论主力怎么折腾，咱们捏好手中银子，看到好的股票有好的势头，就可以放它一枪。

第三节　积小义为大义，积小利为大利

2010 年 1 月 28 日上午看盘，感觉当日没有什么值得期待的行情。上午看论坛，感觉个别"网友"没有进入"战友"的角色。

于是下午便去游山玩水。友人带我驱车来到三国古战场长坂坡，先是看了赵子龙单骑救阿斗的遗址，再是看了张飞吼退曹操百万雄兵的坝陵桥，然后拜谒了关云长败走麦城的长堤。

"麦城堤"上杂草丛生，堤下堰塘干涸，唯一能看到的是路边摆摊的"麦城

藕"，据说这"麦城藕"是关云长当年亲手培育的，因为培育者的人品与众不同，所以藕味非同一般，乃朝廷贡品。友人见我好奇，顺手掰下一节，洗净，捶开，让我咬一口，果然清脆甘甜，脆如荸荠，味如雪梨，甜如甘蔗。

一边吃着，我问身边友人，三国名将，你最佩服谁？一友曰：赵子龙。一友曰：猛张飞。我问：为什么不佩服关云长？友曰：他一无赫赫战功，二无骄人业绩，仅凭温酒斩华雄杀个老头，仅凭千里走单骑送个嫂嫂，流芳百世，徒有虚名。

我又提了一个问题：这么一名战将，死时仅为"将"，死后封为"侯"，数百年后被人称为"帝"，如今又被世人奉为"神"，这是为什么呢？

一个普普通通的战将，由"将"而"侯"，由"侯"而"帝"，由"帝"而"神"，这是古今中外名人贤士中唯一能享受此超级殊荣者。对此大家议论纷纷，最后得出一个字，"义"。为了兄弟之"义"，他可以舍弃曹操的"上马提金，下马提银"；为了恩人之"义"，他可以冒死私放曹操；为了勤政之"义"，他可以泥腿务农，培育出这么可口的"麦城藕"……他从来不为己，一切为了"义"，义薄云天是也。

"义"，人人会说，人人会讲，但真正实施起来，恐怕不那么容易。就说咱们看盘选股吧，像"其瓦额""短线炒股""毛毛虫"等许多战友，如关公秉烛达旦谋得一股，总要推荐出来与大家分享，而有些人却不屑一顾，有的甚至嗤之以鼻，选股者有"义"，嗤股者却无"义"也。我们来个换位思考，嗤股者不妨荐出一只试试，当别人对你嗤鼻时，你是何感想？"义"也含有"义务"的意思，如果我们人人都能尽点"义务"，积小"义"为大"义"，积小"德"为大"得"，天天进步一点点，那会是什么状况呢？

指责别人是最容易的，《红色摇篮》里的共产国际理论家们，马列著作读成堆，对毛泽东的正确路线横加指责，结果是什么？是葬送苏区，是葬送红军。难道他们不想成功？想！但是他们的路线错了，必然要失败。我们论坛上有些嗤股家想不想赚钱？想！如果不想赚钱，就不会把江恩、巴菲特、索罗斯挂在嘴上；如果不想赚钱，就不会用 K 线、均线、波浪的陈词滥调攻击他人。如果我们把攻击他人的时间用来提升自我，伏击涨停，那又会是什么状况呢？也许有一天你会突然发现，你所攻击的正是最珍贵的。成功来自实践，绝非来自指责。

论坛就是一个舞台，只要你往这舞台上一站，谁都知道你是不是内行；只要你开了腔，谁是"有义之人"，谁是"无义之徒"，谁都会看得清清楚楚，分得明明白白。当我们帮助别人的时候，实际上是在提高自己。你帮助别人越多，你的进步越大。

这就是伏击涨停的辩证法。

第36讲

从"1234567"到"夺来米发梭拉西"

2009 年 11 月 30 日周一,大盘如期冲过 0709 灯塔线,冲过 0303 地线,刚好在我们预计的 3195 点收盘,涨幅高达 99 点。在许多股评人士提心吊胆的时候,一个鲜红的大阳,迎来了《量柱擒涨停》出版发行 60 天。

这短短的两个月,我是提心吊胆走过来的。为什么?因为过去的三年,我只是在"股海明灯论坛"上发布我的预测和预报,成败无所谓,得失寸心知,个人偷偷总结即可;而这两个月,是出版社正式出版发行《量柱擒涨停》,让社会各界人士参与实践和验证的两个月,短短的两个月,《量柱擒涨停》一版再版,连续三版,读者日益增多,影响日益扩大,连我们论坛的空间也连升三级,我生怕出现失误或失灵,将会给出版社、给读者造成多么不好的影响和损失啊。

还好,天佑王子也。经统计,两个月来,参与伏击涨停的读者大约有 126 人,擒获的涨停已达 356 个,平均每人伏击 3 个涨停,其中,有 10 人伏击 10 个以上的涨停,有 5 人伏击 15 个以上的涨停。

天啊!我怎么也没有预计到同学们能取得如此骄人的成绩!因为我拜西山大师学习时,头两月只抓了三个涨停。我由衷地向这些同学致敬!我由衷地体会到西山大师的话:"天下能人多的是,就看悟道早与迟。"

第一节 "悟道"的层次

同样的一本教材,同样的七根量柱,为什么有的人一抓就灵,有的人一抓就呆?我一直在研究其中的原因,通过观察大家在论坛和群里的对话,我发现了一个小秘密,现在作为两个月的总结,写出来供大家参考和探讨,不当之处,望大家批评指正。

假如我们面前有一张纸，上面写的都是1234567，有人把它读成"一二三四五六七"，可是有的人却把它读成"夺来米发梭拉西"，还有人能边识谱边唱歌，手舞足蹈，摇头晃脑，这是什么原因呢？这就是层次。

不识谱的人是一个层次，他只会读"一二三四五六七"；

略识谱的人是一个层次，他就会唱"夺来米发梭拉西"；

会识谱的人是一个层次，他会连词带曲，边哼边唱，甚至手之舞之，足之蹈之，头之摇之，不亦乐乎。

你看，简简单单的七个数字，可以弄得人神魂颠倒，那么，我们的七根量柱又如何呢？

有的人，停留在第一个层次，只会看"高低平倍梯缩金"这七种量柱的形态，却不知这七种量柱代表什么音符。

有的人，进入了第二个层次，看出了"高低平倍梯缩金"这七种量柱的形态，并略懂这七种量柱所代表的音调。

有的人，进入了第三个层次，透过"高低平倍梯缩金"这七种量柱的形态，悟出了这七种量柱所组成的音乐。

由音符到音调，由音调到音乐，这三级阶梯很近，有时比纸还要薄，有时比天还要高，而一个"悟"字却将三者合而为一。

例如，有好几个同学用"平量柱"抓到了涨停，于是有一群人在后面跟着找平量柱，见到平量柱就追，结果可想而知。为什么前者成功后者失败？原来，前面的平量柱对应的价柱是递升的，后者的平量柱对应的价柱却是递降的。这样的平量柱就"变调"了，变得不是我们需要的平量柱了。有些同学的失误，往往都是"只看量柱不看价位"造成的。量柱理论的全息性就在于从量柱到价位的合一性。

请看图36-1"中福实业（000592）2009年12月1日截图"。2009年12月1日盘前预报中福实业，推荐理由是："连续四日回踩左峰线，间有长阴短柱，倍量平左峰，有望乘胜拔高。"

该股预报之前的三日，大盘大跌大涨，该股表面上跟随大盘大跌大涨，而其量柱却稳在那里基本持平，还有两根"长阴短柱"，想想看，为什么？因为主力控盘良好，已到了随心所欲的地步，价平量平，必有行情，果然第四天（即11月30日周一），大盘大跌它却大涨，倍量平左峰，价柱起长虹，这四根量柱组成的一段音乐多么豪壮，潜伏而澎湃，抑郁而暗涌，活像《黄河船夫曲》的尾声，隐忍不住，喷薄而出，直冲涨停，余威浩荡！

量柱，实实在在，只要你看懂了它，它就会给你无穷的乐趣。12月1日盘前预报的600874创业环保，开盘1小时后封死涨停，也有异曲同工之妙。关键看我们

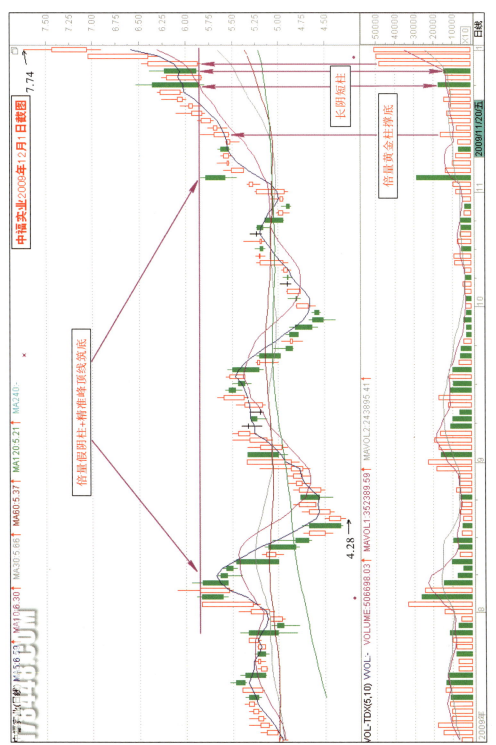

图36-1

怎么发现其妙处。

第二节 "悟道"的方法

怎样才能进入更高的层次呢？我认为应该从"量柱"二字入手，把"死的量柱"变成"活的量柱"。

其实，"量柱"一词有两种截然不同的含义。它既是名词又是动词。

当名词用时，"量柱"是指"成交量的柱子"，所以它是"死的"；

当动词用时，"量柱"是指"衡量这个柱子"，所以它是"活的"。

"量柱擒涨停"就是"衡量这个柱子有没有涨停的潜力"。说句俗话"量体裁衣"，大家都懂，换句话说"量柱炒股"，应该也能懂吧？只有从"成交量的柱子"里"考量出这个柱子的潜力"，才是"量柱擒涨停"的本意。所以"量柱擒涨停"有两个层面：

第一个层面是"认识成交量的柱子"；

第二个层面是"考量成交量的柱子在干什么？"

为什么有些同学伏击涨停的成功率低？因为他们只是站在第一个层面上，在执行"认识柱子的工作"。

为什么阳阳、冰冰这些同学伏击涨停的成功率高？因为他们是站在第二个层面上，在执行"考量柱子的工作"。

这就好比有的人只认识"1234567"，有的人却能把"1234567"读成"夺来米发梭拉西"，还有人能奏出股市英雄交响曲。

第一个层面上的同学只是学会了读"夺来米发梭拉西"；

第二个层面上的同学才是奏出了"股市英雄交响曲"。

我们需要大家不但能奏出交响曲，还要能品尝出音乐的主旋律，这样才能进入新的层面、进入新的境界。

11月30日"涨停俱乐部群"的同学们提出了一个非常实际的问题：

《量柱擒涨停》（修订版）图6-1中，A柱后面的量柱比A柱高，为什么A柱是黄金柱呢？这么小的一根柱子引起同学们的讨论，我由衷地佩服同学们打破砂锅问到底的精神。请看图36-2福星股份2009年5月18日截图。

图中的A柱是倍量柱，其后第一日的量柱高于A柱，第二日的量柱缩倍低于A柱，第三日的量柱（B柱）倍量于前一日，这就是两个倍量柱形成的双重黄金柱，根据"先者优先"的原则，A柱理应承担黄金柱的角色，当然，由于A柱后面不

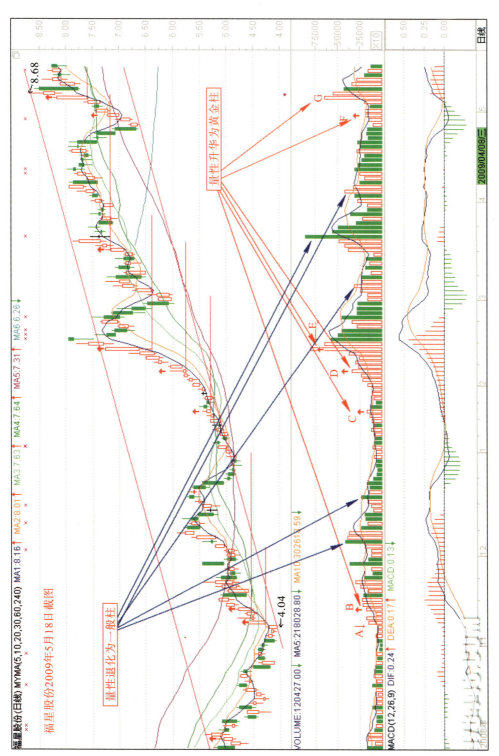

图36-2

福星股份(日线) MYMA(5,10,20,30,60,240) MA1:8.16↑ MA2:8.01↑ MA3:7.63↑ MA4:7.64↑ MA5:7.31↑ MA6:6.26↓

福星股份2009年5月18日截图

8.68

量性升华为黄金柱

量性退化为一般柱

4.04

VOLUME:120427.00↓ MA5:218028.80↓ MA10:302261.59↓

MACD(12,26,9) DIF:0.24↑ DEA:0.17↑ MACD:0.13↑

2009/04/08三

日线

是三日连续缩量，所以它只能充当"准黄金柱"的角色。

《量柱擒涨停》在这里用它讲述了"量性的转化与升华"，A 柱由倍量柱升华为准黄金柱，为什么有的同学看不出来呢？原因就在于他们的思维方式停留在第一个层面上，简单地按图索骥，只是在"认识量柱"，而没有上升到"考量量柱"这个层面。事实说明，"柱不在高，含金则灵"，以 A 柱确立的黄金线支撑了其后的反弹，如果我们看准了，在回踩黄金线的时候该是多么好的介入机会呀！

由此可见，方法不同，视角不同，看盘的结果必然不同。

第三节　"悟道"的境界

同样是看"量柱"，每个人领悟到的量柱精神却不完全一样。也就是说，每个人的思想境界不一样，技术境界不一样，看量柱的结论也就不一样。

例如，2009 年 11 月 27 日，许多股评人士惊呼大盘将要崩溃，而我看大盘却要反攻。我的视角就是盯住 1102 量柱（即 11 月 2 日量柱简称）。请看图 36－3"上证指数 2009 年 5 月 14 日至 12 月 1 日走势图"。

"1102 量柱"这么大的一根阳价柱所对应的量柱却那么不起眼，说明主力在此阶段的控盘相当主动，且连续四天平量红柱，是少有的"平量黄金柱"。而上一交易日即 11 月 26 日大盘大跌，在离 1102 这根大阳顶部仅 3 个点的位置却返身向上，所以我断定这里的走势一定受 1102 大阳的支撑。昨天也有几个同学用图示法断定这里的"1102 黄金线"不会跌破，11 月 27 日果然应验了，大盘大涨 99 点，绝地反击的前奏早已在"1102 黄金柱"上谱写出来。

事实说明，量柱看盘比均线 K 线等技术指标至少提前两到三天。但是，量柱看盘比庄家或主力的计划动作要延后一到两个小时。因为只有经过一到两个小时的量能堆集才能反映到量柱上。为了与主力同步，所以我才会以《量线捉涨停》和《量波抓涨停》两书作为后续来弥补。

（**注**：笔者即将出版的《量波抓涨停》一书的书名被人盗用了，可这本书中根本没有讲"量波"。王子今后出版的关于量波的书名肯定不会再用《量波抓涨停》的书名了，请读者明鉴）。

请大家记住一句话：所有的量柱都是活的，它和均线、K 线的区别就在于它是有生命的，如果我们以看惯了均线、K 线的眼光来看量柱，你永远也享受不到量柱的快乐，享受不了量柱的魅力。

以上讲解，望能帮助大家迅速从"看量"的境界进入"考量"境界。

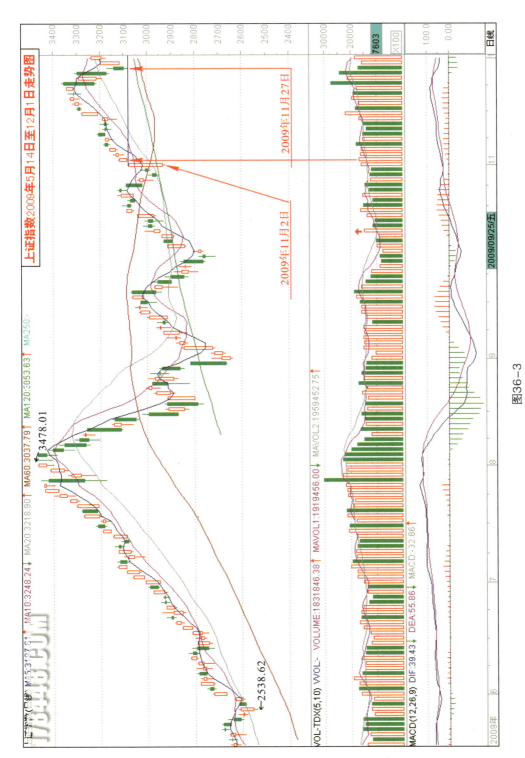

图36-3

第37讲

"炒股的特点" 与 "QQ群的弱点"

　　股市的诱惑是迷人的，当前最迷人的莫过于各式各样的QQ群。许多战友来信要求加入"王子工作群"，许多战友也组织了自己的"交流群"，还有许多VIP用户要求组建"VIP群"，大家的愿望是好的，但是，"良好的愿望不一定能达成良好的效果"，这是毛泽东说的。这里充满了唯物辩证法的思想。在此谈谈"我对QQ群的看法"。

　　第一，炒股是一门孤独的职业。在炒股这个行当，没有孤独就没有成功。我参观过许多高手的操作室，进室的第一要求是"不许说话，不要走动，不得发出任何声响"，试想想，行情千变万化，机会稍纵即逝，如果我们不能独立应变，时时处处都听老师的，即使老师蒙对了，信息传给你时，机会已经消失。这时最正确的指令也是错误的。所以，QQ群不适合炒股。

　　第二，炒股是一门思维的艺术。在炒股这个行当，没有思维就没有进步，如果跟在别人后面亦步亦趋，不光是不能学到东西，还有可能湮灭你的智慧。我们有个战友参加过××卫视的"滚雪球炒股实战"，那是从全国竞赛中筛选出来的前100名高手的"实战转播"，每一秒钟都有高手的"买卖信息快递"，结果是什么，一买就套，一卖就涨。他再也不看那个节目了。不加思维的炒股，等于是送钱给人。即时转播百名高手的买卖信息不能满足实战的要求，QQ群更不能。

　　第三，炒股的成败决定于瞬间。过了这个村，再也没有店。股市是比战场更严酷的战场，战场上的敌人是明确的，你可以找掩体保护自己，你可以借地形迂回近敌，可是股市的敌人是隐蔽的，除了你自己都是你的敌人，甚至在一个QQ群里的战友也是你的敌人，没有你的输就没有别人的赢。特别是在没有T+0的A股市场，做错了你想改正的机会都没有。如果我们想依靠QQ群取胜，那就大错特错了。

　　第四，QQ群是聊天的工具而不是炒股的工具。"群"是为了聊天而诞生的，它就好比一个茶馆，正如阿庆嫂唱的："来的都是客，全凭嘴一张，相逢开口笑，过后不思量，人一走，茶就凉。"而我们许多战友却希望这个群能为自己提供点什么指导，交流点什么信息，错了。我可以负责任地告诉大家，全世界没有一个群能够帮助你股市盈利。实话实说：QQ 群根本不适合实盘交流。

第五，**QQ 群里人多话多嘴杂，误时误事误盘**。张三说的是抄底，李四说的是出货，常常不知道下句话和上句话是什么关系，更不知道谁和谁在对话。当你弄清是什么问题时，时过境迁，鹤飞江流，刚刚想好的一句话无影无踪……我仔细观察并参与过好几个群的交流，我也曾经希望把明灯群改造成可以指导大家炒股的工具，事实说明，我的努力失败了。想把群改造成炒股工具，是既费力又不讨好的差事。

第六，**QQ 群里人的水平参差不齐，实在众口难调**。入群的人各种各样，有的是高手，有的是菜鸟；有的精通均线，有的擅长量柱，所以大家关心的焦点不一，关注的话题不同。回答了张三的，李四来了；回答了李四的，王五来了；有时更是张三李四王五麻子一起上，你真不知道应该回答谁，那可真是急煞人啊……我回答也不妥，不回答也不妥，真是两手提篮，左难右也难。

第七，**QQ 群里插科打诨太多，难以集中主题**。有些人不是以交流为乐，而是以贴图为娱；不是以探讨为乐，而是以浑话为瘾；光屁股的图，没涵养的话，一来就是成套的。我们曾经拜访过几位 QQ 老手，问 QQ 群能否指定几个人发言，其他人作为旁听。老手说，根本就没有这个功能，要的就是七嘴八舌的效果。完了，我们要的是专一专注，QQ 群要的是七嘴八舌。我们要的是冷静，QQ 群要的是热闹……

第八，**QQ 群里经常互相抬杠，难以深入研判**。我看了好几个 QQ 群，总是时常发生互不买账的情况，张三说地产要涨，李四说那是过去的事；王五说当心电器回落，赵六说回落我就满仓。真的就是茶馆，七姑八姨无所不有，家长里短五花八门……甚至把敲锣骂街的招数也拿出来了……完全不是友好的互补，而是各执一把琴，各弹各的调……

毛泽东同志曾经给"党八股"罗列了八大罪状，我效仿着也给 QQ 群罗列上述八大罪状，目的只有两个：

第一是让 QQ 群里的战友们集中精力炒股，特别是炒股的时间少在群里待，群里不会给你财富，也不会给你机会，收盘后倒是可以休闲娱乐。说实话，QQ 群是同道者休闲娱乐的好东西，但绝对不是炒股的好工具。如果在盘后交流心得，倒是可以一用的，而交流心得最好的工具非论坛莫属。QQ 群的留言只能昙花一现，而论坛上的留言却能流芳百世。我的《量柱擒涨停》《量线捉涨停》两本书，全是论坛上的文章汇编。这就是我和大家分享的经验。

　　第二是让 QQ 群外的战友们不要进入 QQ 群，QQ 群真的不是什么好东西，它只会延误时机，分散精力，耽误大事。而论坛却是好东西，它把我们在"孤独中""思维"的结晶发表出来，再通过思维变成你自己的东西，然后在实践中检验，得失自知，总结提高，以利再战。我说"伏击涨停板"里金光闪闪，就是这个道理。如果我们没有发现金子的眼光，当然不能拿到金子。同样，如果我们不能抵制诱惑，就不能超越自我。

　　有战友问：你们的盘中交流是哪个群？我负责地告诉大家，王子没有群，我只是和几位志同道合的战友用 QQ 个别交流。清华北大特训群，都是清华北大特训班的同学们自己组织的群，王子作为旁观者很少发言。有意义的对话，王子的助手会及时选发到论坛上。论坛上的"盘中交流"大家看了都说好，因为那是即兴讲解，见股说股，见势说势，那是"清水出芙蓉，天然去雕饰"，所以大家都说精彩。

　　说到这里，昨天和今天听几个战友讲，有人把我们的"盘中交流"及时转发到他们自办的"收费群"里去了，我劝这些网友不要这么做。安心炒股所赚的钱，远远超过你的收费，何必干这么下三烂的事呢？我王子现在不搞收费群，今后永远也不搞。

　　顺便告诉大家，天码公司的技术员正在研究一种让大家都能看到盘中及时交流的"交流室"软件，目前的 QQ 群只能容纳一百多人，我们的"交流室"可以容纳无数人，室中指定几个人交流，其他人只能旁观，不能插话，以保证交流的集中性、连续性、及时性。这就是大漠老师建议的"精英交流室"，估计不久便可以和大家见面。

　　到那时，春暖花开，百花争艳，我们的"精英交流室"，也想成为一束报春花，为万紫千红的中国股市增添一道亮丽的风景。

知行合一，方显英雄本色

这是王子给自己敲警钟的文章（2010年2月6日）。

扑朔迷离的一周（2010年2月1日至5日）过去了，前几天的预报已做小结，今天仅就周五的盘前预报进行小结。周五盘前预报的六个要点，除了指数点位受外围影响失误之外，全部应验。王子的预报可以得90分，但是王子的操作不及格。具体小结如下。

要点一：标题为**"八块金砖轮动，长阴长柱出货"**应验。在开盘的半小时内研判长阴，就是看虚拟量柱。例如"正和股份"，早盘半小时内绿柱擎天，务必尽早出货。若不能赶上最高峰的八个点上出货，可以在9:56时的次高峰出货，最迟应该在10:01时的第三峰出货［如图38-1"正和股份（600759）2010年2月5日分时图"］。

要点二：正文第一段**"目前的大盘在0709灯塔线和0929地线的剪刀口运行"**应验。今天的大盘就在这个"剪刀口"的中部运行。我们盘前预报的点位是头天晚上做出的，根本没有参考当晚美股的收盘情况，对于这样的例外影响，我们应该结合当天开盘的低开幅度来调整昨晚的预期。这个修正方法，和量线的修正方法同样重要。

要点三：正文第二段**"从今日（周四）的量柱上看，量缩价跌，是'顺边'，预示着明天向下的力量稍大"**，这是纯粹从量柱角度看的，有人说"上涨时量柱很灵，下跌时量柱不灵"，看看周五的盘前预报，看看我们本周五天的盘前预报，每根量柱都给我们非常准确的提示。例如我们分析的"周四这么热闹的涨停板，指数和量柱却萎缩，这里一定隐藏着极大的阴谋：就是用权重压住指数，掩护地区振兴板块和年报预增板块拉升"，大盘如此，个股还是如此。

要点四：正文第三段**"擒拿涨停其实并不难，难的是守住涨停的成果"**。凡是前几天涨停的股票今天都展开了大幅调整，"难的是守住涨停的成果"，这是经验之

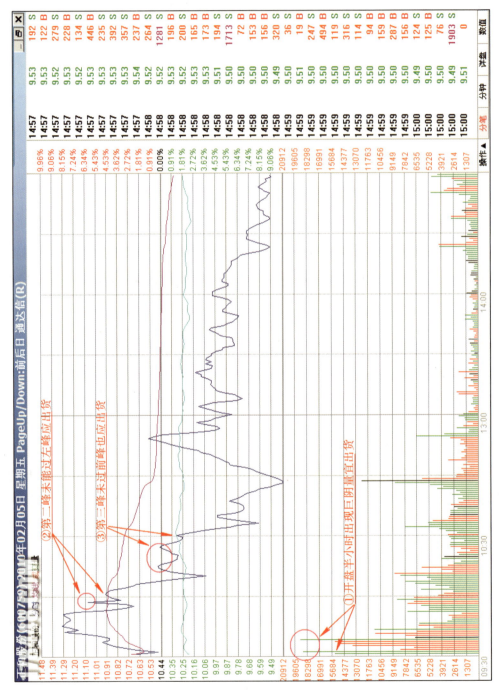

图38-1

谈，王子曾经多次被主力甩过，摔得鼻青脸肿。今天正和股份在上涨 8 个点时没有出来，当时心想它逆市涨升，有后来居上的样子，犹豫了一分钟，错失良机，只好在 4 个点时出来，白白丢了 4 个点的利润。看来，说归说，做归做。知行统一，难啊！

要点五：正文第四段"**我们要调整战略战术，适时地将冷板转换到热板上**，海南板块的炒作手法和我们说的一模一样，即仿效年前电子科技股的炒作手法，以极点拉升吸引跟风，我们切切不可上当，应该见好就收"，现在重读这段文字，写得多好哇，王子不得不佩服自己，又不得不责骂自己。你为什么在涨 8 个点时不抛出正和股份，偏偏跑到 4 个点来抛呢？说一套做一套，你是什么东西？想好的方案不执行，活该受罪。

要点六：正文第五段"**周五的热点可能在五块金砖中转换，若上海、成渝、滨海加入，就是八块金砖**"。王子（大山）在早上 9:19:04 时预报的广西板块果然领衔涨幅榜第一，预报的北海国发也名列涨幅榜第一！事实说明，用量柱预测板块轮动也是相当成功的。

今天的成功，不能代表明天成功。预测的成功，并非代表操作成功。今日的标题为《知行合一，方显英雄本色》，算是给王子自己敲个警钟吧。知行合一，难啊！著名教育家陶行知先生一生都在实践"行知"，执行知道的真理。我想，"行知"，应该成为王子一生追求的两个字。

总之，请大家不要迷信王子，他乃凡人一个，会说不会做，会预测不会操盘，十足的"半吊子"一个。我们论坛藏龙卧虎，许多高手不露真容，大家要多向这样的高手学习。学而时习之，不亦乐乎。

顺祝战友们周末愉快！

第39讲

伏击涨停，意在取法乎上

我们的《股市天经》系列是以"伏击涨停"命题的，第一本是《量柱擒涨停》，第二本是《量线捉涨停》，即将推出的第三本是《量波抓涨停》。对于我们提倡的"伏击涨停"，有些人存有偏见，有些人存有误解。对此，有必要阐明一下我们的观点。

首先，读者们都应该知道，我们无论干什么事，都有一个目标。一个人追求的目标越高，他的才力就发展得越快，他的贡献就越大，对社会就越有益。古今中外许多名人志士，都是在"远大目标"的感召下走向成功的。我们提倡的"伏击涨停"，就是一个"奋斗目标"。

再说，"奋斗目标"与"达成目标"是有距离的。参加奥运会的这么多选手，都是奔着"冠军目标"而去的，而每个项目真正的冠军只有一个，其他人都是冠军的垫脚石。古人云："取法乎上，得乎其中；取法乎中，得乎其下；取法乎下，得乎其无。"用现代汉语解读这句话就是："当你追求最高的目标时，可能只会得到中级目标；当你追求中级目标时，可能只会得到下级目标；当你追求下级目标时，可能你什么也得不到。"所以，我们提倡的"伏击涨停"，就是我们的"奋斗阶梯"，就是以"伏击涨停"的心态去追求"涨不停"。

请看实例。2010年4月25日我应邀在成都举行的"第二十届全国图书交易博览会"上举行了一次"智擒涨停板"讲座，当时有许多听众要求我推荐几只股票，我说目前大盘形势不好，只能"以涨停的目标去寻找涨不停的股票"。晚上，我发布4月26日周一的盘前预报时说了三只股票，它们是"大连热电、开元控股、风帆股份"。预报后的三天内，这三只股票都是逆市逞强的。其中的风帆股份5月4日、5日、6日、7日更是逆市大涨，5月7日竟然冲击涨停板。

为了让大家明白我们"伏击涨停"的实质，我们于五一节后开辟了实盘实况教学群。五一节后的四天，是全球股市下滑、A股市场大跌的四天。5月4日（周二）开盘后，我在早盘点评了两只股票，它们是丰乐种业和中视传媒。这两只股票连续四天逆市上涨，"中视传媒"竟先后有两天冲击涨停板。请看我们5月7日（周五）的现场教学对话：

黑马王子 09:45:08　刚才网络故障，迟到一刻钟，请大家谅解。今日提示：美股千点重挫，欧债危机引发恐慌，致使全球股市下跌，A股市场今日若再出现恐慌性抛盘，可参与反弹或适当补仓。

小富而安 09:45:15　国务院支持甘肃"三个基地"建设构想，即未来的新能源基地、有色冶金新材料基地和特色农产品生产和加工基地。

黑马王子 09:46:30　最近连续三天（5月4日、5日、6日）点评过的"中视传媒"和"丰乐种业"，为什么大势不好，这两只股票却每天逆市稳涨，请注意它们的技术特点，尤其是"中视传媒"，特点就是计划性极强！

轩辕三友 09:50:41　中视我跑早了！

海之韵 09:51:12　中视传媒，梯量加今天的倍量了，是吧？

豆豆 09:51:29　中视传媒，今日价涨量缩，且缩倍量，价猛增？

灰灰儿草 10:10:33　中视，长时间短阴柱洗盘？

黑马王子 10:19:19　我们常说的"取法乎上，得乎其中。"中视传媒就是典型。我们提倡伏击涨停，但不一定能天天抓到涨停，我们以抓涨停的目标来要求自己，可能就会抓到涨不停的。中视传媒就是这样的典型！

无山有山 10:19:25　昨天以收盘价进了它。

为了明天 10:20:23　中视传媒0422的黄金柱支撑力好强！

食金兽 10:22:18　对，以抓涨停的目标来要求自己，可能抓到涨不停的。

海之韵 10:23:13　哈，终于理解"伏击涨停"的含义了。我们追求的目标要高，就像跳远，不往远看，是跳不远的，是吧，老师，理解对不对？

背氧气瓶 10:31:47　心态，终于明白王子说的"取法乎上"了。

武汉汉兵 10:36:00　中视传媒分时线配合良好，有可能冲击涨停。我是说天地人三线配合很好，我们很幸运能够边学习边接受老师的指导。

武汉汉兵 10:54:28　对头……这么好的案例……现场教学很难得的！

自己努力 11:00:49　中视传媒600088板了！王子老师前几天就说它好，是怎么看出来的？

新兵一个 11:07:10　我炒股4个多月了，亏了30%多，看了王子老师的书，今天终于逮到第一个涨停板，谢谢老师！

黑马王子 11:14:29　不用谢我，应该谢你自己……中视传媒的计划性，用其

他技术是看不出来的，用量柱和量线综合研判，一清二楚！

武汉汉兵 11:14:30 中视传媒是最好的"计划性"现场教学案例。

豆豆 11:14:59 中视传媒可当作经典案例了。

道悟简明 11:15:35 中视主力有能力涨停，为什么不封涨停，真有点悬念。

黑马王子 11:15:39 对于"中视传媒"的计划性和攻击性，我们已连续三天讲解了，大家可以把前三天的盘中交流找出来看看。"计划性"是根本，"攻击性"只是方法，是迟早的事。

轩辕三友 11:15:46 老师已讲了……

点股成金 11:15:49 中视传媒又板了。

武汉汉兵 11:17:42 听老师点评后，我昨天用黄金分割预测中视传媒的目标位，发现中视传媒的阶梯线竟然和黄金分割线重合，真的不可思议！

黑马王子 11:26:42 对了，最实用的往往是最简单的。李小龙的成功，主要得益于"寸拳"，近距离突然爆发，速度快，力度大，任何人都招架不住；擒拿涨停最简单的也是最有效的就是"计划"，看穿了计划，你就放心等着它涨停，即使不涨停，也会涨不停……

自己努力 11:27:08 谢谢老师！

武汉汉兵 11:27:36 老师说得太好了！我认为阶梯线、精准线就是计划性的集中体现，黄金柱、黄金梯、精准线，步步为营，大道至简。

黑马王子 11:30:15 《量柱擒涨停》主要是看主力的动作，《量线捉涨停》主要是看主力的计划，二者互补，清清楚楚。如果掺杂的技术一多，就出问题了。为什么我们许多朋友在学习《量柱擒涨停》的一两周内可以连续伏击五六个涨停板，往后就再也抓不到涨停了？我一直在思索这个原因，现在终于找到答案了：就是掺杂了太多的其他技术分析，结果，把精华丢失了。

海之韵 11:30:32 就是就是。我当初刚看书后就玩了个000628高新发展，涨停了，美死了，可接下来就再也没有抓到涨停了，我晕了。

天美 11:32:27 王子老师的书把我带入股市，我实践一个多月了，以前用王子的办法抓了很多涨停，最近又学了不少别的指标，反而抓不到涨停了，今天恍然大悟。

武汉汉兵 11:33:27 这本来就是一个很难走出的怪圈，技术学得越多，越是不会用了。

青山 11:33:44 是的，老师的理论就是简单，管用。以"伏击涨停"为最高目标，即使不涨停，也能涨不停。

黑马王子 11:34:53 现在请大家看看中视传媒3月26日的最高点，再看看它

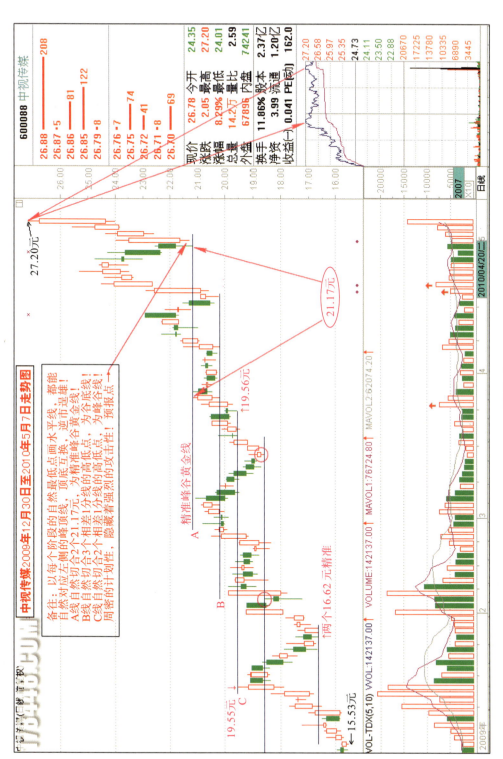

图39-1

4月30日的最低点，以最低点画水平线，你会恍然大悟，"极点测向律、焦点定向律、拐点转向律"这三个规律，全部集中在这一条线上。我抓它，就是靠这"一条线"（如图39－1"中视传媒2009年12月30日至2010年5月7日走势图"所示）。

青山 11:35:45　哇！谢谢老师。

黑马王子 11:36:40　我们再把眼光看远点，看它左侧的整个走势，计划性非常强，每到顶就是底，顶底互换，计划赫然。请大家在中视传媒的阶段最低点上画水平线看看，一目了然。

武汉汉兵 11:38:12　哎呀，今天收获太大了！极点测向、焦点定向、拐点转向的实例讲解太好了！一直在学习这几个概念，一直弄不懂，现在一语点醒梦中人了。

深圳老三 11:40:50　"每到顶就是底"，顶底互换。老师这句话说得太漂亮了，确实点明了心中很多的不解！

为了明天 11:41:11　这条线画出来了，我真是恍然大悟了，谢谢老师！

深圳老三 11:41:15　谢谢老师！我以前画线真的过于盲目！错过600088中视传媒真的太不应该了，越看越后悔……跟老师那么久，自认悟性太差，学无所成。今天老三真的受教了！

武汉汉兵 11:46:31　今天老师讲的中视传媒就涉及黄金柱、梯量柱、峰顶线、精准线等概念。黄金柱是精华中的精华，一定要整明白。

布衣 11:48:45　今天收获真的太大了，极点测向、焦点定向、拐点转向，讲得太好了！"伏击涨停"就是为了"伏击涨不停"。

……

王子点评：拿破仑曾经说过："不想当将军的士兵，不是好士兵。"我们套用这句话可以说："不想擒涨停的股民，不是好股民。"我们提倡的"伏击涨停"是一种理念，是一种向往。当你一旦掌握了"伏击涨停"的规律，"涨不停"的股票也就经常伴随你去创造奇迹了。我们不要因为一时不能擒获涨停而苦恼，也不要因一时擒获了涨停而骄傲。摆正心态，不以涨停而喜，不以涨不停而悲，平平常常地对待涨停，扎扎实实地学习技术，总有一天你能走向成功，到达胜利的彼岸。

股市天经（之二）

量线捉涨停（全新彩印版）

第五章

量线捉涨停的读者体会

LIANGXIAN ZHUO ZHANGTING DE DOUZHE TIHUI

一根线用活了就是绝活

伏击科冕木业涨停有感（至阴至柔2010年3月28日）

我是2010年3月23日介入科冕木业（002354）的。我为什么要介入它？

第一，它出现了倍量柱；第二，它是倍量过左峰（见图5-1-1）。

就这么简单。我的体会如下：

面对复杂多变的股市，我们可以将复杂的事情简单化，简单的事情重复做。就是说，我们只要做精一根柱、做精一根线——一个看似简单的招数，练到极致就是绝活。我们每个人都有自己最拿手的，我发现做好王子老师的"精准黄金线""峰顶线""凹口平衡线""精准峰谷线""平衡线"中的任何一根线，您将会逐渐远离亏损，走向盈利之路。

再次强调一种思想：做精一根线，做精一根柱，您就成功了！下面我会再举一些例子，供大家更深刻领悟王子老师下面这段话的精妙之处：

王子老师在谈到"西藏雅砻"（600773现名"西藏城投"）的涨停原因时，是这样分析的：

该股3月16日涨停，最高价9.82元，次日最低价9.82元，第三日最低价9.83元，仅差一分钱，三点成一线，精准峰谷线，涨停无疑！

王子另外补充了两点（王子认为是精华之精华）：

第一，3月16日的倍量柱在9.82元形成黄金线，回踩黄金线，涨停在眼前，又是一个原因；

第二，3月16日倍量柱由于在9.82元黄金线的支撑，该倍量柱演变为黄金柱，

279

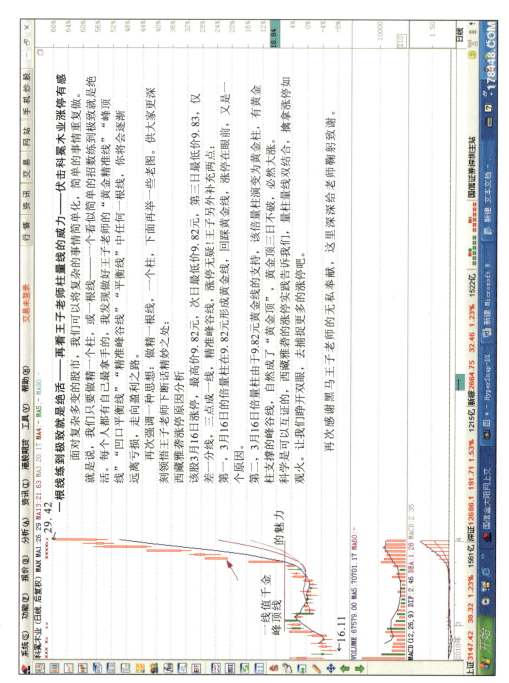

一根线练到极致就是绝活——伏击科冕木业涨停有感

再看王子老师柱量线的威力，面对复杂多变的股市，我们可以将复杂简单化，简单的事情重复做。

就是说，我们只要做精一个柱，或一根线，一个看似简单的招数练到极致就就是绝活。每个人都有自己最拿手的，我发现做好王子老师的"黄金精准线""峰顶线""回口平衡线""精准峰谷线""平衡线"中任何一根线，你将会逐渐远离亏损，走向盈利之路。

再次强调一种思想：做精一根线，一个柱，下面再举一些老图，供大家更深刻领悟王子老师下断话精妙之处：

西藏雅鲁涨停原因分析

该股3月16日涨停，最高价9.82元，次日最低价9.83，第三日最低价9.82元，仅差一分线，三点成一线，精准峰谷线在9.82元形成黄金线。王子另外朴无两点：

第一，3月16日的倍量柱在9.82元成黄金线，回踩黄金线，涨停在眼前，又是一个原因。

第二，3月16日倍量柱由于9.82元黄金柱的支持，该量柱演变为黄金柱，有黄金柱支撑的峰谷线，自然成了"黄金顶"，黄金顶三日不破，必然大涨。

科学是可以互证的，西藏雅鲁的涨停实践告诉我们，量柱量线双结合，擒拿涨停如观火。让我们睁开双眼，去捕捉更多的涨停吧。

再次感谢黑马王子老师的无私奉献，这里深深给老师鞠躬致谢。

图5-1-1

有黄金柱支撑的峰谷线，自然成了"黄金顶"，黄金顶三日不破，必然大涨。

科学是可以互证的，西藏雅砻的涨停实践告诉我们，量柱量线双结合，擒拿涨停如观火。让我们睁开双眼，去捕捉更多的涨停吧！

受到王子老师的启发，我看到科冕木业倍量过左峰（量柱量线双结合），大胆介入，果然享受了三个涨停板。让我深深体会到"科学的力量"。王子经常教导我们："涨停无定式，涨停有规律。"规律就是同一时段、同一现象、同一状况地同样涨停，那不是一个两个的现象，而是一批又一批的"批量涨停"。下面列举一批涨停股票供大家探究其中的味道，品出了其中的滋味，你真的会"三个月不知肉味"（见图5－1－2）。

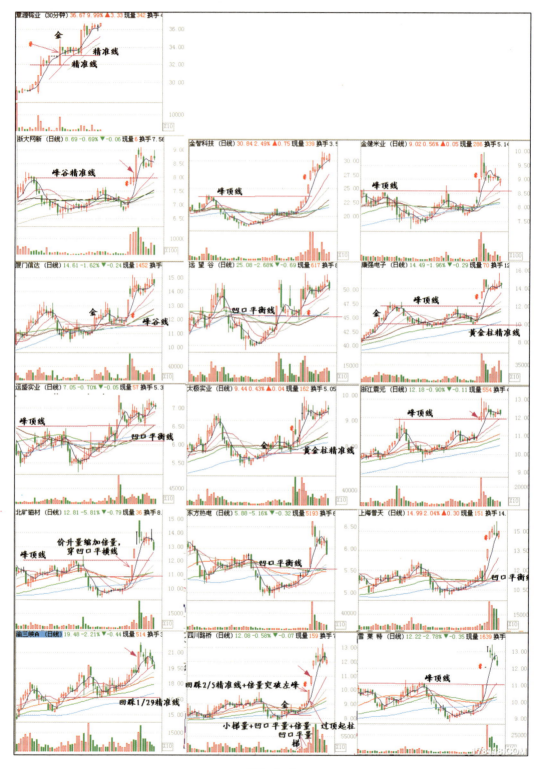

图5-1-2

第 2 则

一根线用熟了方显精妙

伏击西藏发展涨停有感（至阴至柔 2010 年 3 月 29 日）

我是 2010 年 2 月 4 日倍量柱预报并擒拿"西藏发展"的，我为什么预报它？它为什么能连续涨停，我的观点都写在图片上了（见图 5 - 2 - 1）。

精准峰谷线抓涨停有感：

第一，11 月 18 日的倍量黄金柱在 9.49 元形成黄金线，F 点、L 点回踩黄金线，轻松涨停在眼前。这是王子老师的量柱量线双结合擒涨停的精妙之一；

第二，B 点收盘价 9.82 元，D 点最高价是 9.83 元，F 点开盘价 9.83 元，收盘价 9.85 元，五者高价相差两分钱，非常精准，即左峰线与右谷线精准重合，生成"精准峰谷线"；H 点连续两日缩两倍量凶狠下砸，给人高处不胜寒的感觉，逼使小散纷纷交出筹码，股价回踩到"精准峰谷线"处，受到强力支撑，跌势戛然而止，股价悄然企稳，可见缩量两倍是假跌。精准线是主力有计划的操盘线，该股在 F 点缩地量红十字胜而收盘价落在"精准峰谷线"上，连续五日缩倍平量构筑止跌小平台，可见主力控股良好，已到随心所欲地步。价平量平，大涨在即，2 月 3 日小倍量涨停，本人 2 月 4 日 9:00 时发布涨停预报，当日果然涨停。2 月 5 日大盘大跌，而该股逆市涨停，随后又连续拉升 20%。这就是王子老师的量柱量线双结合擒拿涨停的精妙之二。

王子常说："涨停无定式，涨停有规律。"规律就是普遍性，当普遍性的股票都具有某种特征时即涨停，就是我们要找的规律。

请看下面图 5 - 2 - 2 的图示，所有的股票都遵循着这么一个样式来涨停，这就是我们需要的涨停规律。

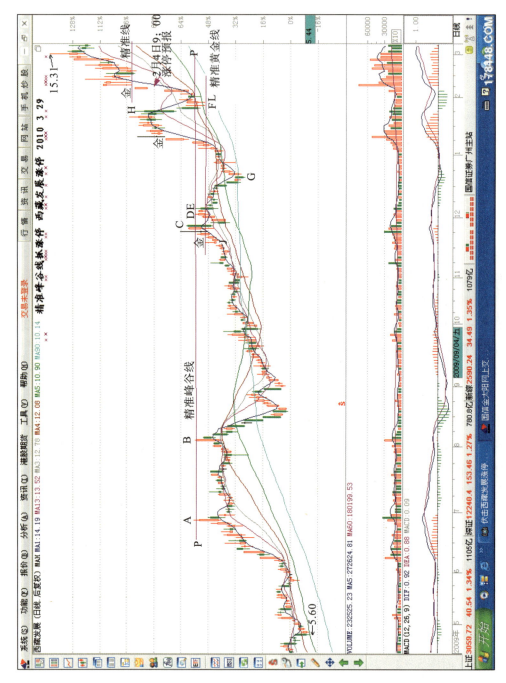

图5-2-1

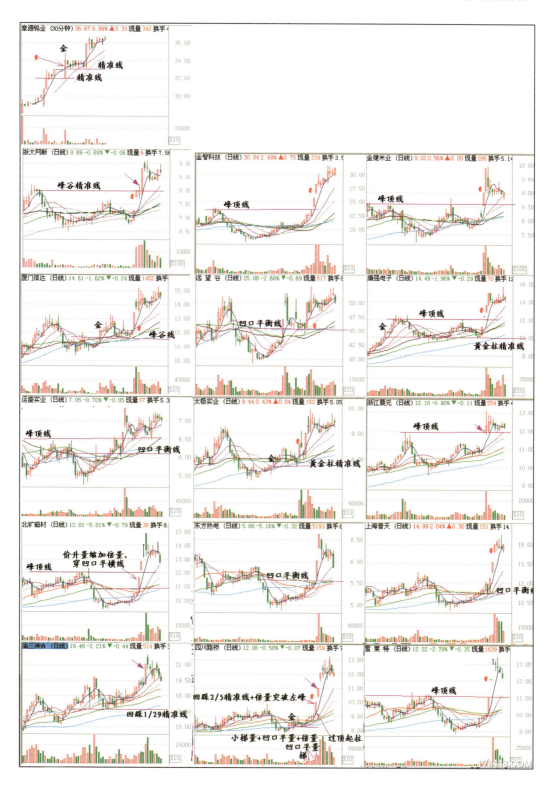

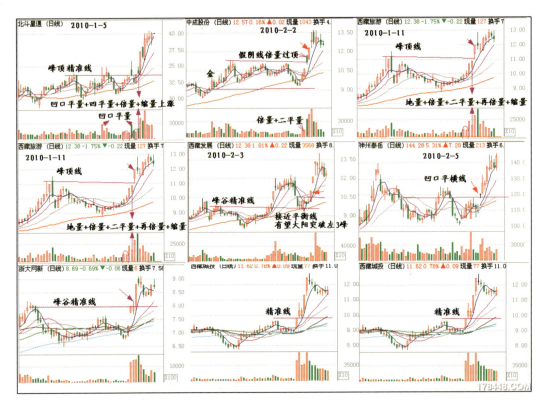

图5-2-2

第3则

凹口淘金，一抓就灵

伏击七喜控股涨停体会（阿黑 2009 年 9 月 17 日）

通过学习《量柱擒涨停》，体会很多。感觉就是简单实用。

2009 年 9 月 16 日伏击"七喜控股"，第二日涨停。同学们都在谈涨停体会，我也来凑个热闹，谈谈我的体会。

请看图 5 - 3 - 1：

（1）2009 年 9 月 16 日以前，出现长达 20 日的低平量，其中 8 月 28 日和 8 月 31 日两日缩量大阴强洗探底，主力有意为之。9 月 3 日出现中阳，之后四日横盘，最低价正好获得第四阶梯黄金线支撑，再后两日出现难得量平价涨，拉升在即，9 月 16 日果然倍量大阳，涨停难免。

（2）2009 年 9 月 16 日大阳的同时，突破 AB 凹口平衡线，根据老师的凹口平衡线理论介入，十拿九稳。

果然次日 9 月 17 日涨停！

就这么简单。

就这么实用。

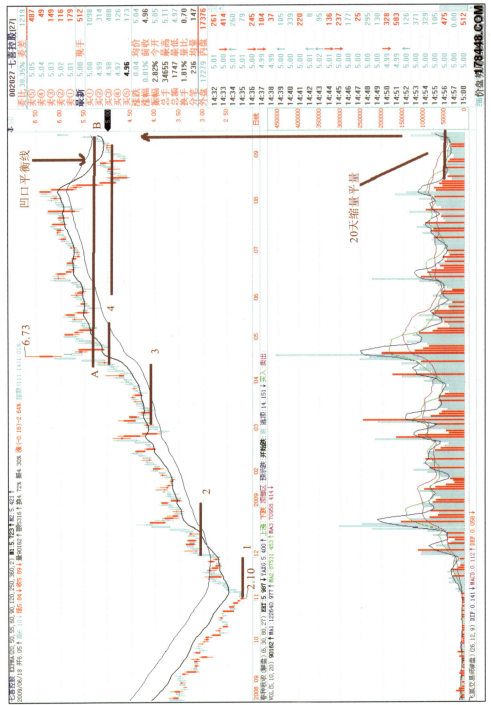

图5-3-1

倍量过左峰，涨停入囊中

伏击华峰氨纶涨停体会（格子猪猪 2009 年 11 月 4 日）

　　在论坛里已学习了多日，每天跟在各位高手和老师后面研究王子老师的理论，学习如何抓涨停。昨天（2009 年 11 月 3 日）终于试着把近段时间关注的股票发了帖子，没想到第一次就成功了。

　　虽然多是根据老师的理论找的股，但也不得不说有点运气成分，不过，根据我的观察，凡是"倍量过左峰"的股，都属于超级强势的股，近期涨停概率较大。

　　我看华峰氨纶（002064）近期多个黄金柱确认有效，这几天一直是漂亮的"梯量柱＋平量柱"，然后倍量过左峰，感觉有强烈的涨停欲望，于是决定伏击它。没有想到，第一次伏击就成功了（见图 5 - 4 - 1）。

　　我觉得自己学习得还很不够，涨停的体会也只能写到这个程度，还不会像坛子里许多高手一样用明晰的图示进行分析。不过我会继续努力提高水平，争取向各位高手老师看齐，抓到更多涨停。

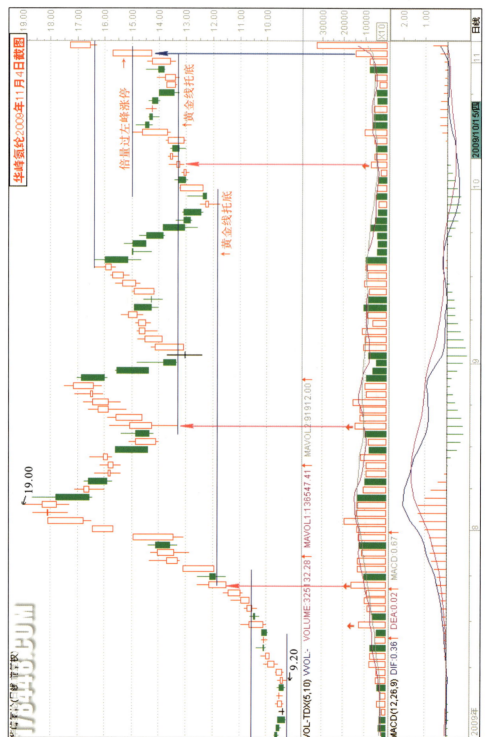

图5-4-1

第5则

凹口平量柱，确实猛如虎

伏击白云山涨停体会（新节奏 2009 年 11 月 7 日）

白云山（000522）9 月底出现低量，并在 9 月 28 日、29 日出现了平量柱，《量柱擒涨停》书中写道："凹口平量柱，爆发猛如虎"，因此引起我极大的关注。

随后，该股于 10 月 14 日、10 月 19 日连续 2 次出现倍量柱，19 日的那根确定是黄金柱。老师书中讲到，有些倍量柱并不起眼，但是往往是起关键作用的黄金柱。10 月 28 日该股下跌，19 日的那根黄金柱确实起到了关键的作用！股价在 10 月 19 日的黄金柱上方得到有效支撑，且缩倍量，明显是主力打压洗盘，果然隔天（10 月 30 日）即拉大阳涨停，且一阳过四个左峰。

11 月 2 日开盘大盘下跌，该股却强势高开，分时图上，9：31 时天线冲高后瞬间下探，然而这时人线却出现了向上的拐点，我即刻意识到该股将立刻爆发，并于 9：32 时发出预报："000522 白云山逆市强势拉高，有戏！"

不出所料，该股几分钟后即封上涨停板。真是惊心动魄啊！该股由于已经突破所有压力位，进入了筹码稀薄区，接下来连续四个涨停（见图 5 - 5 - 1）。

根据老师书中阐述的黄金线的升幅计算公式，我计算出白云山的第一目标价位是 16 元，即 10 月 19 日的黄金柱的最高价 8 元 × 2 = 16 元，有待日后验证（编者注：白云山 2009 年 11 月 18 日涨到 16.65 元，验证了王子的计算公式）。

老师的《量柱擒涨停》一书我已经看了两遍，但是总觉得自己还只是了解了一些皮毛，最近伏击的涨停潜力股，成功的少失败的多。我深刻体会到要能真正悟出老师书中的奥秘，还需刻苦学习、深刻领会。

以上是我学习老师的量柱理论后在实战白云山一股中的浅薄体会，如有误读曲解之处，请老师以及高手们指导、纠正。

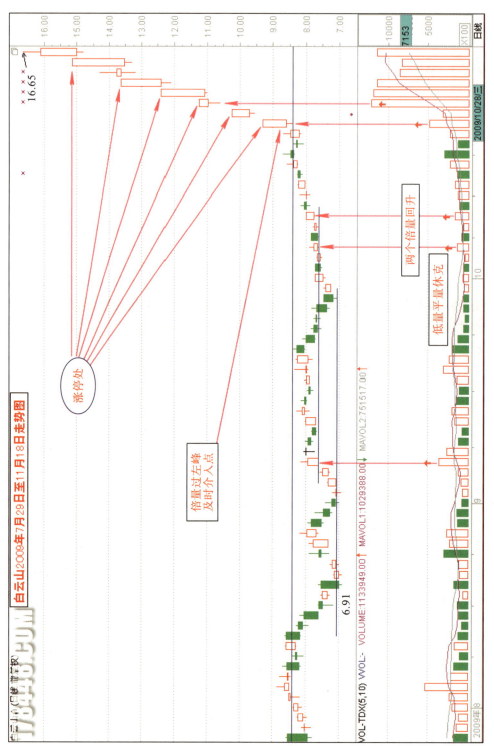

图5-5-1

第6则

劫止黄金线，涨停任我捡
伏击宁波银行涨停体会（邢思嘉2010年1月22日）

我在昨天（2010年1月21日）收盘前买入002142宁波银行，今日涨停价卖出。下面谈一谈我的体会，就是"打劫不破黄金线，涨停机会任我捡"，希望对大家有所帮助！

近期我一直在关注银行股，因为银行股已潜伏多日，尤其宁波银行引起我的注意。通过看以前的日K线，可以看到2009年12月4日出现了黄金柱，之后2009年12月14日再次出现黄金柱，两个黄金柱之后，于2009年12月30日创新高。

创新高后主力开始"打劫"，大家可以看到，2010年1月14日的最低点没有跌破2009年12月4日黄金柱的最低点，以2009年12月4日的开盘价画一条线作为精准线。从2010年1月14日止跌为止的缩量调整，一直都没有跌破这条精准线。这就说明主力控盘非常好，也说明这就是底部了，在这时介入很安全。并且，王子老师21日的盘前预报中提到了银行股可能要启动，这更坚定了我的判断。

于是，我在21日出现低量小阳线时介入了。感觉要大涨，但没想到居然会冲击涨停（见图5-6-1）。

在这里再次感谢四川人民出版社出版了这么好的书！

王子老师的《量柱擒涨停》真是好书！

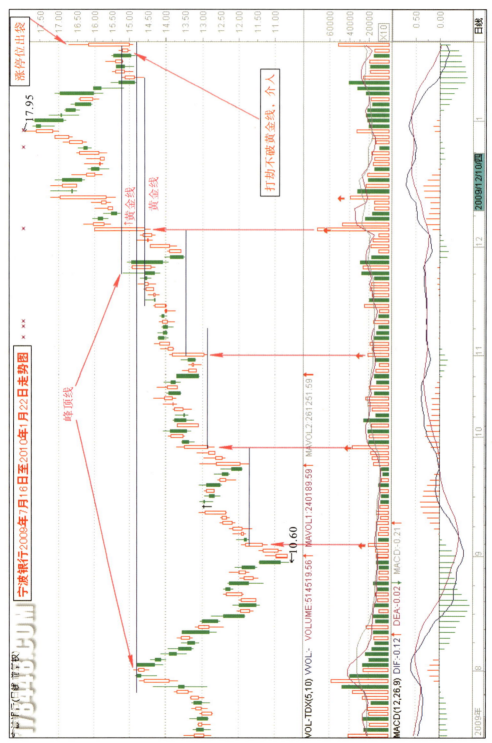

图5-6-1

宁波银行2009年7月16日至2010年1月22日走势图

涨停位出袋

打劫不破黄金线，介入

黄金线

黄金线

峰顶线

17.95

10.60

VOL-TDX(5,10) VVOL:- VOLUME:514519.56↑ MAVOL1:240189.59↑ MAVOL2:261251.59↑

MACD(12,26,9) DIF:-0.12↑ DEA:-0.02↓ MACD:-0.21↑

日线

第  则

百日低量处，确实有卧虎

预报三只全部涨停的体会（杰杰米2010年1月29日）

按王子《量柱擒涨停》理论边学习边实践（模拟操作）20余天，收获颇丰。在目前市况低迷的行情下，我伏击的涨停就有近10个（有颁发的勋章为证）。2010年1月29日这一天，更是大获全胜。擒到600209罗顿发展（见图5-7-1）、600306商业城、002035华帝股份三个涨停。高兴之余，谈几点体会与各位股友共享。

一是认真读书。我是这个月初有幸在网上读了王子《量柱擒涨停》的有关内容，看得不解渴，然后又邮购一本（1月18日才收到手），便于随时阅读学习。目前我已读了三遍，每一遍读后都感到收获很大呀。我想掌握王子理论精髓，随便翻翻是做不到的。必须专心致志，好好研究一番。

二是模拟操作。我想，178448网提供的这个"伏击涨停"栏目非常好。我认为它是提高学习王子理论技术的加速器。通过这个平台，我看到了很多好的经验，是学习探讨量柱擒涨停理论效果和发挥的竞技场。今后我会天天预报，提高自己，光大理论。

三是向能者学习。在"伏击涨停"栏目里，除黑马王子外还有很多擒拿涨停的专家。像毛毛虫、其瓦额、方怡、孙波等，我每天都学习他们的帖子。学他们选股的入眼点和方法，感觉很有提高。

四是研究每日涨停股。即把每天涨停的个股收藏起来，重点研究其量价变化，从中找出了不少涨停奥秘哟。

五是掌握量柱选股公式。我选的涨停股都是在公式栏目里公示的，如百日低量选股、倍量柱三天价升喇叭口选股、倍量柱后三天不破最低价等公式中选出来的。很适用。

哈哈……说多了。别见笑，大家共同学习，共同进步。

祝读此帖股友天天擒到涨停。谢谢。

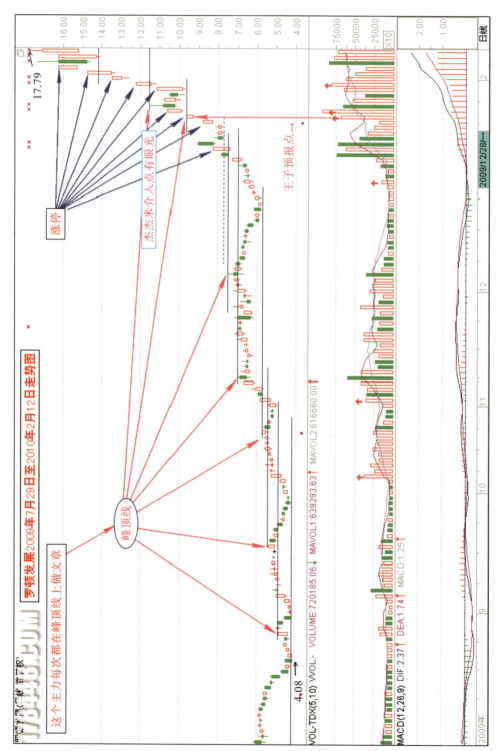

罗顿发展2009年7月29日至2010年2月12日走势图

这个主力每次都在峰顶线上做文章

17.79

涨停

燕燕未介入点有眼光

王子预报点→

峰顶线

4.08→

VOL-TDX(5,10) VOL- VOLUME:720185.06↑ MAVOL1:639293.63↑ MAVOL2:616660.00↓

MACD(12,26,9) DIF:2.37↑ DEA:1.74↑ MACD:1.25↑

2009/12/28一

2009年

图5-7-1

296

第**8**则

倍量过左峰，涨停三连中

伏击罗牛山涨停有感（金戈铁马2010年2月1日）

　　王子老师的量柱理论，确实是造福股民的利器和法宝！本人的经历，就是其中有力的佐证之一。

　　一个偶然的机会，让我有幸购得《量柱擒涨停》一书，从此我如获至宝。我注册论坛后，怀着一试的好奇之心从2010年1月27日开始预报涨停股票，没想到竟然一发不可收拾。如图5-8-1所示。

　　我于2010年1月28日预报的罗牛山当天涨停，随后，1月29日涨停的竟然是两只，分别是第一医药和鑫新股份；

　　今天我再次预报罗牛山，又是一个涨停……

　　我的天哪，预报三天，天天涨停！连我自己都不敢相信这是真的。

　　其实我预报的理由很简单，无非是黄金柱呀，缩量＋倍量过左峰什么的。我本是一个散户，虽然征战股市有年，但总是伤痕累累，总算老天有眼，让我有幸得到王子老师的法宝。我想，这个成绩的取得，固然有运气的因素，但更主要的是沾了量柱理论的光，这玩意儿实在是太神奇了！

一招熟，天天用，今天又擒三个涨停板（金戈铁马2010年2月3日）

http：//（www.178448.com）/thread-74738-1-2.html

　　自从尝试量柱理论抓涨停的办法后，强势的股票基本上逃不过量柱这根神奇的温度计，已经记不清是第几次运用这简单而又实用的一招了，但又是非常管用的，本人五天预报，竟然有四天涨停（详见文后网址）：

　　今天是罗牛山、正和股份、新疆众和3只涨停，只可惜昨天报的600012以微小差别与涨停失之交臂，但涨幅也达9.63%，算得上是准涨停了。

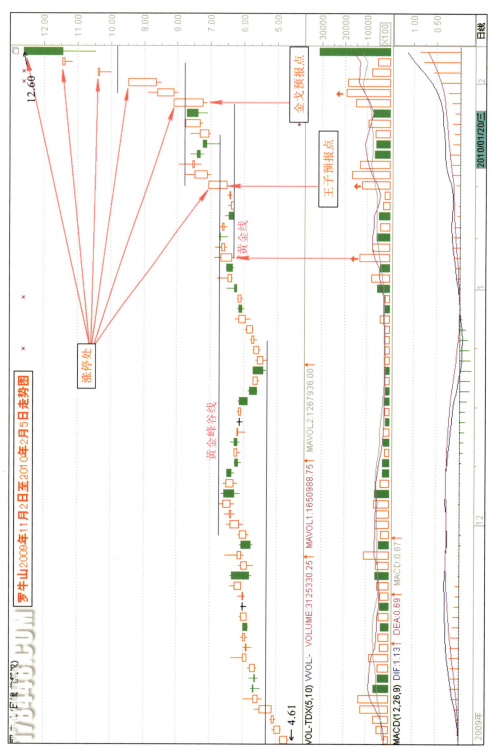

罗牛山2009年11月2日至2010年2月5日走势图

涨停处

12.60

金戈预报点

王子预报点

黄金线

黄金峰谷线

← 4.61

VOL-TDX(5,10) VVOL- VOLUME:31253330.25↑ MAVOL1:1650988.75↑ MAVOL2:1267936.00↑

MACD(12,26,9) DIF:1.13↑ DEA:0.69↑ MACD:0.87↑

2010/01/20三

2009年

图5-8-1

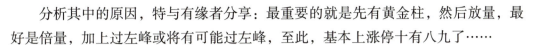

分析其中的原因，特与有缘者分享：最重要的就是先有黄金柱，然后放量，最好是倍量，加上过左峰或将有可能过左峰，至此，基本上涨停十有八九了……

各位别见笑其简单，事实往往是越简单越管用，也许是所谓大道至简吧！有心者不妨试试。

各位同人，好好研读啊！我希望在各位老师和同人的鼓励和帮助下，大家一起好好学习，天天涨停！附本人预报的网址为证：

1. http：//www.178448.com/thread－70878－1－1.html

2. http：//www.178448.com/thread－71728－1－1.html

3. http：//www.178448.com/thread－72903－1－1.html

第9则

凹口来淘金，报四三涨停

伏击北矿磁材等涨停有悟（为了明天2010年3月3日）

我感受了量柱的神奇威力。

王子老师说，凹口淘金，十拿九稳!，今天再次显示了它神奇的威力！我2010年3月3日预报的四只股票，赫赫然涨停了三只！它们是江苏阳光（600200）、北矿磁材（600980）、雪莱特（002076），另一支四川路桥（600039）虽然没有涨停，也上涨了2个点！

有战友说：一招鲜，吃遍天！利用王子老师的量柱理论凹口淘金的原理，很简单！只要"右边倍量或天量起柱，且过左峰或平左峰，就极有涨停的可能!"详见图5-9-1所示。

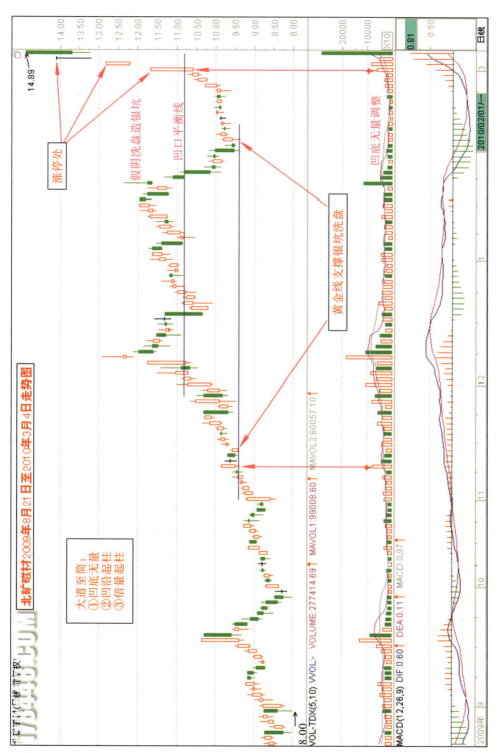

图5-9-1

第10则

第二红波起，必然有好戏

伏击重庆港九等涨停有悟（清泉石上流 2010 年 3 月 3 日）

上周本人就 MACD 凹口第二红波（以下简称"第二红波"）以《做精一种模式，努力稳定盈利》发了一精华帖（http：//www.178448.com/thread － 83190 － 1 － 1.html），本周就此操作模式再发一帖，与战友们共同探讨。

炒股要盈利一定要有适合自己的操作模式，同时知行合一，不随大流，股市里绝大多数人亏损证明，只有少数人的操作模式是正确的，第二红波做好了，就是一种稳定的盈利模式。

虎年我确定的炒股模式就是专做第二红波，任何时候都"忍痛割爱"不受涨停票干扰，春节后一边实战一边总结，我觉得操作好第二红波要把握好以下四点：

一、第二红波股票的备选

"股海明灯论坛"有战友专门发帖介绍了第二红波的几种公式，我没有用过，也不会用，我就用一种死方法：每天晚上花两个小时复盘，把 MACD 红柱子缩短到 O 轴线的股票选出来放进股票池，同时把当天收盘后不符合第二红波的股票从股票池里删了，天天更新，在次日开盘后决定买进何种股票。

二、第二红波股票的买进

只要选的股票能走出第二红波，你就会稳定盈利。面对股票池里 100 只左右的股票，你可能眼花缭乱，不知道买哪几只好，通过天天跟踪我发现，买进股票要注意这么几点：

（1）买进热点股票可以确保盈利的最大化，比如春节后热炒的几大地域版块海西、成渝、西藏、新疆、津滨股票就是前期操作中的首选（一定要每天关注王子老师、钱多多老师、毛毛虫等战友的盘前预报）。

（2）买票时多选第一红波"小山"少选第一红波"大山"。因为我发现：

第一红波"小山后面大山多"（见图5－10－1），买进后盈利多，这样的股票如漳州发展、重庆港九、新疆天业等。

第一红波"大山后面小山多"（见图5－10－2），买进后盈利少，这样的股票如江西水泥、商业城、正和股份等。

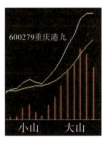
图5-10-1

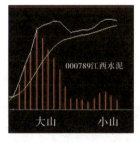
图5-10-2

（3）掌握买票时机。

只要第二红波的第一根柱子形成高于第一红波的最后一根柱子（如果第一红波结束没有绿柱出现只要红柱从O轴线上竖起），同时结合MACD中DIF白线拐头向上就是进场时机（见图5－10－3中↓和↑）。

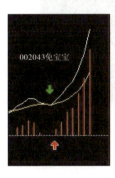
图5-10-3

三、第二红波股票的持有

股票第二红波形成后，一般可以做三到五根红柱子，能盈利10%左右，也就相当于赚了一个涨停板，一年下来你做对7次，那么你的资金就翻倍了。不贪的人也许赚5个点就跑，贪的人也许可以赚到20个点以上。第二红波一形成，我观察几天内趋势不会轻易地改变，上周我买进的重庆路桥在第三天就给洗出来了，再看江西水泥第二红波形成后第二天和第三天的震仓更是吓人，其实只要红柱子不缩短，你就持有呗。

四、第二红波股票的卖出

会买的是徒弟，会卖的是师傅，选对一只股票后只有卖对了落袋为安你才算做成功了，我从自己的失败中总结出了卖点之所在，即只要下述两者同时具备就抛：

（1）第二红波股票的红柱子开始缩短（见图5-10-4中的↓箭头）；

（2）60分钟K线图MACD中DIF白线拐头向下，这个拐头比日线图中DIF白线拐头要早，看得也醒目（见图5-10-5中的↓箭头）。

行文至此，想到一句话：会空仓的是掌门。好好精做第二红波，波段为王，看准了就做，看不准就休息，顺势而为，不逆市而战，有方法，有纪律，你如果还不会赚钱那就远离股市吧，这里真的不适合你！

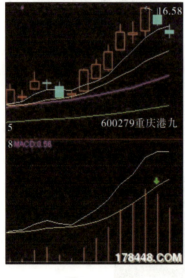

图5-10-4

图5-10-5

第**11**则

凹口去淘金，真的有点神

伏击新五丰涨停的体会（王紫薇 2010 年 3 月 6 日）

　　学习量柱理论有一段时间了，一直没有捉过一个涨停板，看到网友们雨后春笋般地捉涨停，心急手也痒，常恨自己理解水平差。不甘落伍的我，继续苦读《股市天经》，忽然有所顿悟。

　　2010 年 3 月 2 日晚，我依照惯例每天晚上都上论坛看老师们的帖子，按王子老师的提示去找凹口的突破，我找到了 600975 新五丰，发现很像老师说的"凹口淘金形态"。于是在第二天即 3 月 3 日一开盘我就观察它，果断决定以 10.64 元的价买进它。功夫不负有心人，午后开盘不久，新五丰涨停了。当时的心情真是美妙啊！

　　然后在第三天，也就是 4 号，它高开我就果断卖掉，那天大盘大跌。

　　我很高兴自己有点进步了，终于通过自己学习抓了一个涨停板，并且逢高出了货，躲过了大盘的大跌。（见图 5 - 11 - 1）

　　今后我要继续努力。

　　感谢四川人民出版社出了这么好的《股市天经》。

　　感谢黑马王子写了这么好的《股市天经》。

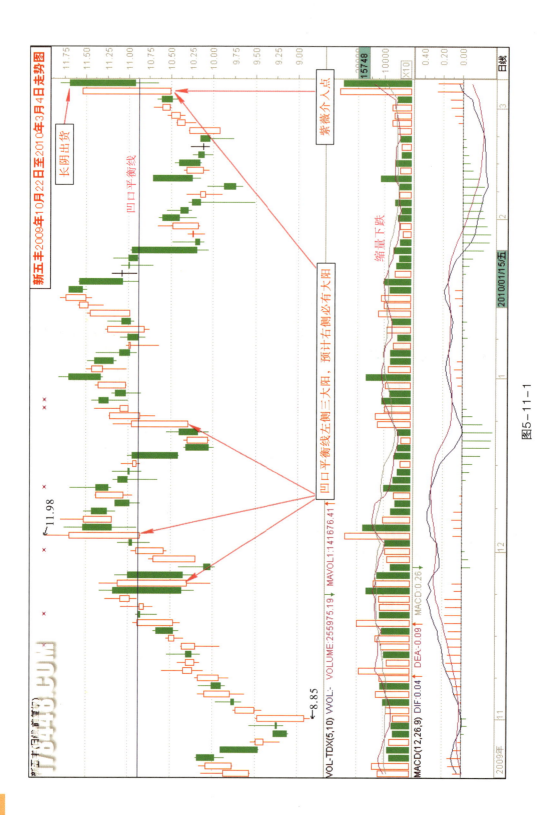

新五丰2009年10月22日至2010年3月4日走势图

长阴出货

凹口平衡线

紫薇介入点

凹口平衡线左侧三大阴，预计右侧必有大阴

缩量下跌

←11.98

←8.85

图5-11-1

"凹底起柱" 涨停法

伏击旭飞投资涨停小结（短线炒股 2010 年 2 月 27 日）

　　股价经过一段较长时间或者较大幅度下跌，得到了充分的洗盘后，就会开始企稳回升，如果突遇利好，主力会迅速放量拉升，这时，会有一些跟风盘坐轿买进。主力为了洗掉跟风盘，会在利好发布当日故意打压股价。在打压股价时如遇大盘下挫，主力会顺势深度打压，跟风盘会闻风丧胆，尽数把筹码抛弃，主力在笑纳的同时，为了进一步拉升，会买进更多的筹码，这时就会在阶段底部出现一根倍量柱或者高量柱，如果之后三天出现价涨量缩，就说明市场惜售明显，主力见已经无法再继续搜集到廉价筹码，就会放量急拉，这时股价就极易涨停。

　　涨停案例：000526 旭飞投资。

　　预报时间：2010 年 2 月 9 日收盘后。

　　涨停时间：2010 年 2 月 10 日。

　　预报战友：钻石王老五。

　　验证地址：http：//www. 178448. com/thread － 78760 － 1 － 1. html

　　见图 5 － 12 － 1 "旭飞投资（000526）2009 年 11 月 30 日至 2010 年 2 月 26 日走势图"。

涨停分析：

　　（1）股价经过一段时间（2009 年 11 月 30 日至 12 月 8 日）的拉升后，开始持续（2009 年 12 月 9 日至 2010 年 1 月 11 日）回调，1 月 12 日止跌，之后第二天即放量涨停，接着又连续放量拉升，过 2 月 8 日前左峰，且在当日股价创出新高 16.18 元。

　　（2）正当散户们摩拳擦掌准备坐轿时，主力借利好公布之日（1 月 27 日）竟然凶狠地以跌停板洗盘，此后三天更是股价连创新低，这时，跟风者闻风丧胆，纷纷缴枪投降。

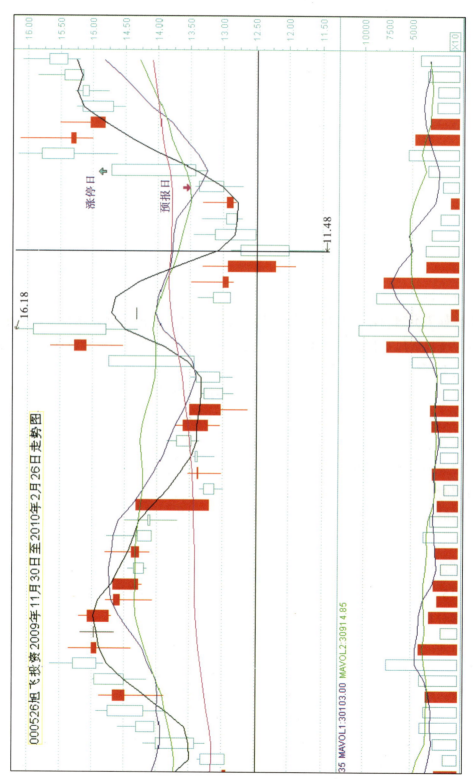

000526旭飞投资2009年11月30日至2010年2月26日走势图

16.18

涨停日

预报日

11.48

35 MAVOL1:30103.00 MAVOL2:30914.85

图5-12-1

（3）谁知2月3日主力拉出一个不起眼的高量柱，此后连续三天价涨量缩，且在2月8日收出多日新低低量柱。这样，2月3日就成了一个不起眼的低位黄金柱。

（4）在形成低位黄金柱的次日（2月9日），股价回踩黄金线，使2月9日的黄金柱身价倍增，我们的战友钻石王老五看到了这一个难得的现象，于当晚进行了涨停预报！股价于次日如期涨停！

对案例旭飞投资再补充几点看法：

（1）2月10日的涨停，根据对称原则，1月14日的涨停功不可没。

（2）2月10日的涨停，与1月13日至1月18日形成的梯量柱，和1月28日至2月8日形成的缩量柱有很大关系，梯量柱是主力强烈做多意愿的体现，而缩量柱是主力想继续做多的意愿的体现。

（3）2月10日的涨停，属于凹底起柱，因此涨停的希望很大。

（4）2月10日涨停之后的股价一直受该柱收盘价（最高价）的支撑，且其后三日价涨量缩，因此，可视2月10日为上品黄金柱，第四日后连续回踩黄金线，且温和放量，可见，该股后续还有涨停或者收大阳的可能！

（5）该股股价稳站于5日均线之上，且5日、10日、20日、30日中短期趋势线和120日长期趋势线呈现良好的多头排列，助涨十分明显，尤其是10日、20日、30日在2月23日当天金叉，实属罕见。

第13则

"金谷起柱" 涨停法

伏击远望谷涨停体会（短线炒股 2010 年 3 月 28 日）

在王子的《量柱擒涨停》里，关于"凹口淘金"的理论，已经讲得十分详细了。可以毫不夸张地说，"凹口淘金"，是王子量柱理论的精华之一。我们的战友应用凹口淘金理论擒拿的涨停板不计其数。"金谷起柱"涨停法，其实就是王子的"凹口淘金"理论的应用，"金谷"，就是"金坑谷底"的简称。

一般地，一只股票当形成银谷之后，在突破凹口前左峰之后，还会在右边再次形成一个小金谷：这是主力做多的暂时休整。一旦金谷谷底形成，随时就会猛烈爆发！这是因为，在金谷谷底的形成过程中，主力逐渐地吸收了空方的能量，空方已经无条件投降了。同时多方做多的量能在这个过程中进行了充分的叠加。这时如果主力在底部一旦增仓，股价就会迅猛爆发！假如股票的大形态也是一个近似的银坑金谷（头肩底）的话，就会产生共振现象，这时爆发的最好方式就是涨停！

一、形态的共振

（1）长期的走势形成的形态为头肩底或者圆弧底。

（2）中期或者近期的走势形成银谷和金坑（其实就是小型头肩底形态）。

（3）金坑筑底成功，且已经至少冲破了一个重要阻力位（比如颈线位）。

二、量能的叠加

（1）在大形态中，形成谷底前的量能得到了充分的释放；形成谷底后的量能得到了充分的吸收；在右肩的量能进一步的叠加。

（2）在小形态中，形成银谷谷底前量能得到了充分的释放；形成谷底后量能得到了充分的堆积；在形成金坑时量能得到了进一步的叠加。

（3）金坑筑底成功后，主力温和增仓，股价已经或者将要冲破第一或者第二重要阻力位。

三、外部的环境

（1）有优秀的基本面支持或者有重组的预期。

（2）是近期的热点概念或板块。

（3）热点爆发的导火索。

四、当日大盘最好不要太孬

假如大盘单边上攻，涨停的可能性陡增！如图 5 - 13 - 1。

预报案例：002161 远望谷。

预报时间：2010 年 3 月 15 日。

涨停时间：2010 年 3 月 17 日。

预报战友：短线炒股。

验证地址：http：// www. 178448. com/thread - 93528 - 1 - 1. html

涨停分析：

一、气候

（1）优秀的基本面（略，点击 F10 即可知）。

（2）物联网概念。

（3）导火索："物联网"被第一次写入"两会"政府工作报告。

二、形态的共振与量能的叠加

（1）自 2008 年 6 月 10 日到 2009 年 7 月 14 日形成大型头肩底形态，并于该日第一次突破颈线位，之后形成右肩，于 2009 年 9 月 16 日再次有效突破颈线位。2009 年 9 月 21 日创新高后进行了为期半年的大箱体整理。

（2）自 2010 年 1 月 20 日起到 2010 年 3 月 3 日形成银谷，之后股价回落形成金谷，量柱形成缩量柱，在 22.65 元处形成强力支撑（事实上，过 3 月 9 日最低点作平行线即为主力操盘的精准线！）

（3）请看 3 月 10 日这天，主力原欲继续放量突破，但恰遇大盘不配合，因此主力聪明地连续缩量调整了四天，等待拉升的时机。3 月 15 日，大盘继续大跌，但该股却企稳收阳，主力欲拉高的企图已经昭然若揭！3 月 16 日拉升前更是按照惯例没有忘记再吓唬一下散户。

我们的好战友，短线炒股等同学，看到了这一现象后，果断于当日收盘后进行了盘前预报！

股市天经（之二）
量线提涨停（全新彩印版）

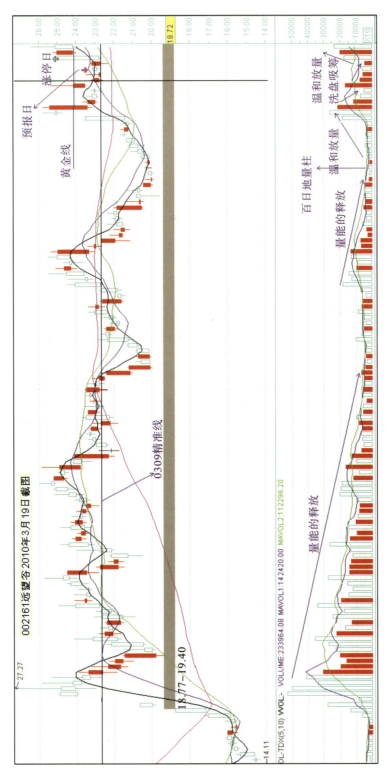

图5-13-1

312

巧用峰顶线，伏击赚大钱

伏击漳州发展涨停体会（至阴至柔 2010 年 3 月 26 日）

请看图 5-14-1。

（1）以 A、M、N、B 四点为支撑构成峰顶线 1，2010 年 1 月 14 日（Q 点）股价突破峰顶线 1，并且三日站稳峰顶线 1，黄金柱形成，突破有效。

（2）1 月 20 日（i 点）涨停试盘，1 月 21 日缩倍量，1 月 22 日再缩倍量，然后是休克疗法长达 6 天的凹口平量柱（也是缩倍低量柱——多空平衡点），回踩峰顶线 1（以 A、M、N、B 四点为支撑构成峰顶线 1）成功并站稳。

（3）2 月 5 日缩倍量回踩峰顶线 2〔2009 年 11 月 23 日峰顶线 2（7.24 元），与 2 月 2 日黄金线（7.25 元），2 月 2 日平衡线凹口（7.27 元）三线重合——支撑功效放大 N 倍〕。

（4）2 月 8 日（L 点）缩倍量涨停突破 1 月 20 日巨量涨停（试盘点 i 高点）后，连续四天均匀缩量洗盘到达多空平衡点（地量止跌阳十字星 K 点），刚好受到峰顶线 2 的强力支撑，跌不动就要涨。

2 月 22 日跳空过 R 点（2008 年 3 月 25 日高点 7.00 元）和 2 月 8 日高点 7.99 元。

操盘要点：AB 段建仓，银坑 BC 段，SE 段，两波打压洗筹至跌无可跌处——多空平衡点，突破峰顶线 1 后，金坑打压洗筹；借助峰顶线 1，峰顶线 2 的两级强大支撑力，三级跃过所有高点阻力，主升浪开始。2010 年 2 月 23 日 9:25 涨停预报点，2010 年 2 月 23 日当天涨停，2010 年 2 月 26 日再度涨停，2010 年 3 月 1 日涨幅也达 8.3%。

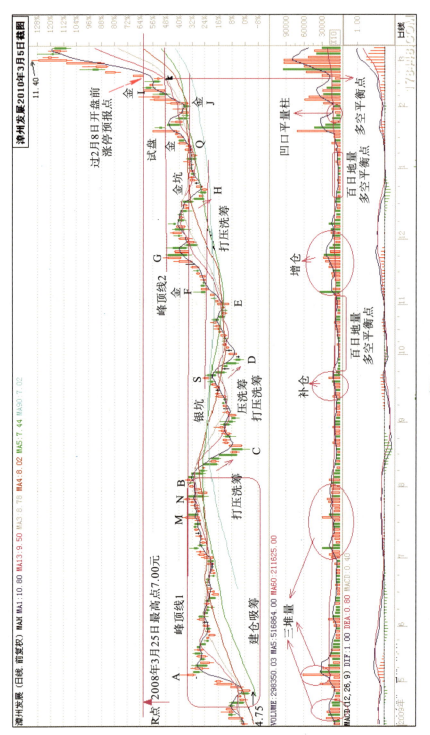

图5-14-1

第15则

三位涨停银谷沿，金坑飙升在眼前

"第三阻力位"涨停与凹口淘金综合运用体会

（珊瑚虫2010年3月26日）

600136道博股份的近期走势，形成了一个大银谷和一个小金坑。此票也乖乖地按照王子老师的"凹口淘金"法则，在两个凹沿分别竖起了一个涨停（如图5－15－1所示）。

巧的是，这两个涨停都是在开盘半小时内，大盘下跌23点左右时强势封涨停的。难道这是偶然的巧合？不！只要用王子老师最新发明的"第三阻力位涨停法"来分析，你就会发现，这一切原来都是有先兆的。请看图5－15－1。

第一位大银谷的底部是一条精准谷底线，坚实地扛住了多次下跌横盘，终于使走势开始回升；第二位压制了一次反弹，但又托起了一次狂跌，使股价重新升至第三位，应该说还是功大于过的；第三位之下，"三八节"的低量红柱为主力的休克疗法，3月9日已经小阳倍量穿四线，3月10日缩量蓄势但阳线已逼近第三位，而王子说靠近第三位时经常爆发涨停，于是我大胆地在3月11日盘前进行了伏击。

果真此票以6%高开后，在3分钟之内，被主力720万股的巨单从不足1%重新拉起，且无惧大盘下跌，连续巨量扫单，在第三位强势封于涨停，直至中午休盘1200万股的封单不但不减少反而在增加，且此票为当日沪深两市除ST股以外的唯一涨停个股。我一高兴，就发了一篇《凹口红波浪打浪，三位涨停我最强——600136道博股份独领风骚》（http：∥www.178448.com/thread－92035－1－1.html），我说，如果大盘"配合"，此票必将有一番不小的涨幅。

注意，第三位正好横穿1月25日大阴线的最低价，而这条阴线跌破左阳，并且缩倍三连阴，显然是主力的刻意打压，因此第三位同时又是标准的凹口平衡线。根据凹口淘金的对称法则，大银谷凹沿竖起涨停，则小金坑凹沿必然出现大阳。但3月25日的"大阳"竟然是逆势涨停，多少还是让我感到有些意外，而且次日又

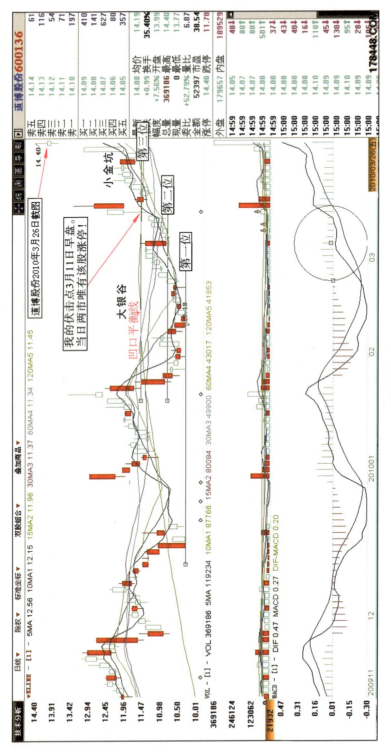

图5-15-1

跳空高开，上摸涨停回落收红于 7.56%，并创出 14.40 元新高。

综上，600136 道博股份的这两次涨停看似偶然，实为必然，因为在三位涨停法和凹口淘金法的威慑之下，此票不得不按部就班，老老实实地逆势拉升，再创新高。

通过伏击，也使我见证了三位涨停的神奇，又体验了凹口淘金的威猛。将三位涨停和凹口淘金结合起来，则预测更精准，威力更强大。我们在运用王子理论的方法技巧时，应该根据个股的走势特点，把视野放开阔一点，尽可能多地用不同方法，从不同角度进行分析，才会使我们的伏击更加准确，胜算更大。

第16则

关键位置的关键精准线
伏击南宁百货涨停有悟（股懂股动2010年4月14日）

　　我查看了王子所有的盘前预报，发现一个天大的秘密：王子的盘前预报中只有三次使用过"精准线"一词，可见王子对"稀有且金贵"的"擒庄绳"多么慎重。为此，我结合自己用精准线擒涨停的实践，总结了几点想法说出来与大家共同探讨。

　　第一，不是刻意寻找精准重合的某个点，而是寻找与前期某个相关点位的关键位置。主力围绕这些关键位置做盘，就是精准线。如图5－16－1所示：

　　第二，精准线应该是主力的计划线，我们要从计划性和目的性上去看精准线，而不应该从形式上去看精准线。如图5－16－2所示：

　　第三，不要求十分精准，但要求十分关键。如图5－16－3所示。

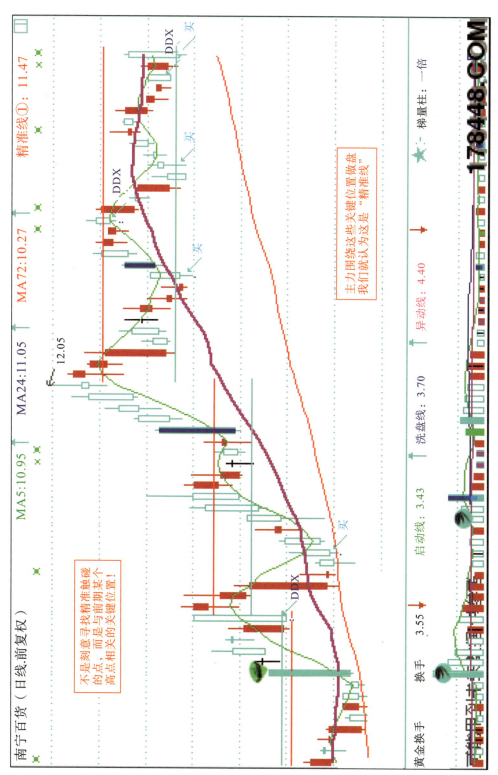

图5-16-1

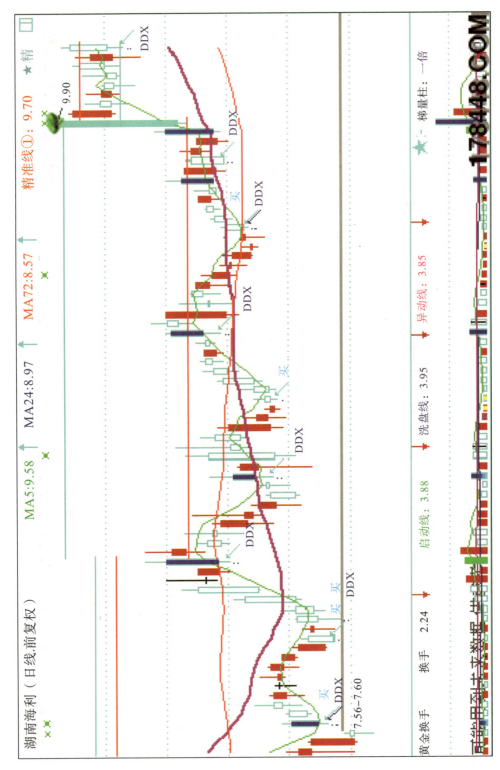

图5-16-2

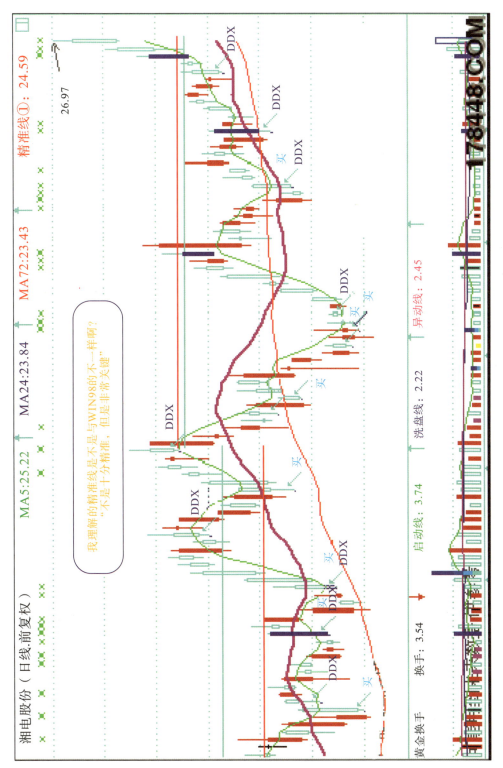

图5-16-3

第17则

"精准量线" 涨停法

伏击合加资源涨停体会（短线炒股2010年4月4日）

"精准线特指某个阶段内两个或多个'同向且同等'的价位或点位（允许误差1分钱左右）重合在一条水平线上的线条。""股市上'同一方向'和'同一价位'的线条是非常稀有的，其要求之高，条件之严，非一般量线能比，因而其功能也非一般量线能比。"所以，有'精准线'的股票往往会大有作为。这是因为，精准线是主力或者庄家操盘的计划性和协调性的真实写照。受一条或者多条精准线支撑的个股，往往具有一定的爆发性。如果个股的精准线越多，或者精准线的位置（如与黄金线、峰顶线、谷底线、凹口平衡线等重合）越重要，其爆发力就越强。如果我们能及时发现这样的精准线，就会利用"神奇精准线"擒拿涨停板。

预报案例：000826 合加资源。

预报时间：2010年3月26日。

涨停时间：2010年4月1日。

预报战友：短线炒股。

验证地址：http：//www.178448.com/thread - 99634 - 1 - 1. html

如图 5 - 17 - 1。

"精准量线"涨停分析：

一、量线特征

（1）从2009年11月初至今数月内股价运行在上升通道中（如图5 - 17 - 1）；

（2）3月23日、3月24日的最低价均为16.51元，过此两点的平行线记为"零号精准线"（如图5 - 17 - 1）。在该精准线的支撑下，股价于3月24日摆脱了谷底。

（3）1月19日的收盘价和3月18日（颈线位）的最高价同为17.44元，过此

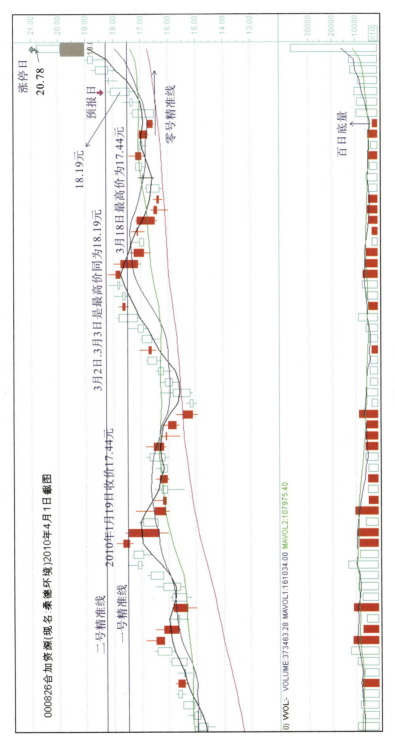

图5-17-1

两点的平行线也是颈线，记为"一号颈线精准线"在该精准线的强力支撑下，股价于 3 月 26 日站上了颈线位。

（4）3 月 2 日和 3 月 3 日最高价同为 18.19 元（峰顶线），过此两点的平行线也是峰顶线，记为"二号峰顶精准线"在该精准线的强力支撑下，股价于 3 月 30 日站上了峰顶线位。

二、量柱特征

（1）于 3 月 23 日出现百日（或者阶段）低量。

（2）自 3 月 24 日起以倍量柱和梯量柱放量拉升。

（3）涨停前 3 月 29 日股价回调时价升量缩。

三、买入与止损

（1）在股价突破重要阻力位后第二日（如 3 月 25 日）股价回调时买入。

（2）买入后要以穿越重要支撑位的 K 线最低点（如 3 月 24 日最低点 16.51 元）为止损点位。

"顶底互换" 涨停法

伏击 "德赛电池" 涨停体会（短线炒股2010年3月28日）

"顶底互换" 就是左侧峰顶线成了右侧谷底线，它往往是牛股狂奔的重要标志。当受追捧的近期热门股经过一番急涨后，股价创新高，各项指标的乖离率过大，主力为了洗掉跟风盘，往往会依托左峰线进行打压。这时股价会随大盘震荡或者大跌时顺势回调整理，洗去跟风的筹码，以便在今后拉升时更加轻松。股价在回调整理时，往往会暴露出一些重要的技术特征（如顶底互换等），我们要善于抓住这些特征，及时跟进，骑上马背，分享主力给我们带来的快乐和财富！

预报案例：000049 德赛电池。

预报时间：2010年3月16日。

涨停时间：2010年3月18日。

预报战友：诗雅。

验证地址：http：// www. 178448. com/thread – 94253 – 1 – 2. html。

涨停分析

如图5 – 18 – 1 "德赛电池（000049）2010年3月26日截图"。

一、K线特征

（1）股价自2月3日的9.13元，到3月4日的最高价13.88元，16个交易日内，涨幅达52%！可见股价调整的需求够大！

（2）股价自3月5日开始调整，至3月15日受一号精准线支撑止跌。

（3）3月12日调整至10日均线，3月15日收盘于10日均线之下，调整已经充分了，3月16日、17日连续两天企稳回升，股价重新站上10日均线。

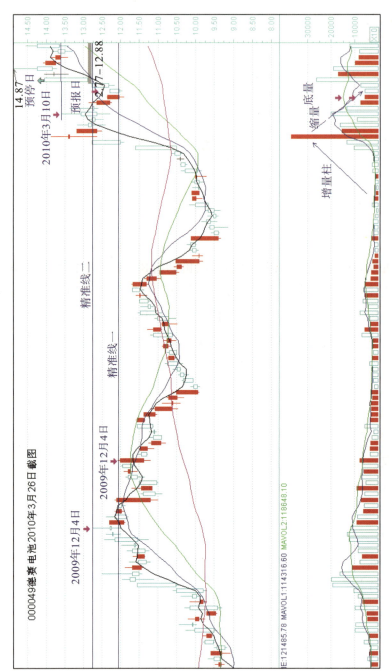

图5-18-1

二、量柱特征

（1）前期尤其是 2 月 24 日起连续放量，3 月 2 日、3 日更是倍量涨停。

（2）回调时以缩量柱的形式急剧缩量，说明主力洗盘急切，并于 3 月 15 日出现阶段低量柱。

（3）3 月 16 日、17 日两天企稳回升时放量温和，主力为拉升而偷偷加仓。

三、量线特征

（1）回调过程中，5 日均线逐渐靠拢 10 日均线，虽然击穿了 10 日均线，但立即于 3 月 17 日勾头向上，主力做多意愿得以确认；

（2）MACD 在 3 月 17 日勾头向上，与均线产生共振现象；

（3）过 12 月 4 日开盘价的平行线恰过 3 月 3 日的开盘价，记为一号精准线。3 月 15 日股价调整至一号线时应声止跌！随后于 3 月 16 日即反身向上，一号线可谓神奇！

过 11 月 17 日最高点的平行线恰过 3 月 3 日的最高点，记为二号精准线。3 月 17 日股价刚好触及二号精准线后戛然而止！二号线无愧于精准！

四、买入时机

（1）3 月 15 日不宜购买，虽然受一号线精准线支撑止跌，但股价没有被确认，如遇大盘大跌，极易顺势续跌。观望！

（2）3 月 16 日不宜购买或者谨慎试探轻仓买入。因为该日是重要的确认日，但是，即使当天得到确认，也不能保证次日必然上攻。

（3）3 月 17 日可于上午 10 点 20 分左右股价翻红时介入，或者在 11 点 20 分左右股价过前高时介入。

我们的诗雅战友，于 3 月 16 日做了盘前涨停预报，该股于 3 月 18 日应声涨停！预报提前了一日！而提前的这一日是多么的宝贵，因为它给了我们伏击的充裕时间！

感谢诗雅战友！祝贺当日伏击成功的战友们！

后记

而今迈步从头越

真的没有想到，《股市天经（之一）——量柱擒涨停》问世六个月再版七次，创造了我国出版史上的奇迹。王子在此感谢四川人民出版社的慧眼，感谢卓越网、当当网、淘宝网的厚爱，感谢广大读者的真诚……

真的没有想到，《股市天经（之二）——量线捉涨停》的部分章节在"股海明灯论坛"发表后，竟让这么多的网友给予这么高的评价，大家几乎把世界上最高的评价和最美的赞誉都送给我了，把我比作恩师，比作明灯，比作孔子，比作活佛……我真的无颜见网上父老。我既惭愧又感动，既内疚又振奋，以至于热泪盈眶，热血沸腾，诚惶诚恐……

其实，这些文章的成功，绝非王子的功劳，而是许许多多无名志士的功劳。是他们无畏的探索和无私的奉献，才有如此丰厚的学习盛宴。

请看"钱多多"老师的盘前预报，没有"疯狗式"的空喊空叫，也没有"学究式"的遮遮掩掩，更没有"海归式"的指鹿为马，钱老师的盘前预报实实在在，有理有节，有据有度，为我们注入了稳重扎实的作风。

请看"短线炒股"同学的盘后分析，图文并茂，一针见血，时常妙语如珠，提纲挈领，令人豁然开朗，每当读到他的文章，我感到有一种智慧从天而降，令人思之不尽。

再看"冰冰、阳阳"同学的牛股预报，不报则已，一报涨停，从名字就能看出这两个人的风格，冰冰沉静，阳阳炽烈，既能使我们在过热时冷静，又能使我们在冷遇中奋发。有这样的师友为伍，王子实感三生有幸。

再看"股海金龙、深圳清风"同学的盘中交流，丰富的看盘经验和操作心得，时常蹦发出来，令人耳目一新，受益无穷。我从他们那里学到了宏观与微观的结

合，学到了静态与动态的离合，学到了势与量的聚合。

再看"蓝蓝、龙恒"同学的盘中点评，往往一语道破天机，往往一语柳暗花明，龙恒看盘机智，蓝蓝识庄通透，我从他们那里看到了同学们的朝气与豪放。

太多了，像雪狼、拈花、新节奏、静虚斋、至阴至柔……无不展现出老练成熟的风范。

三人行，必有吾师焉。我每天都在向大家学习，感到学不完学不尽，如果说王子的文章对大家还有那么一点收益，也是大家的集体的功劳。王子乃一凡人俗人，盛名之下，其实难副：论盘前预报，王子宏观不及"钱多多"；论牛股预报，王子命中率不及"冰冰、阳阳"；论盘中擒牛，王子准确度不及"蓝蓝、龙恒"……

王子不才，因此我要送大家"三千万"：

第一，大家千万不要迷信王子，因为王子的失败比成功多；

第二，大家千万不要崇拜王子，因为王子的迷茫比清醒多；

第三，大家千万不要效仿王子，因为王子的缺点比优点多。

我感觉到，咱们论坛藏龙卧虎，高人辈出，在此，我向深藏不露的高手深深地躬一躬，望你们不吝赐教，施展绝技，充实和完善量柱量线理论，协助王子帮助慕名而来的广大散户朋友摆脱困境，走向成功。

毛泽东诗曰："雄关漫道真如铁，而今迈步从头越。"股市的道道雄关，比铁还要实在。过去的成功不能代表今后也能成功，我们要不断探索下去，不断去发现和发掘"涨停基因"，去完成我们的"涨停基因图谱"。

我们都是来自五湖四海，为了一个共同的赚钱目标走到一起来了，我们的网友应该互相帮助、互相爱护、共同进步。

祝大家在新的一年取得新的进步。

我们的交流邮箱是hm448@163.com

我们的交流论坛是www.178448.com

黑马王子

诚惶诚恐于峨眉山

2010 年 4 月 26 日

王子老师与央视《华尔街》主角华尔街T3团队交流合影

王子老师在新华社"中国影响力图书"颁奖典礼大会上接受颁奖

中国人民大学量学特训班学员现场交流经验

中国人民大学特训班学员喜出望外　　　　　　　王子老师与特训班学员实盘辅导团队

王子老师在课堂中央讲解黄金掌

中国人民大学量学特训班全体合影